LEÇONS
D'HISTOIRE,

PRONONCÉES

A L'ÉCOLE NORMALE, EN L'AN III DE LA RÉPUBLIQUE FRANÇAISE.

HISTOIRE DE SAMUEL,

INVENTEUR DU SACRE DES ROIS.

ÉTAT PHYSIQUE DE LA CORSE.

PAR C. F. VOLNEY,

COMTE ET PAIR DE FRANCE, MEMBRE DE L'ACADÉMIE FRANÇAISE,
HONORAIRE DE LA SOCIÉTÉ SÉANTE A CALCUTA.

PARIS,

PARMANTIER, LIBRAIRE, RUE DAUPHINE.
FROMENT, LIBRAIRE, QUAI DES AUGUSTINS.

M DCCC XXV.

ŒUVRES
DE C. F. VOLNEY.

DEUXIÈME ÉDITION COMPLÈTE.

TOME VII.

IMPRIMERIE DE FIRMIN DIDOT,
RUE JACOB, N° 24.

LEÇONS

D'HISTOIRE,

PRONONCÉES

A L'ÉCOLE NORMALE,

EN L'AN III

DE LA RÉPUBLIQUE FRANÇAISE

(1795).

AVERTISSEMENT

DE L'AUTEUR.

Les *Leçons d'Histoire* que je présente au public sont les mêmes qui, l'an 3, obtinrent son suffrage à l'*École Normale* (1) : j'aurais

---

(1) Les professeurs de cette école, devenue célèbre en peu de mois, étaient :

MM.

Lagrange............	} Mathématiques.
Laplace.............	
Hauy................	Physique.
Monge...............	Géométrie descriptive.
Daubenton...........	Histoire naturelle.
Berthollet..........	Chimie.
Thouin..............	Agriculture.
Buache..............	} Géographie.
Mentelle............	
Volney..............	Histoire.

désiré de les en rendre plus dignes par plus de corrections et de développements, mais j'ai éprouvé qu'un nouveau travail gâtait le mérite original de l'ancien, celui d'une composition du premier jet, en quelque sorte improvisée (1). D'ailleurs, dans nos circonstances, il s'agit moins de gloire littéraire, que d'utilité sociale; et dans le sujet présent, cette utilité est plus grande qu'elle ne le semble au premier coup d'œil: depuis que j'y ai attaché mes idées, plus j'ai analysé l'influence journalière qu'exerce l'Histoire sur les actions et les opinions des hommes, plus je me suis

---

Bernardin-de-St.-Pierre. Morale.
Sicard................. Grammaire
Garat................. Analyse de l'entendement.
Laharpe............... Littérature.

(1) Le lecteur observera que les professeurs de l'École Normale s'étaient imposé la loi de faire leurs leçons sur de simples notes, à la manière des orateurs. Ces leçons, recueillies à l'instant par des *écrivains aussi prompts que la parole*, étaient légèrement révisées, et de suite envoyées à l'impression; mes trois premières sont dans ce cas, et je n'eus que 15 jours pour m'y préparer.

convaincu qu'elle était l'une des sources les plus fécondes de leurs préjugés et de leurs erreurs. C'est de l'Histoire que dérive la presque totalité des opinions religieuses, et en accordant à l'orgueil de chaque secte d'excepter les siennes, il n'en est pas moins évident que, là où la religion est fausse, l'immense quantité d'actions et de jugements dont elle est la base, porte aussi à faux et croule avec elle. C'est encore de l'Histoire que dérivent la plupart des maximes et des principes politiques qui dirigent les gouvernements, les renversent ou les consolident; et l'on sent quelle sphère d'actes civils et d'opinions embrasse dans une nation ce second mobile. Enfin ce sont les récits que nous entendons chaque jour, et qui sont une branche réelle de l'Histoire, qui deviennent la cause plus ou moins médiate d'une foule d'idées et de démarches erronées; de manière que, si l'on soumettait au calcul les erreurs des hommes, j'oserais assurer que sur mille articles, *neuf cent quatre-vingts* appartiennent à l'Histoire; et je poserais volontiers en principe que *ce que chaque homme possède de préjugés et d'idées fausses, vient d'autrui*, par la crédule confiance accordée aux récits; tandis que ce qu'il possède de vérités et d'idées exactes, vient de lui-même et de son expérience personnelle.

Je croirais donc avoir rendu un service éminent, si mon livre pouvait ébranler le *respect pour l'Histoire*, passé en dogme dans le système d'éducation de l'Europe; si, devenant *l'avis préliminaire, la préface universelle* de toutes les histoires, il prémunissait chaque lecteur contre l'empirisme des écrivains, et contre ses propres illusions; s'il engageait tout homme *pensant* à soumettre tout homme *raconteur* à un interrogatoire sévère sur ses moyens d'information, et sur la source première des ouï-dire; s'il habituait chacun à se rendre compte de ses motifs de croyance, à se demander :

1º Si, lorsque nous avons tant d'insouciance habituelle à vérifier les faits; si, lorsque l'entreprenant, nous y trouvons tant de difficultés, il est raisonnable d'exiger d'autrui plus de diligence et de succès que de nous-mêmes;

2° Si, lorsque nous avons des notions si imparfaites ou si fausses de ce qui se passe sous nos yeux, nous pouvons espérer d'être mieux instruits de ce qui se passe ou s'est passé à de grandes distances de lieux ou de temps;

3° Si, lorsque nous avons plus d'un exemple présent de faits équivoques ou faux, envoyés à la postérité avec tous les passe-ports de la vérité, nous pouvons espérer que les hommes des siècles antérieurs aient eu moins d'audace ou plus de conscience;

4° Si, lorsqu'au milieu des factions, chaque parti menace l'historien qui écrirait ce qui le blesse, la postérité ou l'âge présent ont le droit d'exiger un dévouement qui n'attirerait pour leur salaire que l'accusation d'imprudence, ou l'honneur stérile d'une pompe funèbre;

5°. Si, lorsqu'il serait imprudent et presque impossible à tout général d'écrire ses campagnes, à tout diplomate ses négociations, à tout homme public ses mémoires en face des acteurs et des témoins qui pourraient le démentir ou le perdre, la postérité peut se flatter, quand les témoins et les acteurs morts ne pourront plus réclamer, que l'amour-propre, l'animosité, la honte, l'éloignement du temps et le défaut de mémoire lui transmettront plus fidèlement l'exacte vérité;

6° Si la prétendue information et l'impartialité attribuées à la postérité ne sont pas la consolation trompeuse de l'innocence, ou la flatterie de la séduction ou de la peur;

7° S'il n'est pas vrai que souvent la postérité reçoit et consacre les dépositions du fort survivant, qui étouffe les réclamations du faible écrasé;

8° Et si en morale il n'est pas aussi ridicule de prétendre que les faits s'éclaircissent en vieillissant, qu'en physique de soutenir que les objets, à force de s'éloigner, deviennent plus distincts.

Je serais satisfait si les imperfections même de mon travail en provoquaient un meilleur, et déterminaient quelque esprit philosophique à traiter à fond toutes les questions que je n'ai fait qu'indiquer, particulièrement celles *de l'autorité des témoignages, et des conditions requises pour la certitude*, sur lesquelles nous n'avons rien de péremptoire, et qui cependant sont le pivot de la plupart de nos connaissances, ou, selon le mot d'Helvétius, de notre *ignorance acquise*. Pour moi, que la comparaison des préjugés et des habitudes d'hommes et de peuples divers a convaincu et presque dépouillé de ceux de mon éducation et de ma propre nation; qui, voyageant d'un pays à l'autre, ai suivi les nuances et les altérations de rumeurs et de faits que je vis naître; qui, par exemple, ai trouvé accréditées aux États-Unis des notions très-fausses d'événements de la révolution française dont je fus témoin, de même que j'ai reconnu l'erreur de celles que nous avons en France sur beaucoup de détails de la révolution américaine, déja dissimulés par l'égoïsme national ou l'esprit de parti, je ne puis m'empêcher d'avouer que chaque jour je suis plus porté à refuser ma confiance aux *historiens* et à l'*Histoire*; que chaque jour je ne sais de quoi m'étonner le plus, ou de la légèreté avec laquelles les hommes, même réfléchis, *croient* sur les plus frivoles motifs, ou de leur tenace véhémence à *agir* d'après ce premier mobile adopté; qu'enfin chaque jour je suis plus convaincu que la disposition d'esprit la plus favorable à l'instruction, à la découverte de la vérité, à la paix et au bonheur des individus et des nations, c'est *de croire difficilement*: aussi, en me prévalant du titre *d'instituteur* dont m'honora le gouvernement, si j'ose recommander un précepte aux instituteurs de tout ordre, aux parents, instituteurs-nés de leurs enfants, c'est de ne pas subjuguer leur *croyance* par une autorité magistrale; c'est de ne pas les habituer à croire sur parole, à croire ce qu'ils ne conçoivent pas; c'est, au contraire, de les prémunir contre ce double penchant à la *crédulité* et à la *certitude*, d'autant plus puissant, qu'il dérive de l'ignorance, de la paresse et de l'orgueil, naturels à l'homme; c'est enfin d'asseoir le système de l'instruction et de l'éducation, non, sur les faits du monde idéal, toujours susceptibles d'aspects divers et de controverses, mais sur les faits du monde physique, dont la connaissance, toujours réductible à la démonstration et à l'évidence, offre une base fixe au jugement ou à l'opinion, et mérite seule le nom de philosophie et de science.

LEÇONS

D'HISTOIRE.

PREMIÈRE SÉANCE (1), 1er Pluviôse.

PROGRAMME.

Objet, plan et distribution de l'étude de l'histoire.

L'HISTOIRE, si l'on veut la considérer comme une science, diffère absolument des sciences physiques et mathématiques. Dans les sciences physiques, les faits subsistent; ils sont vivants, et l'on peut les représenter au spectateur et au témoin. Dans l'histoire, les faits n'existent plus; ils sont morts et l'on ne peut les ressusciter devant le spectateur, ni les confronter au témoin. Les

---

(1) Ce fut la séance d'ouverture, dans laquelle furent lus tous les programmes.

sciences physiques s'adressent immédiatement aux sens; l'histoire ne s'adresse qu'à l'imagination et à la mémoire : d'où résulte entre les faits physiques, c'est-à-dire *existants*, et les faits historiques, c'est-à-dire *racontés*, une différence importante quant à la croyance qu'ils peuvent exiger. Les faits physiques portent avec eux l'évidence et la certitude, parce qu'ils sont sensibles et se montrent en personne sur la scène immuable de l'univers : les faits historiques, au contraire, parce qu'ils n'apparaissent qu'en fantômes dans la glace irrégulière de l'entendement humain où ils se plient aux projections les plus bizarres, ne peuvent arriver qu'à la *vraisemblance* et à la *probabilité*. Il est donc nécessaire, pour évaluer le degré de crédibilité qui leur appartient, de les examiner soigneusement sous un double rapport : 1° celui de leur propre essence, c'est-à-dire le rapport d'analogie ou d'incompatibilité avec des faits physiques de la même espèce, encore subsistants et connus, ce qui constitue la possibilité; 2° sous le rapport de leurs narrateurs et de leurs témoins scrutés dans leurs facultés morales, dans leurs moyens d'instruction, d'information, dans leur impartialité, ce qui constitue la *probabilité morale*; et cette opération est le jugement compliqué d'une double réfraction, qui, par la mobilité des objets, rend le prononcé très-délicat et susceptible de beaucoup d'erreurs.

Appliquant ces observations aux principaux historiens anciens et modernes, nous nous proposons, dans le cours de ces leçons, d'examiner quel caractère présente l'histoire chez différents peuples; quel caractère surtout elle a pris en Europe depuis environ un siècle. Nous ferons sentir la différence remarquable qui se trouve dans le génie historique d'une même nation, selon les progrès de sa civilisation, selon la gradation de ses connaissances exactes et physiques; et de ces recherches sortiront plusieurs questions importantes.

1°. Quel degré de certitude, quel degré de confiance doit-on attacher aux récits de l'histoire en général, ou dans certains cas particuliers?

2°. Quelle importance doit-on attribuer aux faits historiques, et quels avantages ou quels inconvénients résultent de l'opinion de cette importance?

3° Quelle utilité sociale et pratique doit-on se proposer, soit dans l'enseignement, soit dans l'étude de l'histoire?

Pour développer les moyens de remplir ce but d'utilité, nous rechercherons dans quel degré de l'instruction publique doit être placée l'étude de l'histoire; si cette étude convient aux écoles primaires, et quelles parties de l'histoire peuvent convenir selon l'âge et l'état des citoyens.

Nous considérerons quels hommes doivent se

livrer et quels hommes l'on doit appeler à l'enseignement de l'histoire; quelle méthode paraît préférable pour cet enseignement; dans quelles sources l'on doit puiser la connaissance de l'histoire, ou en rechercher les matériaux; avec quelles précautions, avec quels moyens on doit l'écrire; quelles sont les diverses manières de l'écrire, selon ses sujets; quelles sont les diverses distributions de ces sujets; enfin quelle est l'influence que les historiens exercent sur le jugement de la postérité, sur les opérations des gouvernements, sur le sort des peuples.

Après avoir envisagé l'histoire comme narration de faits, envisageant les faits eux-mêmes comme un *cours d'expériences involontaires, que le genre humain subit lui-même*; nous essaierons de tracer un tableau sommaire de l'histoire générale, pour en recueillir les vérités les plus intéressantes. Nous suivrons chez les peuples les plus célèbres la marche et les progrès;

1º Des arts, tels que l'agriculture, le commerce, la navigation;

2º De diverses sciences, telles que l'astronomie, la géographie, la physique;

3º De la morale privée et publique; et nous examinerons quelles idées l'on s'en est faites à diverses époques;

4º Enfin, nous observerons la marche et les progrès de la législation; nous considérerons la naissance des codes civils et religieux les plus remarquables; nous rechercherons quel ordre de transmission ces codes ont suivi de peuple à peuple, de génération à génération; quels effets ils ont produits dans les habitudes, dans les mœurs, dans le caractère des nations; quelle analogie les mœurs et le caractère des nations observent avec leur climat et avec l'état physique du sol qu'elles habitent; quels changements produisent dans ces mœurs les mélanges des races et les transmigrations; et jetant un coup d'œil général sur l'état actuel du globe, nous terminerons par proposer l'examen de ces deux questions :

1° A quel degré de sa civilisation peut-on estimer que soit arrivé le genre humain?

2° Quelles indications générales résultent de l'histoire, pour le perfectionnement de la civilisation, et pour l'amélioration du sort de l'espèce?

SECONDE SÉANCE.

Le sens littéral du mot *histoire* est *recherche*, *enquête* (de faits). — Modestie des historiens anciens. — Témérité des historiens modernes. *L'historien* qui écrit sur témoignages, prend le rôle de juge, et reste témoin intermédiaire pour ses lecteurs. — Extrême difficulté de constater l'état précis d'un fait; de la part du spectateur, difficulté de le bien voir; de la part du narrateur, difficulté de le bien peindre. — Nombreuses causes d'erreur provenant d'illusion, de préoccupation, de négligence, d'oubli, de partialité, etc.

Nous venons de mesurer d'un coup d'œil rapide la carrière que nous avons à parcourir; elle est belle sans doute par son étendue, par son but; mais il ne faut pas nous dissimuler qu'elle ne soit en même temps difficile. Cette difficulté consiste en trois points principaux :

1° La nouveauté du sujet; car ce sera une manière neuve de traiter l'histoire, que de ne plus la borner à un ou à quelques peuples, sur qui l'on accumule tout l'intérêt pour en déshériter les autres, sans que l'on puisse rendre d'autre raison de cette conduite, que de ne les avoir pas étudiés ou connus.

2° La complication qui naît naturellement de l'étendue même et de la grandeur du sujet qui embrasse tant de faits et d'événements; qui considère le genre humain entier comme une seule société, les peuples comme des individus, et qui, retraçant la vie de ces individus et de ces sociétés, y cherche des faits nombreux et répétés, dont les résultats constituent ce qu'on appelle des *principes*, des *règles* : car en choses morales, les principes ne sont pas des critères fixes et abstraits, existants indépendamment de l'humanité, *les principes sont des faits sommaires et généraux*, résultant de l'addition des faits particuliers, et devenant par-là, non pas des *règles tyranniques* de conduite, mais des bases de calculs *approximatifs* de vraisemblance et de probabilités (1).

3° Enfin la nature même du sujet; car ainsi que nous l'avons dit dans le programme, les faits historiques ne pouvant pas se représenter aux

---

(1) Par exemple, analysez le principe fondamental des mouvements actuels de l'Europe : *Tous les hommes naissent égaux en droits* ; qu'est-ce que cette maxime, sinon le *fait collectif et sommaire* déduit d'une multitude de faits particuliers, d'après lesquels, ayant examiné et comparé un à un la totalité, ou du moins une immense multitude d'individus, et les ayant trouvés munis d'organes et de facultés semblables, l'on en a conclu, comme dans une *addition*, *le fait total*, qu'ils *naissent tous égaux en droits*.... Reste à bien définir qu'est-ce qu'un droit ; et cette définition est plus épineuse qu'on ne le pense généralement.

sens, mais seulement à la mémoire, ils n'entraînent pas avec eux cette conviction qui ne permet pas de réplique; ils laissent toujours un retranchement d'incertitude à l'opinion et au sens intime; et toutes les fois que l'on vient au sens intime et à l'opinion, l'on touche à des cordes délicates et dangereuses, parce qu'à leur résonnance, l'amour-propre est prompt à s'armer. A cet égard, nous observerons les règles de sagesse que prescrit l'égalité prise dans son vrai sens, celui de la justice; car, lorsque nous n'adopterons pas, ou que même nous serons obligés de rejeter les opinions d'autrui, nous rappelant qu'il a un *droit égal* de les défendre, et qu'il n'a dû, comme nous, les adopter que par persuasion, nous porterons à ses opinions le respect et la tolérance que nous avons le droit d'exiger pour les nôtres.

Dans les autres sciences qui se traitent en cet amphithéâtre, la route est tracée, soit par l'ordre naturel des faits, soit par les méthodes savantes des auteurs. Dans l'histoire telle que nous l'envisageons, la route est neuve et sans modèle. Nous avons bien quelques livres avec le titre d'*Histoires universelles*. Mais outre le reproche d'un style déclamatoire de collége que l'on peut faire aux plus vantées, elles ont encore le vice de n'être que des *histoires partielles* de peuplades, des panégyriques de familles. Nos classiques d'Europe n'ont voulu nous parler que de *Grecs*, que de *Romains*, que de *Juifs;* parce que nous sommes, sinon les descendants, du moins les héritiers de ces peuples pour les lois civiles et religieuses, pour le langage, pour les sciences, pour le territoire ; en sorte qu'il ne me semble pas que l'histoire ait encore été traitée avec cette universalité qu'elle comporte, surtout quand une nation comme la nôtre s'est élevée à un assez haut degré de connaissances et de philosophie, pour se dépouiller de cet égoïsme sauvage et féroce, qui, chez les anciens, concentrant l'univers dans une cité, dans une peuplade, y consacra la haine de toutes les autres sous le nom *d'amour de la patrie*, au lieu de jeter sur elles un regard de fraternité, lequel, sans détruire une juste défense de soi-même, laisse cependant subsister tous les sentiments de famille et de parenté.

Les difficultés dont nous venons de parler nous rendant l'ordre et la méthode infiniment nécessaires, ce sera pour nous un motif d'en tenir soigneusement le fil dans un si vaste sujet. Pour assurer notre premier pas, examinons ce que l'on doit entendre par ce mot *histoire* : car les mots étant les signes des idées, ils ont plus d'importance qu'on ne veut croire. Ce sont des étiquettes apposées sur des boîtes qui souvent ne contiennent pas les mêmes objets pour chacun ; il est toujours sage de les ouvrir, pour s'en assurer.

Le mot *histoire* paraît avoir été employé chez

les anciens, dans une acception assez différente de celle des modernes : les Grecs, ses auteurs, désignaient par lui une *perquisition*, une *recherche faite avec soin*. C'est dans ce sens que l'emploie Hérodote. Chez les modernes au contraire, le mot histoire a pris le sens de *narration*, de *récit*, même avec la prétention de la véracité : les anciens cherchaient la vérité, les modernes ont prétendu la tenir ; prétention téméraire, quand on considère combien dans les faits, surtout les faits politiques, elle est difficile à trouver. Sans doute c'était pour l'avoir senti, que les anciens avaient adopté un terme si modeste ; et c'est avec le même sentiment, que pour nous le mot histoire sera toujours synonyme à ceux de *recherche*, *examen*, *étude des faits*.

En effet, l'histoire n'est qu'une véritable enquête de faits ; et ces faits ne nous parvenant que par intermédiaires, ils supposent un interrogatoire, une audition de témoins. L'historien qui a le sentiment de ses devoirs, doit se regarder comme un juge qui appelle devant lui les narrateurs et les témoins des faits, les confronte, les questionne, et tâche d'arriver à la vérité, c'est-à-dire à l'existence du fait, *tel qu'il a été*. Or, ne pouvant jamais voir le fait par lui-même ; ne pouvant en convaincre ses sens, il est incontestable qu'il ne peut jamais en acquérir de certitude au premier degré ; qu'il n'en peut juger que par analogie, et de là, cette nécessité de considérer ces faits sous un double rapport : 1° sous le rapport de leur propre essence ; 2° sous le rapport de leurs témoins.

Sous le rapport de leur essence, les faits n'ont dans la *nature*, dans le système de l'univers, qu'une manière d'être, manière constante, similaire ; et, à cet égard, la règle de jugement est facile et invariable. Si les faits racontés ressemblent à l'ordre connu de la nature ; s'ils sont dans l'ordre des êtres existants ou des êtres possibles, ils acquièrent déjà pour l'historien la vraisemblance et la probabilité ; mais ceci même introduit une différence dans les jugements qui peuvent en être portés, puisque chacun juge de la probabilité et de la vraisemblance, selon l'étendue et l'espèce de ses connaissances : en effet, pour appliquer l'analogie d'un fait non connu, il faut connaître le fait auquel on doit le comparer ; il faut en avoir la mesure : en sorte que la sphère des analogies est étendue ou resserrée, en raison des connaissances exactes déjà acquises, ce qui ne laisse pas que de resserrer le rayon du jugement, et par conséquent de la certitude dans beaucoup de cas : mais à cela même, il n'y a pas un grand inconvénient ; car un très-sage proverbe oriental dit : *Qui croit beaucoup, beaucoup se trompe.* S'il est un droit, c'est sans doute celui de ne pas livrer sa conscience à ce qui la repousse ; c'est de douter de ce qu'on ne conçoit pas. Hérodote nous en donne un exemple digne d'être cité, lorsque parlant du voyage d'un vaisseau phénicien que Nechos, roi d'Égypte, fit partir par la mer Rouge, et qui, trois ans après, revint par la Méditerranée, il dit : « Les Phéniciens « racontèrent à leur retour qu'en faisant voile au- « tour de la Libye ils avaient eu le soleil (levant) « à leur droite. Ce fait ne me paraît nullement « croyable, mais peut-être le paraîtra-t-il à quel- « que autre (1). » Cette circonstance nous devient la preuve la plus forte du fait ; et Hérodote, qui s'est trompé dans son prononcé, ne me paraît que plus louable de l'avoir, 1° rapportée sans altération, et 2° de n'avoir pas excédé la mesure de ses connaissances, en ne croyant pas sur parole ce qu'il ne concevait point par ses lumières. D'autres historiens et géographes anciens plus présomptueux, Strabon par exemple, ont nié tout le fait, à cause de sa circonstance ; et leur erreur aujourd'hui démontrée, est pour nous un avis utile contre les prétentions du demi-savoir ; et il en est d'autant mieux prouvé, que refuser son assentiment à ce que l'on ne conçoit pas, est une maxime sage, un droit naturel, un devoir de raison, parce que si l'on excédait la mesure de sa conviction, règle unique de tout jugement, on se trouverait porté

---

(1) *Hérodote*, liv. 4, § XLII, traduct. de Larcher.

d'inconnu en invraisemblable, et d'invraisemblable en extravagances et en absurdités.

Le second rapport sous lequel les faits doivent être examinés, est celui de leurs témoins; et celui-là est bien plus compliqué et bien plus difficile que l'autre : car ici les règles ne sont pas fixes et constantes comme celles de la nature; elles sont au contraire variables comme l'entendement humain; et cet entendement humain je le comparerais volontiers à ces miroirs à plans courbes et irréguliers, qui, dans les leçons de physique, vous ont amusés par les bizarres défigurations qu'ils font subir aux tableaux qu'on leur soumet : cette comparaison peut vous sembler d'autant plus heureuse, qu'elle s'applique dans un double sens. Car si d'un côté, par le cas malheureusement le plus fréquent, les tableaux de la nature, toujours réguliers, ont été déformés en se peignant dans l'entendement; d'un autre côté, ces caricatures qu'il a produites, soumises de nouveau à sa réflexion, peuvent se redresser par les mêmes règles en sens inverse, et recouvrer les formes raisonnables de leur premier type qui fut la *nature......*

Dans la sienne propre, l'entendement est une onde mobile où les objets se défigurent par des ondulations de plus d'un genre; d'abord, et le plus souvent, par celles des passions, et encore par la négligence, par l'impuissance de voir mieux, et par l'ignorance. Ce sont là autant d'articles sur lesquels l'*investigateur* de la vérité, l'historien doit interroger sans cesse les témoins : et lui-même est-il exempt de leurs défauts? n'est-il pas homme comme eux? et n'est-ce pas un apanage constant de l'humanité, que la négligence, le défaut de lumières, et le préjugé? Or, examinez, je vous prie, ce qui arrive dans les récits qui ne nous parviennent que de troisième ou quatrième bouche. Ne vous semble-t-il pas voir un objet naturel, qui, réfléchi par une première glace, est par elle réfléchi à une autre; ainsi, de glace en glace, recevant les teintes, les déviations, les ondulations de toutes; pensez-vous qu'il arrive exact? La seule traduction d'une langue en une autre n'est-elle pas déja une forte altération des pensées, de leurs teintes, sans compter les erreurs des mots? mais dans une même langue, dans un même pays, sous vos propres yeux, voyez ce qui se passe tous les jours; un événement arrive près de nous, dans la même ville, dans la même enceinte : entendez-en le récit par divers témoins; souvent pas un seul ne s'accordera sur les circonstances, quelquefois sur le fonds. On en fait une expérience assez piquante en voyageant. Un fait se sera passé dans une ville; soi-même on l'aura vu; eh bien? à dix lieues de là, on l'entend raconter d'une autre manière, et de ville en ville, d'écho en écho, on finit par ne plus le reconnaître, et en voyant la confiance des autres, on serait tenté de douter de la sienne, à soi-même.

Or, s'il est difficile de constater l'*existence précise*, c'est-à-dire la *vérité* des faits parmi nous, combien cette difficulté n'a-t-elle pas été plus grande chez les anciens, qui n'avaient pas les mêmes moyens de certitude que nous? Je n'entrerai pas aujourd'hui dans les détails intéressants que comporte cette matière, me proposant de l'approfondir dans une autre leçon; mais après avoir parlé des difficultés naturelles de connaître la vérité, j'insisterai sur celle qui tient aux passions du narrateur et des témoins; à ce qu'on appelle partialité; je la divise en deux branches; *partialité volontaire*, et *partialité forcée* : cette dernière, inspirée par la crainte, se rencontre nécessairement dans tous les états despotiques, où la manifestation des faits serait la censure presque perpétuelle du gouvernement. Dans de tels états, qu'un homme ait le courage d'écrire ce qu'il y a de plus notoire, ce que l'opinion publique constate le plus, son livre ne pourra s'imprimer; s'il s'imprime, il ne pourra souvent se divulguer, et par une suite de l'ordre établi, personne n'osera écrire, on écrira avec déviation, dissimulation, ou mensonge : et tel est le caractère de la plus grande partie des histoires.

D'autre part, la partialité volontaire a des effets encore plus étendus; car ayant, pour parler, les motifs que l'autre a pour se taire, elle envisage son bien-être dans le mensonge et l'erreur. Les tyrans menacent l'autre ; ils flattent celle-là ; ils paient ses louanges, suscitent ses passions; et après avoir menti à leur siècle par des actions, ils mentent à la postérité par des récits stipendiés.

Je ne parle point d'une autre partialité involontaire, mais non moins puissante, celle des préjugés civils ou religieux dans lesquels nous naissons, dans lesquels nous sommes élevés. En jetant un coup d'œil général sur les *narrateurs*, à peine en voit-on quelques-uns qui s'en soient montrés dégagés. Chez les anciens même, les préjugés ont eu les plus fortes influences; et quand on considère que dès l'âge le plus tendre, tout ce qui nous environne conspire à nous en imprégner; que l'on nous infuse nos opinions, nos pensées, par nos habitudes, par nos affections, par la force, par la persuasion, par les menaces et par les promesses; que l'on enveloppe notre raison de barrières sacrées au delà desquelles il lui est défendu de regarder, l'on sent qu'il est impossible que par l'organisation même de l'être humain, il ne devienne pas une *fabrique d'erreurs*; et lorsque, par un retour sur nous-mêmes, nous penserons qu'en de telles circonstances, nous en eussions été également atteints; que si par hasard nous possédons la vérité, nous ne la devons peut-être qu'à l'erreur de ceux qui nous ont précédés; loin d'en retirer un sentiment d'orgueil et de mépris, nous remercierons les jours de liberté où il nous a été permis de sentir d'après la nature, de penser d'après notre conscience; et craignant, par l'exemple d'autrui, que cette conscience même ne soit en erreur, nous ne ferons point de cette *liberté* un usage contradictoirement tyrannique, et nous fonderons, sinon sur l'unité d'opinions, du moins sur leur tolérance, l'utilité commune de la paix.

Dans la prochaine leçon, nous examinerons quels ont été, chez les peuples anciens, les matériaux de l'histoire et les moyens d'information; et comparant leur état civil et moral à celui des modernes, nous ferons sentir l'espèce de révolution que l'imprimerie a introduite dans cette branche de nos études et de nos connaissances.

TROISIÈME SÉANCE.

Continuation du même sujet. — Quatre classes principales d'historiens avec des degrés d'autorité divers: 1° historiens acteurs; 2° historiens témoins; 3° historiens auditeurs de témoins; 4° historiens sur ouï-dire ou traditions. — Altération inévitable des récits passés de bouche en bouche. — Absurdité des traditions des temps reculés, commune à tous les peuples. — Elle prend sa source dans la nature de l'entendement humain. — Caractère de l'histoire toujours relatif au degré d'ignorance ou de civilisation d'un peuple. — Caractère de l'histoire chez les anciens et chez les peuples sans imprimerie. — Effets de l'imprimerie sur l'histoire. — Changement qu'elle a produit dans les historiens modernes. — Disposition d'esprit la plus convenable à bien lire l'histoire. — Ridicule de douter de tout, moins dangereux que de ne douter de rien. — Être sobre de croyance.

Nous avons vu que, pour apprécier la certitude des faits historiques, l'on devait peser, dans les narrateurs et dans les témoins,

1° Les moyens d'instruction et d'information;

2° L'étendue des facultés morales, qui sont la sagacité, le discernement;

3° Les intérêts et les affections d'où peuvent résulter trois espèces de partialités : celle de la contrainte, celle de la séduction, et celle des préjugés de naissance et d'éducation. Cette dernière, pour être excusable, n'en est que plus puissante et plus pernicieuse, en ce qu'elle dérive et qu'elle s'autorise des passions même et des intérêts des *nations entières*; qui, dans leurs erreurs non moins opiniâtres et plus orgueilleuses que les individus, exercent sur leurs membres le plus *arbitraire* et le *plus accablant des despotismes*, celui des préjugés nationaux, soit civils, soit religieux.

Nous aurons plus d'une occasion de revenir sur ces diverses conditions de la valeur des témoignages. Aujourd'hui, continuant de développer la même question, nous allons examiner les divers degrés d'autorité qui résultent de leur éloignement plus ou moins grand, plus ou moins médiat des faits et des événements.

En examinant les divers témoins ou narrateurs de l'histoire, on les voit se ranger en plusieurs classes graduelles et successives; qui ont plus ou moins de titres à notre croyance : la première est celle de l'historien acteur et auteur; et de ce genre sont la plupart des écrivains de mémoires personnels, d'actes civils, de voyages, etc. Les faits en passant immédiatement d'eux à nous, n'ont subi que la moindre altération possible. Le récit a son plus grand degré d'authenticité; mais ensuite la croyance en est soumise à toutes les conditions morales d'intérêt, d'affection et de sagacité dont nous avons parlé, et son poids en reçoit des défalcations toujours assez nombreuses, parce que là se trouve agir au premier degré l'intérêt de la personnalité.

Aussi, les écrivains autographes n'ont-ils droit à notre croyance qu'autant que leurs récits ont,

1° De la vraisemblance; et il faut avouer qu'en quelques cas, ils portent avec eux un concours si naturel d'événements et de circonstances, une série si bien liée de causes et d'effets, que notre confiance en est involontairement saisie, et y reconnaît, comme l'on dit, le *cachet* de la vérité, qui cependant est encore plus celui de la *conscience;*

2° Autant qu'ils sont appuyés par d'autres témoignages, également soumis à la loi des vraisemblances: d'où il suit que, même en leur plus haut degré de crédibilité, les récits historiques sont soumis à toutes les formalités judiciaires d'examen et d'audition de témoins, qu'une expérience longue et multipliée a introduites dans la jurisprudence des nations; que par conséquent, un seul écrivain, un seul témoignage, n'ont pas le droit de nous astreindre à les croire; et que c'est même une erreur de regarder comme constant un fait qui n'a qu'un seul témoignage, puisque, si l'on pouvait appeler plusieurs témoins, il pourrait y survenir, il y surviendrait certainement contradiction ou modification. Ainsi l'on regarde vulgairement les Commentaires de César comme un morceau d'histoire qui, par la qualité de son auteur, et parce qu'il n'a pas été contrarié, porte un caractère éminent de certitude. Cependant Suétone nous apprend qu'*Asinius Pollion* avait observé dans ses Annales, qu'un grand nombre de faits cités par *César*, n'étaient pas exactement tels qu'il les avait représentés, parce que très-souvent il avait été induit en erreur par les rapports de ses officiers; et *Pollion*, que sa qualité d'homme consulaire et d'ami d'Horace et de Virgile rend un témoin de poids, indiquait que *César* avait eu des intérêts personnels de déguiser la vérité (1).

La seconde classe est celle des témoins immédiats et présents à l'action, ne portant pas l'apparence d'un intérêt personnel, comme l'auteur acteur; leur témoignage inspire, en général, une plus grande confiance, et prend un plus haut degré de crédibilité, toujours avec la condition des vraisemblances, 1° selon le nombre de leurs témoignages; 2° selon la concordance de ces témoignages; 3° selon les règles dominantes que nous avons établies de jugement sain, d'observation exacte, et d'impartialité. Or, si l'expérience journalière de ce qui se passe autour de

---

(1) Suétone, *Vie de César*, § LIV.

nous et sous nos yeux, prouve que l'opération de constater un fait, même notoire, avec évidence et précision, est une opération délicate et soumise à mille difficultés, il en résulte, pour quiconque étudie l'histoire, un conseil impérieux de ne pas admettre légèrement comme irrécusable, tout ce qui n'a pas subi l'épreuve rigoureuse des témoignages suffisants en qualité et en nombre.

La troisième classe est celle des *auditeurs* de *témoins*, c'est-à-dire, de ceux qui ont entendu les faits de la bouche du témoin; ils en sont encore bien près, et là cependant s'introduit tout à coup une différence extrême dans l'exactitude du récit et dans la précision des tableaux. Les témoins ont vu et entendu les faits; leurs sens en ont été frappés; mais en les peignant dans leur entendement, ils leur ont déjà imprimé, même contre leur gré, des modifications qui en ont altéré les formes; et ces formes s'altèrent bien plus, lorsque, de cette première glace ondulante et mobile, ces faits sont réfléchis dans une seconde aussi variable. Là, devenu non plus un être fixe et positif, comme il l'était dans la nature, mais une image fantastique, le fait prend d'esprit en esprit, de bouche en bouche, toutes les altérations qu'introduisent l'omission, la confusion, l'addition des circonstances; il est commenté, discuté, interprété, traduit; toutes opérations qui altèrent sa pureté native, mais qui exigent que nous fassions ici une distinction importante entre les deux moyens employés à le transmettre : celui de la parole, et celui de l'écriture.

Si le fait est transmis par l'écriture, son état est, dès ce moment, fixé, et il conserve d'une manière immuable le genre d'autorité qui dérive du caractère de son narrateur. Il peut bien déja être défiguré ; mais tel qu'il est écrit, tel il demeure ; et si, comme il arrive, divers esprits lui donnent diverses acceptions, il n'en est pas moins vrai qu'ils sont obligés de se raccorder sur ce type sinon original, du moins positif ; et tel est l'avantage que procure toute pièce écrite, qu'elle transmet immédiatement, malgré les intervalles des temps et des lieux, l'existence quelconque des faits ; elle rend présent le narrateur, elle le ressuscite, et à des milliers d'années de distance, elle fait converser tête à tête avec *Cicéron*, *Homère*, *Confucius*, etc. Il ne s'agit plus que de constater que la pièce n'est point apocryphe, et qu'elle est réellement leur ouvrage. Si la pièce est anonyme, elle perd un degré d'authenticité, et son témoignage, par cela qu'il est masqué, est soumis à toutes les perquisitions d'une sévère critique, à tous les soupçons que fait naître en toute occasion la clandestinité. Si la pièce a été traduite, elle ne perd rien de son authenticité ; mais dans ce passage par une glace nouvelle, les faits s'éloignent encore d'un degré de leur origine ; ils reçoivent des teintes plus faibles ou plus fortes, selon l'habileté du traducteur ; mais du moins a-t-on la ressource de les vérifier et de les redresser.

Il n'en est pas ainsi de la transmission des faits par parole, c'est-à-dire de la tradition. Là se déploient tous les caprices, toutes les divagations volontaires ou forcées de l'entendement; et jugez quelles doivent être les altérations des faits transmis de bouche en bouche, de génération en génération, lorsque nous voyons souvent dans une même personne le récit des mêmes faits varier selon les époques, selon le changement des intérêts et des affections. Aussi l'exactitude de la tradition est-elle en général décriée; et elle le devient d'autant plus qu'elle s'éloigne de sa source primitive à un plus grand intervalle de temps et de lieu. Nous en avons les preuves irrécusables sous nos propres yeux : que l'on aille dans les campagnes et même dans les villes, recueillir les traditions des anciens sur les événements du siècle de Louis XIV, et même des premières années de ce siècle (je suppose que l'on mette à part tous les moyens d'instruction provenant des pièces écrites), l'on verra quelle altération, quelle confusion se sont introduites, quelle différence s'établit de témoins à témoins, de conteurs à conteurs! Nous en avons une preuve évidente dans l'histoire de la bataille de *Fontenoy*, sur laquelle il y a quantité de variantes. Or, si un tel état d'oubli, de confusion, d'altération, a lieu dans des temps d'ailleurs éclairés, au sein d'une nation déja policée, et qui, par d'autres moyens, trouve le secret de le corriger et de s'en garantir; concluez ce qui dut arriver chez les peuples où les arts étaient ou sont dans l'enfance ou l'abâtardissement; chez qui le désordre régnait ou règne encore dans le système social, l'ignorance dans le système moral, l'indifférence dans tout ce qui excède les premiers besoins. Aussi, le témoignage de voyageurs exacts nous présente-t-il encore en ce moment chez les peuples sauvages et même chez ceux que l'on appelle civilisés, la preuve de cette invraisemblance de récits, de cette absurdité de traditions dont nous parlons; et ces traditions sont nulles, à beaucoup d'égards, même dans le pays de l'Asie, où l'on en place plus particulièrement le foyer et la source; la preuve s'en tire de l'ignorance où les naturels vivent des faits et des dates qui les intéressent le plus, puisque les *Indiens*, les *Arabes*, les *Turks*, les *Tartares* ne savent pas même rendre compte de leur âge, de l'année de leur naissance, ni de celle de leurs parents.

Cependant, c'est par des traditions, c'est par des récits transmis de bouche en bouche, de générations en générations, qu'a dû commencer, qu'a nécessairement commencé l'histoire; et cette nécessité est démontrée par les faits de la nature, encore subsistants, par la propre organisation de l'homme, par le mécanisme de la formation des sociétés.

En effet, de ce qu'il est prouvé que l'homme naît complètement ignorant et sans art; que toutes ses idées sont le fruit de ses sensations, toutes ses connaissances l'acquisition de son expérience personnelle, et de l'expérience accumulée des générations antérieures; de ce qu'il est prouvé que l'écriture est un art extrêmement compliqué dans les principes de son invention; que la parole même est un autre art qui l'a précédé, et qui seul a exigé une immense série de générations : l'on en conclut, avec certitude physique, que l'empire de la tradition s'est étendu sur toute la durée des siècles qui ont précédé l'invention de l'écriture; j'ajoute même de l'écriture alphabétique; car elle seule a su peindre toutes les nuances des faits, toutes les modifications des pensées; au lieu que les autres écritures qui peignent les figures, et non les sons, telles que les *hiéroglyphes* des Égyptiens, les *nœuds* ou *quippos* des *Péruviens*, les *tableaux* des *Mexicains*, n'ont pu peindre que le *canevas* et le *noyau* des faits, et ont laissé dans le vague les circonstances et les liaisons. Or, puisqu'il est démontré par les faits et le raisonnement, que tous ces arts d'écriture et de langage sont le résultat de l'état social, qui lui-même n'a été que le produit des circonstances et des besoins; il est évident que tout cet édifice de besoins, de circonstances, d'arts et d'état social, a précédé l'empire de l'histoire écrite.

Maintenant remarquez que la preuve inverse de ces faits physiques se trouve dans la nature même des premiers récits offerts par l'histoire. En effet, si, comme nous le disons, il est dans la constitution de l'entendement humain de ne pas toujours recevoir l'image des faits parfaitement semblable à ce qu'ils sont; de les altérer d'autant plus qu'il est moins exercé et plus ignorant, qu'il en comprend moins les causes, les effets et toute l'action : il s'ensuit, par une conséquence directe, que plus les peuples ont été grossiers, et les générations novices et barbares, plus leurs commencements d'histoire, c'est-à-dire leurs traditions, doivent être déraisonnables, contraires à la véritable nature, au sain entendement. Or, veuillez jeter un coup d'œil sur toutes les histoires, et considérez s'il n'est pas vrai que toutes débutent par un état de choses tel que je vous le désigne; que leurs récits sont d'autant plus chimériques, représentent un état d'autant plus bizarre, qu'ils s'éloignent plus dans les temps anciens; qu'ils tiennent plus à l'origine de la nation de qui ils proviennent; qu'au contraire, plus ils se rapprochent des temps connus, des siècles où les arts, la police, et tout le système moral ont fait des progrès, plus ces récits reprennent le caractère de la vraisemblance, et peignent un état de choses physique et moral, analogue à celui que nous voyons : de manière que l'histoire de tous les peuples comparée, nous offre ce résultat général ; que ses tableaux sont d'autant plus éloignés de l'ordre de la nature et de la raison, que les peuples sont plus rapprochés de l'état sauvage, qui est pour tous l'état primitif; et qu'au contraire ses tableaux sont d'autant plus analogues à l'ordre que nous connaissons, que ces mêmes peuples s'éclairent, se policent, se civilisent : en sorte que, lorsqu'ils arrivent aux siècles où se développent les sciences et les arts, on voit la foule des événements merveilleux, des prodiges et des monstres de tout genre, disparaître devant leur lumière, comme les fantômes, les larves et les spectres, dont les imaginations peureuses et malades peuplent les ténèbres et le silence de la nuit, disparaissent devant l'aube du jour et les rayons de l'aurore.

Posons donc cette maxime féconde en résultats dans l'étude de l'histoire :

« Que l'on peut calculer, avec une sorte de jus-
« tesse, le degré de lumière et de civilisation d'un
« peuple, par la nature même de ses récits histo-
« riques ; » ou bien en termes plus généraux :

« Que l'histoire prend le caractère des époques
« et des temps où elle a été composée. »

Et ici se présente à notre examen la comparaison de deux grandes périodes où l'histoire a été composée avec des circonstances de moyens et de secours très-différents : je veux parler de la période des manuscrits, et de la période des imprimés. Vous savez que, jusque vers la fin du 15ᵉ siècle, il n'avait existé de livres et de monuments qu'écrits à la main; que ce fut seulement vers 1440 que parurent les premiers essais de Jean Guttemberg, d'immortelle mémoire, puis de ses associés Fusth et Scheffer, pour écrire avec des caractères, d'abord de bois, ensuite de métal, et par cet art simple et ingénieux obtenir instantanément un nombre infini de répétitions ou de copies d'un premier modèle ordonné. Cette heureuse innovation apporta, dans le sujet que nous traitons, des changements qu'il est important de bien remarquer.

Lorsque les écrits, actes ou livres se traçaient tous à la main, la lenteur de ce pénible travail, les soins qu'il renouvelait sans cesse, les frais qu'il multipliait, en rendant les livres chers, les rendaient plus rares, plus difficiles à créer, plus faciles à anéantir. Un copiste produisait lentement un *individu* livre; l'imprimerie en produit rapidement une *génération* : il en résultait pour les compulsations, et par conséquent pour toute instruction, un concours rebutant de difficultés. Ne pouvant travailler que sur des originaux, et ces originaux n'existant qu'en petit nombre dans les dépôts publics et dans les mains de quelques particuliers, les uns jaloux, les autres avares, le nombre des hommes qui pouvaient s'occuper d'écrire l'histoire était nécessairement très-borné; ils avaient moins de contradicteurs; ils pouvaient plus impunément ou négliger ou altérer; le cercle des lecteurs étant très-étroit, ils avaient moins de juges, moins de censeurs; ce n'était point l'opinion publique, mais un esprit de faction ou de coterie qui prononçait; et alors c'était bien moins le fonds des choses que le caractère de la personne, qui déterminait le jugement.

Au contraire, depuis l'imprimerie, les monuments originaux une fois constatés pouvant, par la multiplication de leurs copies, être soumis à l'examen, à la discussion d'un grand nombre de lecteurs, il n'a plus été possible ou du moins facile d'en atténuer, d'en dévier le sens, ni même d'en altérer le manuscrit, par l'extrême publicité des réclamations; et de ce côté la certitude historique a réellement acquis et gagné.

Il est vrai que chez les anciens, par cela même qu'un livre exigeait plusieurs années pour être composé, et davantage encore pour se répandre sans que pour cela l'on pût dire qu'il fût divulgué, il était possible d'y déposer des vérités plus hardies, parce que le temps avait détruit ou éloigné les intéressés, et ainsi la clandestinité favorisait la véracité de l'historien; mais elle favorisait aussi sa partialité ; s'il établissait des erreurs, il était moins facile de les réfuter; il y avait moins de ressource à la réclamation : or, ce même moyen de clandestinité étant également à la disposition des modernes, avec le moyen d'en combattre les inconvénients, l'avantage paraît être entièrement pour eux de ce côté.

Chez les anciens, la nature des circonstances dont je viens de parler, soit dans l'étude, soit dans la composition de l'histoire, la concentrait presque nécessairement dans un cercle étroit d'hommes riches, puisque les livres étaient très-coûteux, et d'hommes publics et de magistrats; puisqu'il fallait avoir manié les affaires pour connaître les faits; et en effet nous aurons l'occasion fréquente d'observer que la plupart des historiens grecs et romains ont été des généraux, des magistrats, des hommes d'une fortune ou d'un rang distingué. Chez les Orientaux, c'étaient presque exclusivement les prêtres, c'est-à-dire, la classe qui s'était attribué le plus puissant des monopoles, celui des lumières et de l'instruction. Et de là, ce caractère d'élévation et de dignité dont on a fait de tous temps la remarque chez les historiens de l'antiquité, et qui fut le produit naturel et même nécessaire de l'éducation cultivée qu'ils avaient reçue.

Chez les modernes, l'imprimerie ayant multiplié et facilité les moyens de lecture et de composition ; cette composition même étant devenue un objet de commerce, une marchandise, il en est résulté pour les écrivains une hardiesse mercantile, une confiance téméraire qui a trop souvent ravalé ce genre d'ouvrage, et profané la sainteté de son but.

Il est vrai que l'antiquité a eu aussi ses compilateurs et ses charlatans; mais la fatigue et l'ennui de copier leurs ouvrages en ont délivré les âges suivants, et l'on peut dire à cet égard que les difficultés ont servi la science.

Mais d'autre part cet avantage des anciens se compense par un inconvénient grave, le soupçon fondé d'une partialité presque nécessitée; 1° par l'esprit de personnalité dont les ramifications étaient d'autant plus étendues que l'écrivain acteur ou témoin avait eu plus de rapports d'intérêts et de passions dans la chose publique; 2° par l'esprit de famille et de parenté qui, chez les anciens, et surtout dans la Grèce et dans l'Italie, constituait un esprit de faction général et indélébile. Et remarquez qu'un ouvrage composé par l'individu d'une famille en devenait la commune propriété; qu'elle en épousait les opinions, par-là même que l'auteur avait sucé ses propres préjugés. Ainsi un manuscrit de la famille des Fabius, des Scipions, se transmettait d'âge en âge et par héritage; et si un manuscrit contradictoire existait dans une autre famille, la plus puissante saisissait comme une victoire l'occasion de l'anéantir : c'était en petit l'esprit des nations en grand ; cet esprit d'égoïsme orgueilleux et intolérant, par lequel les Romains et les Grecs, ennemis de l'univers, ont anéanti les livres des autres peuples, et par lequel nous privant du *plaidoyer* de leurs parties adverses dans la *cause célèbre* de leurs rapines, ils nous ont rendus presque complices de leur tyrannie, par l'admiration éclatante, et par l'émulation secrète que nous portons à leurs triomphes criminels.

Chez les modernes au contraire, en vain un ouvrage historique s'environnerait-il des moyens de la clandestinité, du crédit de la richesse, du pouvoir de l'autorité, de l'esprit de faction ou de famille ; un seul jour, une seule réclamation suffisent à renverser un édifice de mensonge combiné pendant des années ; et tel est le service signalé que la liberté de la presse a rendu à la vérité, que le plus faible individu, s'il a les vertus et le talent de l'historien, pourrait censurer les erreurs des nations jusque sous leurs yeux, fronder même leurs préjugés malgré leur colère, si d'ailleurs il n'était pas vrai que ces erreurs, ces préjugés, cette colère que l'on attribue aux nations, n'appartiennent bien plus souvent qu'à leurs gouvernants.

Dans l'habitude où nous sommes de vivre sous l'influence de l'imprimerie, nous ne sentons point assez fortement tout ce que la publicité qui en dérive nous procure d'avantages politiques et moraux; il faut avoir vécu dans les pays où n'existe point l'art libérateur de la presse, pour concevoir tous les effets de sa privation, pour imaginer tout ce que la disette de livres et de papiers-nouvelles jette de confusion dans les récits, d'absurdités dans les ouï-dire, d'incertitude dans les opinions, d'obstacles dans l'instruction, d'ignorance dans tous les esprits. L'histoire doit des bénédictions à celui qui le premier, dans Venise, s'avisa de donner à lire des bulletins de nouvelles, moyennant la petite pièce de monnaie appelée *gazetta*, dont ils ont retenu le nom; et en effet les gazettes sont des monuments instructifs et précieux jusque dans leurs écarts, puisqu'elles peignent l'esprit dominant du temps qui les a vues naître, et que leurs contradictions présentent des bases fixes à la discussion des faits. Aussi lorsque l'on nous dit que dans leurs nouveaux établissements les Anglo-Américains tracent d'abord un chemin, et portent une presse pour avoir un papier-nouvelle, me paraît-il que dans cette double opération, ils atteignent le but, et font l'analyse de tout bon système social, puisque la *société* n'est autre chose que la *communication facile* et *libre* des *personnes*, des *pensées* et des *choses;* et que tout l'art du gouvernement se réduit à *empêcher* les *frottements violents*, capables de la détruire. Et quand, par inverse à ce peuple déjà civilisé au berceau, les états de l'Asie arrivent à leur décrépitude sans avoir cessé d'être ignorants et barbares, sans doute c'est parce qu'ils n'ont eu ni imprimerie, ni chemin de terre ou d'eau : telle est la puissance de l'imprimerie, telle est son influence sur la civilisation, c'est-à-dire sur le développement de toutes les facultés de l'homme dans le sens le plus utile à la société, que l'époque de son invention divise en deux systèmes distinctifs et divers l'état politique et moral des peuples antérieurs et des peuples postérieurs à elle, ainsi que de leurs historiens; et son existence caractérise à tel point les lumières, que pour s'informer si un peuple est policé ou barbare, l'on peut se réduire à demander : a-t-il l'usage de l'imprimerie ? a-t-il la liberté (1) de la presse?

Or, si, comme il est vrai, l'état de l'antiquité à cet égard fut infiniment semblable à l'état actuel de l'Asie; si même chez les peuples regardés comme libres, les gouvernements eurent presque toujours un esprit mystérieux de corps et de faction, et des intérêts privilégiés, qui les isolaient de la nation; s'ils eurent en main les moyens d'empêcher ou de paralyser les écrits qui les auraient censurés, il en rejaillit un soupçon raisonnable de partialité, soit volontaire soit forcée, sur les écrivains. Comment Tite-Live, par exemple,

---

(1) La *liberté*, et non la *licence*.

aurait-il osé peindre dans tout son odieux la politique perverse de ce sénat romain, qui, pour distraire le peuple de ses demandes long-temps justes et mesurées, fomenta l'incendie des guerres qui pendant cinq cents ans dévorèrent les générations, et qui, après que les dépouilles du monde eurent été entassées dans Rome comme dans un antre, n'aboutirent qu'à offrir le spectacle de brigands enivrés de jouissances, et toujours insatiables, qui s'entr'égorgèrent pour le partage du butin? Parcourez Denys d'Halicarnasse, Polybe et Tacite lui-même, vous n'y citerez pas un de ces mouvements d'indignation que devait arracher le tableau de tant d'horreurs qu'ils nous ont transmises; et malheur à l'historien qui n'a pas de ces mouvements, ou malheur à son siècle, s'il se les refuse.

De toutes ces considérations, je conclus que dans l'étude de l'histoire, le point précis de la vérité est délicat à saisir, difficile à poser, et que la certitude que nous pouvons nous permettre a besoin, pour être raisonnable, d'un calcul de probabilités qu'à juste titre l'on a classé au rang des sciences les plus importantes qui vous seront démontrées dans l'école normale. Si j'ai insisté sur ce premier article, c'est parce que j'ai senti son importance, non point abstraite et spéculative, mais usuelle et applicable à tout le cours de la vie : la vie est pour chacun de nous son histoire personnelle, où le jour d'hier devient la matière du récit d'aujourd'hui et de la résolution de demain. Si, comme il est vrai, le bonheur dépend de ces résolutions, et si ces résolutions dépendent de l'exactitude des récits, c'est donc une affaire importante que la disposition d'esprit propre à les bien juger; et trois alternatives se présentent dans cette opération : *tout croire*, ne *rien croire*, ou *croire avec poids et mesure*. Entre ces trois partis, chacun choisit selon son goût, je devrais dire selon ses habitudes et son tempérament; car le tempérament gouverne la foule des hommes plus qu'ils ne s'en aperçoivent eux-mêmes. Quelques-uns, mais en très-petit nombre, arrivent à force d'abstraction à douter même du rapport de leurs sens; et tel fut, dit-on, Pyrrhon, dont la célébrité en ce genre d'erreur a servi à la désigner sous le nom de *Pyrrhonisme*. Mais si Pyrrhon, qui doutait de son existence au point de se voir submerger sans pâlir, et qui regardait la mort et la vie comme si égales et si équivoques, qu'*il ne se tuait pas*, disait-il, *faute de pouvoir choisir*; si, dis-je, Pyrrhon a reçu des Grecs le nom de *philosophe*, il reçoit des philosophes celui d'*insensé*, et des médecins celui de *malade* : la saine médecine apprend en effet que cette apathie et ce travers d'esprit sont le produit physique d'un genre nerveux obtus ou usé, soit par les excès d'une vie trop contemplative, dénuée de sensations, soit par les excès de toutes les passions, qui ne laissent que la cendre d'une sensibilité consumée.

Si douter de tout est la maladie chronique, rare et seulement ridicule, des tempéraments et des esprits faibles; par inverse, ne douter de rien est une maladie beaucoup plus dangereuse en ce qu'elle est du genre des fièvres ardentes, propres aux tempéraments énergiques chez qui, acquérant par l'exemple une intensité contagieuse, elle finit par exciter les convulsions de l'enthousiasme et la frénésie du fanatisme. Telles sont les périodes du progrès de cette maladie de l'esprit, dérivant de la nature, et de celle du cœur humain, qu'une opinion ayant d'abord été admise par paresse, par négligence de l'examiner, l'on s'y attache, l'on s'en tient *certain* par habitude; on la défend par amour-propre, par opiniâtreté; et de la défense passant à l'attaque, bientôt l'on veut imposer sa croyance par cette estime de soi appelée *orgueil*, et par ce désir de domination qui, dans l'exercice du pouvoir, aperçoit le libre contentement de toutes ses passions. Il y a cette remarque singulière à faire sur le fanatisme et le pyrrhonisme, qu'étant l'un et l'autre deux termes extrêmes, diamétralement opposés, ils ont néanmoins une source commune, l'*ignorance*; avec cette seule différence que le *pyrrhonisme est l'ignorance faible* qui ne juge jamais; et que le *fanatisme est l'ignorance robuste* qui juge toujours, qui a tout jugé.

Entre ces excès il est un terme moyen, celui d'asseoir son jugement lorsqu'on a pesé et examiné les raisons qui le déterminent; de le tenir en suspens tant qu'il n'y a pas de motif suffisant à le poser, et de mesurer son degré de croyance et de certitude sur les degrés de preuves et d'évidence, dont chaque fait est accompagné. Si c'est là ce qu'on nomme *scepticisme*, selon la valeur du mot qui signifie *examiner, tâter autour d'un objet avec défiance*, et si l'on me demande, comme l'a fait un de vous dans notre dernière conférence, si mon dessein est de vous conduire au scepticisme, je dirai d'abord qu'en vous présentant mes réflexions, je ne prêche pas une doctrine; mais que, si j'avais à en prêcher une, ce serait la doctrine du *doute* tel que je le peins, et je croirais servir en ce point, comme en tout autre, la cause réunie de la liberté et de la philosophie, puisque le caractère spécial de la philosophie est de laisser à chacun la faculté de juger selon la mesure de sa sensation et de sa conviction; je prêcherais le *doute examinateur*, parce que l'histoire entière m'a appris que la *certitude est la doctrine de l'erreur ou du mensonge*, et l'arme constante de la tyrannie. Le plus célèbre des imposteurs et le plus audacieux des tyrans, a commencé son livre par ces mots: *Il n'y a point de doute dans ce livre : il conduit droit celui qui marche aveuglément, celui qui reçoit sans discussion ma parole qui sauve le simple et confond le savant* (1); par ce seul début l'homme est dépouillé du libre usage de sa volonté, de ses sens; il est dévoué à l'esclavage; mais en récompense, d'esclave qu'il se fait, le vrai croyant devient ministre du prophète, et recevant de Mahomet le sabre et le Qoran, il devient prophète à son tour, et dit : Il n'y a point de doute en ce livre; *y croire*, c'est-à-dire, *penser comme moi, ou la mort:* doctrine commode, il faut l'avouer, puisqu'elle dispense celui qui la prêche des peines de l'étude: elle a même cet avantage que, tandis que l'homme douteur calcule, examine, le croyant fanatique exécute et agit : le premier apercevant plusieurs routes à la fois, est obligé de s'arrêter pour examiner où elles le conduisent; le second ne voyant que celle qui est devant lui, n'hésite pas. Il la suit, semblable à ces animaux opiniâtres dont on circonscrit la vue par des cuirs cousus à leurs brides pour les empêcher de s'écarter à droite ou à gauche, et surtout pour les empêcher de voir le fouet qui les morigène; mais malheur au conducteur s'ils viennent à se mutiner; car, dans leur fureur

―――――――――

(1) *Voyez* le 1er chapitre du *Qoran*, verset 1er et suivants.

déja demi-aveugles, ils poussent toujours devant eux; et finissent par le jeter avec eux dans les précipices.

Tel est, messieurs, le sort que prépare la *certitude présomptueuse* à *l'ignorance crédule;* par inverse, l'avantage qui résulte du doute circonspect et observateur est tel, que réservant toujours dans l'esprit une place pour de nouvelles preuves, il le tient sans cesse disposé à redresser un premier jugement, à en confesser l'erreur. De manière que si, comme il faut s'y attendre, soit dans cette matière, soit dans toute autre, je venais à en énoncer quelqu'une, les principes que je professe me laisseraient la ressource, ou me donneraient le courage de dire avec le philosophe ancien : *Je suis homme, et rien de l'homme ne m'est étranger.*

La prochaine séance étant destinée à une conférence, je vous invite, messieurs, à rechercher et à rassembler les meilleures observations qui ont été faites sur le sujet que j'ai traité aujourd'hui : malheureusement éparses dans une foule de livres, elle y sont noyées de questions futiles ou paradoxales. Presque tous les auteurs qui ont traité de la *certitude historique,* en ont traité avec cette partialité de préjugés dont je vous ai parlé; et ils ont exagéré cette certitude, et son importance, parce que c'est sur elle que presque tous les systèmes religieux ont eu l'imprudence de fonder les questions de dogme, au lieu de les fonder sur des faits naturels, capables de procurer l'évidence; il serait à désirer que quelqu'un traitât de nouveau et méthodiquement ce sujet, il rendrait un véritable service non-seulement aux lettres, mais encore aux sciences morales et politiques.

QUATRIÈME SÉANCE.

Résumé du sujet précédent. — Quelle utilité peut-on retirer de l'histoire? — Division de cette utilité en trois genres : 1° utilité des bons exemples, trop compensée par les mauvais; 2° transmission des objets d'arts et de sciences; 3° résultats politiques des effets des lois, et de la nature des gouvernements sur le sort des peuples.... — L'histoire ne convient qu'à très-peu de personnes sous ce dernier rapport; elle ne convient à la jeunesse, et à la plupart des classes de la société, que sous le premier. — Les romans bien faits sont préférables.

Jusqu'ici nous nous sommes occupés de la certitude de l'histoire, et nos recherches, à cet égard, peuvent se résumer dans les propositions suivantes :

1° Que les faits historiques, c'est-à-dire les faits racontés, ne nous parvenant que par l'intermède des sens d'autrui, ne peuvent avoir ce degré d'évidence, ni nous procurer cette conviction qui naissent du témoignage de nos propres sens.

2° Que si, comme il est vrai, nos propres sens peuvent nous induire en erreur, et si leur témoignage a quelquefois besoin d'examen, il serait inconséquent et attentatoire à notre liberté, à notre propriété d'opinions, d'attribuer aux sensations d'autrui une autorité plus forte qu'aux nôtres.

3° Que, par conséquent, les faits historiques ne peuvent jamais atteindre aux deux premiers degrés de notre certitude, qui sont la sensation physique, et le souvenir de cette sensation; qu'ils se placent seulement au troisième degré, qui est celui de l'analogie, ou comparaison des sensations d'autrui aux nôtres; et que là, leur certitude se distribue en diverses classes, décroissantes selon le plus ou le moins de vraisemblance des faits, selon le nombre et les facultés morales des témoins, et selon la distance qu'établit entre le fait et son narrateur, le passage d'une main à l'autre. Les mathématiques étant parvenues à soumettre toutes ces conditions à des règles précises, et à en former une branche particulière de connaissances sous le nom de *calcul des probabilités*, c'est à elles que nous remettons le soin de compléter vos idées sur la question de la certitude de l'histoire.

Venons maintenant à la question de l'utilité, et la traitant selon qu'elle est posée dans le programme, considérons quelle utilité sociale et pratique l'on doit se proposer, soit dans l'étude, soit dans l'enseignement de l'histoire. Je sens bien que cette manière de présenter la question n'est point la plus méthodique, puisqu'elle suppose le fait principal déja établi et prouvé; mais elle est la plus économique de temps, par conséquent, elle-même la plus utile, en ce qu'elle abrège beaucoup la discussion; car si je parviens à spécifier le genre d'utilité que l'on peut retirer de l'histoire; j'aurai prouvé que cette utilité existe; au lieu que, si j'eusse mis en question l'existence de cette utilité, il eût d'abord fallu faire la distinction de l'histoire, telle qu'on l'a traitée, ou telle qu'elle pourrait l'être; puis la distinction entre tels et tels livres d'histoire; et peut-être eussé-je été embarrassé de prouver quelle utilité résulte de quelques-uns, même des plus accrédités, et des plus influents que l'on eût pu me citer; et par là j'eusse donné lieu d'élever et de soutenir une thèse assez piquante savoir *si l'histoire n'a pas été plus nuisible qu'utile, n'a pas causé plus de mal que de bien, soit aux nations, soit aux particuliers*, par les idées fausses, par les notions erronées, par les préjugés de toute espèce qu'elle a transmis et comme consacrés; et cette thèse aurait eu sur la nôtre l'avantage de s'emparer de nos propres faits, pour prouver que l'*utilité* n'a pas même été le but ni l'objet primitif de l'histoire; que le premier mobile des traditions grossières, de qui elle est née, fut d'une part dans les raconteurs, ce besoin mécanique qu'éprouvent tous les hommes de répéter leurs sensations, d'en retentir comme un instrument retentit de ses sons; d'en rappeler l'image, quand la réalité est absente ou perdue : besoin qui, par cette raison, est la passion spéciale de la vieillesse qui ne jouit plus, et constitue l'unique genre de conversation des gens qui ne pensent point; que, d'autre part, dans les auditeurs, ce mobile fut la curiosité, second besoin aussi naturel que nous éprouvons de multiplier nos sensations; de suppléer par des images aux réalités : besoin qui fait de toute narration un spectacle, si j'ose le dire, de *lanterne magique*, pour lequel les hommes les plus raisonnables n'ont pas moins de goût que les enfants; cette thèse nous rappellerait que les premiers tableaux de l'histoire, composés sans art et sans goût, ont été recueillis sans discernement et sans but; qu'elle ne fut d'abord qu'un ramas confus d'événements incohérents et surtout merveilleux, par-là même excitant davantage l'attention; que ce ne fut qu'après avoir été fixés par l'écriture, et être déja devenus nombreux, que les faits, plus exacts et plus naturels, donnèrent lieu à des réflexions et à des comparaisons, dont les résultats furent applicables à des situations ressemblantes; et qu'enfin ce n'est que dans des temps modernes, et presque seulement depuis un siècle, que l'histoire a pris ce caractère de philosophie, qui, dans la série des événements, cherche un ordre généalogique de causes et d'effets, pour en déduire une théorie de règles et de principes propres à diriger les particuliers et les peuples vers le but de leur conservation ou de leur perfection.

Mais, en ouvrant la carrière à de semblables questions, j'aurais craint de trop donner lieu à envisager l'histoire sous le rapport de ses inconvénients et de ses défauts; et puisqu'une critique trop approfondie peut quelquefois être prise pour de la satire; puisque l'instruction a un caractère si saint, qu'elle ne doit pas se permettre même les jeux du paradoxe, j'ai dû en écarter jusqu'aux apparences, et j'ai dû me borner à la considération d'une utilité déjà existante, ou du moins d'une utilité possible à trouver.

Je dis donc qu'en étudiant l'histoire avec l'intention et le désir d'en retirer une utilité pratique, il m'a paru en voir naître trois espèces :

L'une applicable aux individus, et je la nomme *utilité morale;*

L'autre applicable aux sciences et aux arts, je l'appelle *utilité scientifique;*

La troisième, applicable aux peuples et à leurs gouvernements, je l'appelle *utilité politique.*

En effet, si l'on analyse les faits dont se compose l'histoire, on les voit se diviser, comme d'eux-mêmes, en trois classes : l'une de faits individuels, ou actions des particuliers; l'autre de faits publics, ou d'ordre social et de gouvernement; et la troisième de faits d'arts et de sciences, ou d'opérations de l'esprit.

Relativement à la première classe, chacun a pu remarquer que, lorsque l'on se livre a la lecture de l'histoire, et que l'on y cherche, soit l'amusement qui naît de la variété mobile des tableaux; soit les connaissances qui naissent de l'expérience des temps antérieurs, il arrive constamment que, l'on se fait l'application des actions individuelles qui sont racontées; que l'on s'identifie en quelque sorte aux personnages, et que l'on exerce son jugement ou sa sensibilité sur tout ce qui leur arrive, pour en déduire des conséquences qui influent sur notre propre conduite. Ainsi, en lisant les faits de la Grèce et de l'Italie, il n'est point de lecteur qui n'attache un intérêt particulier à certains hommes qui y figurent; qui ne suive avec attention la vie privée ou publique d'Aristide ou de Thémistocle, de Socrate ou d'Alcibiade, de Scipion ou de Catilina, de Cicéron ou de César, et qui, de la comparaison de leur conduite et de leur destinée, ne retire des réflexions, des préceptes qui influent sur ses propres actions; et ce genre d'influence, et si j'ose le dire, de préceptorat de l'histoire, a surtout lieu dans la partie appelée biographique, ou *description de la vie* des hommes, soit publics, soit particuliers, dont Plutarque et Cornelius Nepos nous offrent des exemples dans leurs *Hommes illustres*; mais il faut convenir que, dans cette partie, l'histoire est soumise à plus d'une difficulté, et que d'abord on peut l'accuser de se rapprocher souvent du roman ; car on sent que rien n'est plus difficile que de constater avec certitude et de retracer avec vérité les actions et le caractère d'un homme quelconque. Pour obtenir cet effet, il faudrait l'avoir habituellement suivi, étudié, connu, même avoir été lié assez intimement avec lui ; et dans toute liaison, l'on sait combien il est difficile qu'il ne soit pas survenu, qu'il ne se soit pas mêlé des passions d'amitié ou de haine, qui dès lors altèrent l'impartialité ; aussi, les ouvrages de ce genre ne sont-ils presque jamais que des panégyriques ou des satires ; et cette assertion trouverait au besoin ses preuves et son appui dans bien des mémoires de nos jours, dont nous pouvons parler comme témoins bien informés sur plusieurs articles. En général, les histoires individuelles ne sauraient avoir d'exactitude et de vérité qu'autant qu'un homme écrirait lui-même sa vie, et l'écrirait avec conscience et fidélité. Or, si l'on considère les conditions nécessaires à cet effet, on les trouve difficiles à réunir, et presque contradictoires ; car si c'est un homme immoral et méchant, comment consentira-t-il à publier sa honte, et quel motif aura-t-on de lui croire la probité qu'exige cet acte ? Si c'est un homme très-vertueux, comment s'exposera-t-il aux inculpations d'orgueil et de mensonge que ne manqueront pas de lui adresser le vice et l'envie ? Si l'on a des faiblesses vulgaires, ces faiblesses n'excluent-elles pas le courage nécessaire à les révéler? Quand on cherche tous les motifs que les hommes peuvent avoir de publier leur vie, on les voit se réduire, ou à l'amour-propre blessé qui défend l'existence physique ou morale contre les attaques de la malveillance et de la calomnie : et ce cas est le plus légitime et le plus raisonnable : ou à l'amour-propre ambitieux de gloire et de considération, qui veut manifester les titres auxquels il en est ou s'en croit digne. Telle est la puissance de ce sentiment de vanité, que, se repliant sous toutes les formes, il se cache même sous ces actes d'humilité religieuse et cénobitique, où l'aveu des erreurs passées est l'éloge indirect et tacite de la sagesse présente, et où l'effort que suppose cet aveu devient un moyen nécessaire et intéressant d'obtenir pardon, grace ou récompense, ainsi que nous en voyons un exemple saillant dans les confessions de l'évêque *Augustin:* il était réservé à notre siècle de nous en montrer un autre où l'amour-propre s'immolerait lui-même, uniquement par l'orgueil *d'exécuter une entreprise qui n'eut jamais de modèle ; de montrer à ses semblables un homme qui ne ressemble à aucun d'eux; et qui, étant unique en son genre, se dit pourtant l'homme de la nature* (1); comme si le sort eût

---

(1) *Voyez* le début des *Confessions* de J.-J. Rousseau; il n'est peut-être aucun livre où tant d'orgueil ait été rassemblé dans aussi peu de lignes que dans les dix premières.

voulu qu'une vie passée dans le paradoxe, se terminât par l'idée contradictoire d'arriver à l'admiration, et presqu'au culte (1), par le tableau d'une suite continue d'illusions d'esprit et d'égarements de cœur.

Ceci nous mène à une seconde considération de notre sujet, qui est qu'en admettant la véracité dans de tels récits, il serait possible que par-là

---

(1) Il y a cette différence caractéristique entre Rousseau et Voltaire considérés comme chefs d'opinions, que si vous attaquez Voltaire devant ses partisans, ils le défendent sans chaleur, par raisonnement et par plaisanterie, et vous regardent tout au plus comme un homme de mauvais goût. Mais si vous attaquez Rousseau devant les siens, vous leur causez une espèce d'horreur religieuse, et ils vous considèrent comme un scélérat. Ayant moi-même dans ma jeunesse éprouvé ces impressions, lorsque j'en ai recherché la cause, il m'a paru que Voltaire, parlant à l'esprit plutôt qu'au cœur, à la pensée plutôt qu'au sentiment, n'échauffait l'ame d'aucune passion; et parce qu'il s'occupait plutôt de combattre l'opinion d'autrui que d'établir la sienne, il produisait l'habitude du doute plutôt que celle de l'affirmation, ce qui mène à la tolérance. Rousseau, au contraire, s'adresse au cœur plutôt qu'à l'esprit, aux affections plutôt qu'au raisonnement; il exalte l'amour de la vertu et de la vérité (sans les définir), par l'amour des femmes, si capable de faire illusion; et parce qu'il a une forte persuasion de sa droiture, il suspecte en autrui d'abord l'opinion, et puis l'intention: situation d'esprit d'où résulte immédiatement l'aversion quand on est faible, et l'intolérance persécutrice lorsque l'on est fort. Il est remarquable que parmi les hommes qui, dans ces derniers temps, ont le plus déployé ce dernier caractère, le grand nombre était ou se disait disciples et admirateurs de J.-J. Rousseau.

4.

même l'histoire fût inférieure en utilité au roman ; et ce cas arriverait, si des aventures véritables offraient le spectacle immoral de la vertu plus malheureuse que le vice, puisque l'on n'estime dans les aventures supposées, que l'art qui présente le vice comme plus éloigné du bonheur que la vertu ; si donc il existait un livre ou un homme regardé comme vertueux, et presque érigé en patron de secte, se fût peint comme très-malheureux ; si cet homme, *confessant* sa vie, citait de lui un grand nombre de traits d'avilissement, d'infidélité, d'ingratitude; s'il nous donnait de lui l'idée d'un caractère chagrin, orgueilleux, jaloux; si, non content de relever ses fautes, qui lui appartiennent, il relevait *celles d'autrui, qui ne lui appartiennent pas*; si cet homme, d'ailleurs doué de talent comme orateur et comme écrivain, avait acquis une autorité comme philosophe; s'il n'avait usé de l'un et de l'autre que pour panégyriser l'ignorance, détracter l'état social, ramener les hommes à la vie sauvage; et si une doctrine *renouvelée d'Omar* (1) s'était masquée de son nom et de ses principes pour prêcher l'inutilité des sciences et des arts, pour proscrire tout talent, toute richesse, et par conséquent tout travail qui les crée, peut-être se-

---

(1) *Fraternité ou la mort*, c'est-à-dire, *pense comme moi ou je te tue*; ce qui est littéralement la profession de foi d'un *mahométan*.

rait-il difficile dans cette trop véridique histoire, de trouver un coin d'utilité ; peut-être conviendrait-on que c'est apprendre à trop haut prix, que dans un individu organisé d'une certaine manière, la sensibilité poussée à l'excès peut dégénérer en aliénation d'esprit (1), et l'on regretterait sans doute que l'auteur d'*Émile*, après avoir tant parlé de la nature, n'ait pas imité sa sagesse, qui, montrant au dehors toutes les formes qui flattent nos sens, a caché dans nos entrailles, et couvert de voiles épais tout ce qui menaçait de choquer notre délicatesse. Ma conclusion sur cet article est que l'utilité morale que l'on peut retirer de l'histoire n'est point une utilité spontanée qui s'offre d'elle-même ; mais qu'elle est le produit d'un art soumis à des principes et à des règles dont nous traiterons à l'occasion des écoles primaires.

Le second genre d'utilité, celui qui est relatif aux sciences et aux arts, a une sphère beaucoup plus variée, beaucoup plus étendue, et sujette à bien moins d'inconvénients que celui dont nous venons de parler. L'histoire, étudiée sous ce point de vue, est une mine féconde où chaque particulier peut chercher et prendre à son gré des matériaux convenables à la science, ou à l'art qu'il

---

(1) L'on sait que Rousseau est mort dans cet état, rendu évident par ses derniers écrits.

affectionne, qu'il cultive ou veut cultiver : les recherches de ce genre ont le précieux avantage de jeter toujours une véritable lumière sur l'objet que l'on traite, soit par la confrontation des divers procédés ou méthodes, employés à des époques différentes chez des peuples divers ; soit par la vue des erreurs commises, et par la contradiction même des expériences, qu'il est toujours possible de répéter; soit enfin par la seule connaissance de la marche qu'a suivie l'esprit humain, tant dans l'invention que dans les progrès de l'art ou de la science ; marche qui indique par analogie celle à suivre pour les perfectionner.

C'est à de telles recherches que nous devons des découvertes nombreuses, tantôt nouvelles, tantôt seulement renouvelées, mais qui méritent toujours à leurs auteurs des remercîments : c'est par elles que la médecine nous a procuré des méthodes, des remèdes ; la chirurgie, des instruments ; la mécanique, des outils, des machines ; l'architecture, des décorations, des ameublements. Il serait à désirer que ce dernier art s'occupât d'un genre de construction devenu le besoin le plus pressant de notre situation, la construction des salles d'assemblées, soit délibérantes, soit professantes. Novices à cet égard, nous n'avons encore obtenu depuis cinq ans que les essais les plus imparfaits, que les tâtonnements les plus vicieux ; je n'entends pas néanmoins y comprendre le vaisseau où nous sommes rassemblés (1), qui, quoique trop petit pour nous, à qui il ne fut point destiné, remplit très-bien d'ailleurs le but de son institution ; mais je désigne ces salles où l'on voit l'ignorance de toutes les règles de l'art ; où le local n'a aucune proportion avec le nombre des délibérants qu'il doit contenir ; où ces délibérants sont disséminés sur une vaste surface, quand tout invite, quand tout impose la loi de les resserrer dans le plus petit espace ; où les lois de l'acoustique sont tellement méconnues, que l'on a donné aux vaisseaux des formes carrées et *barlongues*, quand la forme circulaire se présentait comme la plus simple et la seule propre aux effets d'audition demandés ; où, par ce double vice de trop d'étendue et de figure carrée, il faut des voix de Stentor pour être entendu, et par conséquent où toute voix faible est exclue de fait, est privée de son droit de conseil et d'influence ; encore qu'une voix faible et une poitrine frêle soient souvent les résultats de l'étude et de l'application, et par suite les signes présumés de l'instruction ; tandis qu'une voix trop éclatante, et de forts poumons, sont ordinairement l'indice d'un tempérament puissant, qui ne s'accommode guère de la vie sédentaire du cabinet, et qui invite, ou plutôt qui en-

---

(1) L'amphithéâtre de chimie au jardin des Plantes donnant sur la rue de Seine.

traîne malgré soi à cultiver ses passions plutôt que sa raison : j'entends ces salles enfin où, par la nécessité de faire du bruit pour être entendu, l'on provoque le bruit qui empêche d'entendre ; de manière que par une série de conséquences étroitement liées, la construction du vaisseau favorisant et même nécessitant le tumulte, et le tumulte empêchant la régularité et le calme de la délibération, il arrive que les lois qui dépendent de cette délibération, et que le sort d'un peuple qui dépend de ces lois, dépendent réellement de la disposition physique d'une salle. Il est donc d'une véritable importance de s'occuper activement de recherches à cet égard, et nous avons tout à gagner, en consultant, sur cette matière, l'histoire et les monuments de la Grèce et de l'Italie ; nous apprendrons de leurs anciens peuples, qui avaient une expérience longue et multipliée des grandes assemblées, sur quels principes étaient bâtis ces cirques et ces amphithéâtres, dans lesquels 50,000 ames entendaient commodément la voix d'un acteur, ainsi que l'empereur Joseph II en fit l'épreuve, il y a quelques années, dans l'amphithéâtre restauré de Vérone. Nous connaîtrons l'usage de ces conques qu'ils pratiquaient dans certaines parties des murailles ; de ces vases d'airain qui gonflaient les sons dans l'immense cirque de Caracalla ; de ces bassins à fond de cuve, soit en métal, soit en brique, dont le moderne opéra de Rome a fait un usage si heureux, que dans une salle plus grande qu'aucune des nôtres, un orchestre de onze instruments seulement, produit autant d'effet que nos cinquante instruments de l'Opéra; nous imiterons ces vomitoires qui facilitent l'entrée et la sortie individuelles, et même l'évacuation totale du vaisseau, sans bruit et sans confusion; enfin nous pourrons rechercher tout ce que l'art des anciens a imaginé en ce genre, pour en faire des applications immédiates, ou des modifications heureuses (1).

---

(1) Ce sujet est si important, que le lecteur ne trouvera pas mauvais que j'insère ici les résultats de mes observations sur les différentes salles où je me suis trouvé.

L'objet principal, même unique d'une salle délibérante, est que les discutants se parlent avec aisance, s'entendent avec clarté; décoration, construction, règles de l'art, tout doit être subordonné à ce point final. Pour l'obtenir, il faut:

1° Que les délibérants soient rapprochés les uns des autres, dans le plus petit espace conciliable avec la salubrité et la commodité; sans cette condition, ceux qui ont des voix faibles sont dépouillés de fait de leur droit de voter, et il s'établit une *aristocratie* de *poumons*, qui n'est pas l'une des moins dangereuses;

2° Que les délibérants siégent dans l'ordre le plus propre à mettre en évidence tous leurs mouvemens; car, sans respect public, il n'y a point de dignité individuelle; ces deux premières conditions établissent la forme circulaire et amphithéâtrale;

3° Que les rangs des délibérants forment une masse continue, sans division matérielle qui en fasse des quartiers distincts; car ces divisions matérielles favorisent et même fomentent des divisions morales de parti et de faction;

Le troisième genre d'utilité que l'on peut retirer de l'histoire, celui que j'appelle d'utilité politique ou sociale, consiste à recueillir et à méditer tous les faits relatifs à l'organisation des sociétés,

---

4° Que le parquet de la salle soit interdit à toute autre personne qu'aux secrétaires et aux huissiers; rien ne trouble plus la délibération, que d'aller et venir dans ce parquet;

5° Que les issues d'entrée et de sortie soient nombreuses, indépendantes les unes des autres, de manière que la salle puisse s'évacuer ou se remplir rapidement et sans confusion;

6° Que l'auditoire soit placé de manière à ne gêner en rien les délibérants.

Comme cette dernière condition pourrait sembler un problème, voici le plan que j'ai calculé sur ces diverses données, et qu'il n'appartient qu'à des architectes de rectifier dans l'exécution.

Je trace une salle en fer à cheval, ou formant un peu plus que le demi-cercle; je lui donne une aire suffisante à placer cinq cents délibérants au plus; car des assemblées plus nombreuses sont des *cohues*, et peut-être trois cents sont-ils un nombre préférable. J'élève cinq ou six rangs de gradins en amphithéâtre dont le rayon est de trente-six à quarante pieds au plus: dans chacun de ces rangs, je pratique une foule d'issues dites *vomitoires*, pour entrer et sortir. Autour du parquet, règne une balustrade qui l'interdit au dernier gradin. A l'un des bouts du demi-cercle, et hors des rangs, est le siége du président; derrière lui, hors du cercle, est un appartement à son usage, par où il entre et sort: devant lui sont les secrétaires; à l'autre bout en face, aussi hors des rangs, est la tribune de lecture, destinée seulement à lire les lois et les rapports; chaque membre devant parler sans quitter sa place: cette tribune et le siége du président ne se regardent pas, mais sont un peu tournés vis-à-vis le fond de

au mécanisme des gouvernements, pour en induire des résultats généraux ou particuliers, propres à servir de termes de comparaison, et de règles de conduite en des cas analogues ou sem-

---

l'amphithéâtre. Au-dessus des rangs, en retraite dans le mur, sont des tribunes où siégent les preneurs de notes, dits journalistes, qui, dans un gouvernement républicain me paraissant des magistrats très-influants, sont élus partie par le peuple, partie par le gouvernement : enfin, j'admets quelques tribunes grillées pour les ambassadeurs et pour divers magistrats.

La voûte de cette salle est non pas ronde, mais aplatie et calculée pour des effets suffisants d'audition : nombre de châssis y sont pratiqués pour rafraîchir l'air de la salle, et pour y jeter de la lumière. Aucune fenêtre latérale, aucune colonne ne rompt l'unité de l'enceinte. S'il y a trop d'écho, l'on tend des draperies. Le long des murs sont des thermomètres pour mesurer et tenir à un même degré la chaleur des poêles souterrains en hiver, et des conduits d'air en été ; cette partie est sous l'inspection de trois médecins ; car la santé des délibérants est un des éléments des bonnes lois.

Jusqu'ici l'on ne voit point d'auditoire, et cependant j'en veux un avec la condition commode de le faire plus ou moins nombreux, selon qu'on le voudra : pour cet effet j'adapte à l'ouverture du demi-cercle ci-dessus, un autre demi-cercle plus petit, ou plus grand, ou égal, qui représente une salle de spectacle sans galeries. Les délibérants se trouvent à son égard comme dans un théâtre élevé qui domine d'assez haut le parterre. Ces deux salles sont séparées par un passage et une balustrade, presque comme l'orchestre, pour s'opposer, au besoin, à tout mouvement. L'on entre par ce passage pour se présenter à la barre située entre le président et la tribune de lecture : enfin, une cloison latérale mobile vient, dans les cas de délibération secrète, isoler en un clin d'œil les délibérants, sans déplacer la masse des spectateurs. Il y a tout lieu

blables ; sous ce rapport, l'histoire, prise dans son universalité, est un immense recueil d'expériences morales et sociales, que le genre humain fait involontairement et très-dispendieusement sur lui-même; dans lesquelles chaque peuple, offrant des combinaisons variées d'événements, de passions, de causes et d'effets, développe, aux yeux de l'observateur attentif, tous les ressorts et tout le mécanisme de la nature humaine : de manière que si l'on avait un tableau exact du jeu réciproque de toutes les parties de chaque machine sociale, c'est-à-dire, des habitudes, des mœurs, des opinions, des lois, du régime intérieur et extérieur de chaque nation, il serait possible d'établir une théorie générale de l'art de composer ces machines morales, et de poser des principes fixes et déterminés de législation, d'économie politique, et de gouvernement. Il n'est pas besoin de faire sentir toute l'utilité d'un pareil travail. Malheureusement il est soumis à beaucoup de difficultés ; d'abord, parce que la plupart des histoires, surtout les anciennes, n'offrent que

---

de croire qu'un tel édifice ne coûterait pas 100,000 francs, parce qu'il exclut toute espèce de luxe ; mais dût-il coûter le double, sa construction est la chose la plus praticable, même dans nos circonstances ; car sans toucher au trésor public, une souscription de 12 à 15 fr. par mois, de la part de chaque membre des Conseils, remplirait l'objet qu'ils désirent également, sans être une charge onéreuse sur leur traitement.

des matériaux incomplets ou vicieux; ensuite, parce que l'usage que l'on peut en faire, les raisonnements dont ils sont le sujet, ne sont justes qu'autant que les faits sont représentés exactement; et nous avons vu combien l'exactitude et la précision sont épineuses à obtenir, surtout dans les faits privés et préliminaires : or, il est remarquable que dans l'histoire, ce ne sont pas tant les faits majeurs et marquants qui sont instructifs, que les faits accessoires, et que les circonstances qui les ont préparés ou produits; car ce n'est qu'en connaissant ces circonstances préparatoires, que l'on peut parvenir à éviter ou à obtenir de semblables résultats : ainsi dans une bataille, ce n'est pas son issue qui est instructive, ce sont les divers mouvements qui en ont décidé le sort, et qui, quoique moins saillants, sont pourtant les causes, tandis que l'événement n'est que l'effet(1). Telle est l'importance de ces notions de détail, que, sans elles, le terme de comparaison se trouve vicieux, n'a plus d'analogie avec l'objet auquel on veut en faire l'application; et cette faute, si

---

(1) Ainsi encore les détails des négociations, de qui dépendent les grands événements de la paix et de la guerre, sont de tous les faits historiques les plus instructifs, puisque l'on y voit à nu tout le jeu des intrigues et des passions; et ces faits seront toujours les moins connus, parce qu'il n'est peut-être aucun de leurs agents qui osât en rendre un compte exact, pour son propre honneur ou son intérêt.

grave dans ses conséquences, est pourtant habituelle et presque générale en histoire : on accepte des faits sans discussion; on les combine sans rapports certains; on dresse des hypothèses qui manquent de fondement; on en fait des applications qui manquent de justesse ; et de là, des erreurs d'administration et de gouvernement, faussement imitatives, qui entraînent quelquefois les plus grands malheurs. C'est donc un art et un art profond, que d'étudier l'histoire sous ce grand point de vue; et si, comme il est vrai, l'utilité qui en peut résulter est du genre le plus vaste, l'art qui la procure est du genre le plus élevé; c'est la partie transcendante, et, s'il m'est permis de le dire, ce sont les *hautes mathématiques* de l'histoire.

Ces diverses considérations, loin de faire digression à mon sujet, m'ont au contraire préparé une solution facile de la plupart des questions qui y sont relatives. Demande-t-on si l'enseignement de l'histoire peut s'appliquer aux écoles primaires : il est bien évident que ces écoles étant composées d'enfants, dont l'intelligence n'est point encore développée, qui n'ont aucune idée, aucun moyen de juger des faits de l'ordre social, ce genre de connaissances ne leur convient point; qu'il n'est propre qu'à leur donner des préjugés, des idées fausses et erronées, qu'à en faire des babillards et des perroquets, ainsi que l'a prouvé, depuis deux siècles, le système vicieux de l'éducation dans toute l'Europe. Qu'entendions-nous dans notre jeunesse à cette Histoire de Tite-Live, ou de Salluste, à ces Commentaires de César, à ces Annales de Tacite que l'on nous forçait d'expliquer ? Quel fruit, quelle leçon en avons-nous tirés ? D'habiles instituteurs avaient si bien senti ce vice, que malgré leur désir d'introduire dans l'éducation la lecture des livres hébreux, ils n'osèrent jamais le tenter, et furent obligés de leur donner la forme du roman connu sous le nom d'*Histoire du peuple de Dieu*; d'ailleurs, si la majeure partie des enfants des écoles primaires est destinée à la pratique des arts et métiers, qui absorberont tout leur temps pour fournir à leur subsistance, pourquoi leur donner des notions qu'ils ne pourront cultiver, qu'il leur sera indispensable d'oublier, et qui ne leur laisseront qu'une prétention de faux savoir, pire que l'ignorance ? Les écoles primaires rejettent donc l'histoire sous son grand rapport politique ; elles l'admettraient davantage sous le rapport des arts, parce qu'il en est plusieurs qui se rapprochent de l'intelligence du jeune âge, et que le tableau de leur origine et de leur progrès pourrait leur insinuer l'esprit d'analyse ; mais il faudrait composer en ce genre des ouvrages exprès, et le fruit que l'on en obtiendrait, n'en vaudrait peut-être ni le soin ni les frais.

Le seul genre d'histoire qui me paraisse convenir aux enfans, est le genre *biographique*, ou celui des vies d'hommes privés ou publics; l'expérience a prouvé que cette sorte de lecture, pratiquée dans les veillées, au sein des familles, produisait un effet puissant sur ces jeunes cerveaux, et excitait en eux ce *désir d'imitation*, qui est un attribut physique de notre nature, et qui détermine le plus nos actions. Ce sont souvent des traits reçus dans de telles lectures, qui ont décidé de la vocation et des penchants de toute la vie; et ces traits sont d'autant plus efficaces qu'ils sont moins préparés par l'art, et que l'enfant, qui fait une réflexion et porte un jugement, a plus le sentiment de sa liberté, en ne se croyant ni dominé ni influencé par une autorité supérieure. Nos anciens l'avaient bien senti, lorsque, pour accréditer leurs opinions dogmatiques, ils imaginèrent ce genre d'ouvrage que l'on appelle *Vie des Saints*. Il ne faut pas croire que toutes ces compositions soient dépourvues de mérite et de talent; plusieurs sont faites avec beaucoup d'art, et une grande connaissance du cœur humain: et la preuve en est qu'elles ont fréquemment rempli leur objet, celui d'imprimer aux ames un mouvement dans le sens et la direction qu'elles avaient en vue.

A mesure que les esprits se sont dégagés des idées du genre religieux, on a passé aux ouvrages du genre philosophique et politique; et les *Hom-*

mes illustres de Plutarque et de Cornelius Nepos
ont obtenu la préférence sur les *Martyrs* et les
Saints Pères du désert : et du moins ne pourra-t-on
nier que ces modèles, quoique dits profanes, ne
soient plus à l'usage des hommes vivant en société, mais encore ont-ils l'inconvénient de nous
éloigner de nos mœurs, et de donner lieu à des
comparaisons vicieuses, et capables d'induire en
de graves erreurs. Il faudrait que ces modèles fussent pris chez nous, dans nos mœurs, et s'ils
n'existaient pas il faudrait les créer; car c'est surtout ici le cas d'appliquer le principe que j'ai
avancé, que le roman peut être supérieur à l'histoire en utilité. Il est à désirer que le gouvernement encourage des livres élémentaires de ce genre; et comme ils appartiennent moins à l'histoire
qu'à la morale, je me bornerai à rappeler à leurs
compositeurs deux préceptes fondamentaux de
l'art, dont ils ne doivent point s'écarter : *concision* et *clarté.* La multitude des mots fatigue les
enfants, les rend babillards; les traits concis les
frappent, les rendent penseurs ; et ce sont moins
les réflexions qu'on leur fait, que celles qu'ils se
font, qui leur profitent.

CINQUIÈME SÉANCE.

De l'art de lire l'histoire; cet art n'est point à la portée des enfants : l'histoire, sans enseignement, leur est plus dangereuse qu'utile. — De l'art d'enseigner l'histoire. — Vues de l'auteur sur un cours d'études de l'histoire. — De l'art d'écrire l'histoire. — Examen des préceptes de Lucien et de Mably.

Nous avons vu que les faits historiques fournissent matière à trois genres d'utilité : l'une relative aux particuliers, l'autre relative aux gouvernements et aux sociétés, et la troisième applicable aux sciences et aux arts. Mais, parce que cette utilité quelconque ne s'offre point d'elle-même, ni sans le mélange d'inconvénients et de difficultés ; parce que, pour être recueillie, elle exige des précautions et un art particulier; nous avons commencé l'examen des principes et des règles de cet art, et nous allons continuer aujourd'hui de les développer en les divisant en deux branches : art d'étudier l'histoire; art de composer et d'écrire l'histoire.

J'ai déja indiqué que, sous aucun rapport, l'étude de l'histoire ne me paraissait convenir aux enfants, parce que les faits dont elle se compose exigent une expérience déja acquise, et une maturité de jugement incompatible avec leur âge ; que par conséquent elle devait être bannie des écoles primaires, avec d'autant plus de raison que la très-grande majorité des citoyens y est destinée aux métiers et aux arts, dont ils doivent tirer leur subsistance, et dont la pratique, absorbant tout leur temps, leur fera oublier, et leur rendra absolument inutile toute notion purement savante et spéculative ; j'ajoute, qu'obligés de croire sur parole et sur autorité magistrale, ils y pourraient contracter des erreurs et des préjugés, dont l'influence s'étendrait sur toute leur vie. Il ne s'agit pas de savoir beaucoup, mais de savoir bien ; car le demi-savoir est un savoir faux, cent fois pire que l'ignorance. Ce qu'on peut se permettre d'histoire avec les enfants, et j'étends ce nom à tous les hommes simples et sans instruction, doit se réduire à la morale, c'est-à-dire aux préceptes de conduite à leur usage ; et parce que ces préceptes, tirés des faits et des exemples, deviennent plus saillants, l'on peut se permettre d'employer des anecdotes et des récits d'actions vertueuses, surtout si l'on en use sobrement ; car l'abondance est indigeste ; et, pour le dire en passant, un vice majeur de l'éducation française, est de vouloir trop dire et trop faire. On apprend aux hommes à parler ; on devrait leur apprendre à se taire : la parole dissipe la pensée, la méditation l'accu-

5.

mule; le parlage né de l'étourderie engendre la discorde; le silence, enfant de la sagesse, est l'ami de la paix. Athènes éloquente ne fut qu'un peuple de brouillons; Sparte silencieuse fut un peuple d'hommes posés et graves; et ce fut sans doute pour avoir érigé le silence en vertu, que Pythagore reçut des deux Grèces le titre de sage.

Au-dessus des écoles primaires, et dans le second degré de l'instruction, l'esprit des jeunes gens, plus développé, devient plus capable de recevoir celle qui naît de l'histoire. Cependant, si vous vous rappelez les impressions de notre jeune âge, vous vous ressouviendrez que, pendant longtemps, la partie qui, dans nos lectures, excita le plus notre intérêt, qui l'attacha presque exclusivement, fut celle des combats et des anecdotes militaires. Vous observerez qu'en lisant l'histoire ancienne, par Rollin, ou l'histoire de France, par Velly, nous glissions rapidement, ou nous nous traînions languissamment sur les articles de mœurs, de lois, de politique, pour arriver aux siéges, aux batailles, ou aux aventures particulières; et dans ces aventures et dans les histoires personnelles, nous préférions ordinairement celles des guerriers à grands mouvements, à la vie paisible des législateurs et des philosophes, ce qui m'amène à deux réflexions : l'une, que l'étude de l'histoire ne devient que très-tardivement utile aux jeunes gens à qui elle offre peu de points de contact; l'autre, que ne les touchant que par le côté moral, et surtout par celui des passions, il serait dangereux de les y livrer d'eux-mêmes et sans guide. L'on ne peut leur mettre en main que des histoires préparées ou choisies dans une intention : or, en un tel cas, est-ce bien l'histoire que l'on enseigne? sont-ce les faits tels qu'ils sont qu'on leur montre, ou n'est-ce pas plutôt les faits tels qu'on les voit, tels qu'on les veut faire voir (1)? Et alors n'est-ce pas un roman et un mode d'éducation? Sans doute, et le l'ai déjà dit, ce mode a des avantages, mais il peut avoir des inconvénients; car, de même que nos ancêtres du moyen âge se sont trompés en adoptant une morale qui contrarie tous les penchants de la nature au lieu de les diriger, de même il est à craindre que l'âge présent ne se trompe aussi en en prenant une qui ne tend qu'à exalter les passions au lieu de les modérer; de manière que, passant d'un excès à l'autre, d'une crédulité aveugle à une incrédulité farouche, d'une apathie misanthropique à une cupidité dévorante, d'une patience servile à un orgueil oppresseur et insociable, nous n'aurions fait que changer de fanatisme, et quittant

---

(1) Et en général, toute l'histoire n'est-elle pas les faits tels que les a vus le narrateur, et n'est-ce pas le cas d'appliquer ce mot de Fontenelle : *L'histoire est le roman de l'esprit humain, et les romans sont l'histoire du cœur?*

celui des Goths du neuvième siècle, nous retournerions à celui des enfants d'Odin, les Francs et les Celtes, nos premiers aïeux ; et tels seraient les effets de cette moderne doctrine, qui ne tend qu'à exalter les courages, qu'à les pousser au delà du but de défense et de conservation qu'indique la nature; qui ne prêche que mœurs et vertus guerrières, comme si l'idée de la vertu, dont l'essence est de conserver, pouvait s'allier à l'idée de la guerre dont l'essence est de détruire; qui appelle patriotisme une haine farouche de toute autre nation, comme si l'amour exclusif des siens n'était pas la vertu spéciale des loups et des tigres; comme si dans la société générale du genre humain il y avait une autre justice, d'autres vertus pour les peuples que pour les individus ; comme si un peuple guerrier et conquérant différait d'un individu perturbateur et méchant, qui s'empare du bien de son voisin, parce qu'il est le plus fort; une doctrine enfin qui ne tend qu'à ramener l'Europe aux siècles et aux mœurs féroces des Cimbres et des Teutons; et cette doctrine est d'autant plus dangereuse que l'esprit de la jeunesse, ami du mouvement et porté à l'enthousiasme militaire, adopte avidement ses préceptes. Instituteurs de la nation, pesez bien un fait qui est sous vos yeux : si vous, si la génération actuelle élevée dans des mœurs douces, et qui, pour hochets de son enfance, ne connut que les *poupées* et les *petites chapelles*; si cette génération a pris en si peu de temps un tel essor de mœurs sanguinaires (1), que sera-ce de celle qui s'élève dans la rapine et le carnage, et qui fait les jeux de son bas âge, des horreurs que nous inventons? Encore un pas, et l'on ressuscitera parmi nous les étranges effets de frénésie que la doctrine d'Odin produisit jadis en Europe, et dont, au dixième siècle, l'école danoise du gouverneur de Jomsbourg offrit un exemple digne d'être cité; je le tire de l'un des meilleurs ouvrages de ce siècle, l'histoire de Danemarck, par le professeur Mallet. Après avoir parlé, dans son introduction, liv. 4, de la passion que les Scandinaves, comme tous les Celtes, avaient pour la guerre; après en avoir montré la cause dans leurs lois, dans leur éducation et dans leur religion, il raconte le fait suivant :

L'histoire nous apprend que *Harald*, roi de *Danemarck*, qui vivait dans le milieu du dixième siècle, avait fondé sur la côte de *Poméranie* une ville nommée *Julin*, ou *Jomsbourg*; qu'il y avait envoyé une colonie de jeunes Danois, et en avait donné le gouvernement à un nommé *Palnatocko*.

---

(1). Lorsque j'écrivais ceci, en ventôse de l'an 3, je venais de traverser la France depuis Nice, et j'avais vu très-fréquemment les enfants lanternant les chats, guillotinant les volailles, et imitant les tribunaux révolutionnaires.

Ce nouveau *Lycurgue* avait fait de sa ville une seconde *Lacédémone;* tout y était uniquement dirigé vers le but de former des soldats; il avait défendu, dit l'auteur de l'histoire de cette colonie, d'y prononcer seulement le nom de la peur, même dans les dangers les plus imminents. Jamais un citoyen de *Julin* ne devait céder au nombre, quelque grand qu'il fût, mais se battre intrépidement, sans prendre la fuite, même devant une multitude très-supérieure; la vue d'une mort présente n'eût pas même été une excuse pour lui. Il paraît que ce législateur parvint en effet à détruire dans le plus grand nombre de ses élèves jusqu'au dernier reste de ce sentiment si profond et si naturel, qui nous fait redouter notre destruction : rien ne le prouve mieux qu'un trait de leur histoire qui mérite d'avoir place ici par sa singularité.

Quelques-uns d'entre eux, ayant fait une irruption dans les états d'un puissant seigneur norvégien, nommé *Haquin*, furent vaincus, malgré l'opiniâtreté de leur résistance; et les plus distingués ayant été faits prisonniers, les vainqueurs les condamnèrent à mort, conformément à l'usage du temps; cette nouvelle au lieu de les affliger, fut pour eux un sujet de joie; le premier se contenta de dire, sans changer de visage, et sans donner le moindre signe d'effroi : *Pourquoi ne m'arriverait-il pas la même chose qu'à mon père? il est mort, et je mourrai*. Un guerrier, nommé *Torchill*, qui leur tranchait la tête, ayant demandé au second ce qu'il pensait, il répondit qu'il se souvenait trop bien des lois de *Julin*, pour prononcer quelque parole qui marquât la peur. A la même question, le troisième répondit qu'il se réjouissait de mourir avec sa gloire, et qu'il la préférait à une vie infame comme celle de *Torchill*. Le quatrième fit une réponse plus longue et plus singulière : « Je souffre, *dit-il*, la mort de bon « cœur, et cette heure m'est agréable ; je te prie « seulement, *ajouta-t-il en s'adressant à Torchill*, « de me trancher la tête le plus prestement qu'il « sera possible, car c'est une question que nous « avons souvent agitée à *Julin*, de savoir si l'on « conserve quelque sentiment après avoir été dé- « capité ; c'est pourquoi je vais prendre ce cou- « teau d'une main, et si, après avoir été décapité, « je le porte contre toi, ce sera une marque que « je n'ai pas entièrement perdu le sentiment ; si je « le laisse tomber, ce sera une preuve du con- « traire ; hâte-toi de décider cette question. » *Torchill*, ajoute l'historien, se hâta de lui trancher la tête, et le couteau tomba (1). Le cinquième montra la même tranquillité, et mourut en raillant ses ennemis. Le sixième recommanda à *Tor-*

---

(1) Ces paroles manquent dans l'édition in-12, qui est pleine de fautes.

chill de le frapper au visage : « Je me tiendrai,
« *dit-il*, immobile, tu observeras si je ferme seu-
« lement les yeux ; car nous sommes habitués à
« *Jomsbourg* à ne pas remuer, même quand on
« nous donne le coup de la mort ; nous nous som-
« mes exercés à cela les uns les autres. » Il mourut en tenant sa promesse, et en présence de tous
les spectateurs. Le septième était, dit l'historien,
un jeune homme d'une grande beauté, et à la
fleur de l'âge ; sa longue chevelure blonde semblait de soie, et flottait en boucles sur ses épau-
les : *Torchill* lui ayant demandé s'il redoutait la
mort : « Je la reçois volontiers, *dit-il*, puisque
« j'ai rempli le plus grand devoir de la vie, et que
« j'ai vu mourir tous ceux à qui je ne puis sur-
« vivre ; je te prie seulement qu'aucun esclave ne
« touche mes cheveux, et que mon sang ne les
« salisse point. »

Ce trait vous prouve quelle est la puissance des
préceptes de l'éducation, dans un genre même
aussi contraire à la nature ; et il peut en même
temps prouver l'abus qu'il serait possible de faire
de l'histoire, puisqu'un tel exemple, il y a plusieurs mois (1), n'eût pas manqué de servir à au-
toriser le fanatisme ; et tel est le danger qu'en effet je trouve à l'histoire, d'offrir presque éter-

---

(1) Avant thermidor de l'an 2.

nellement des scènes de folie, de vice et de crime, et par conséquent des modèles et des encouragements aux écarts les plus monstrueux.

En vain dira-t-on que les maux qui en résultent suffisent pour en détourner. Il est en morale une vérité profonde à laquelle on ne fait point assez d'attention; c'est que *le spectacle du désordre et du vice laisse toujours de dangereuses impressions; qu'il sert moins à en détourner, qu'à y accoutumer par la vue, et à y enhardir* par l'excuse que fournit l'exemple. C'est le même mécanisme physique qui fait *qu'un récit obscène jette le trouble dans l'âme la plus chaste*, et que le meilleur moyen de maintenir la vertu, c'est de ne pas lui présenter les images du vice (1).

Dans le genre dont je parle, je dirai volontiers que les meilleurs ouvrages sont les moins mauvais, et que le parti le plus sage serait d'attendre que les jeunes-gens eussent déjà un jugement à eux, et libre de l'influence magistrale, pour les introduire à la lecture de l'histoire; leur esprit neuf, mais non pas ignorant, n'en serait que plus propre à saisir des points de vue nouveaux, et à

---

(1) Les prêtres l'ont si bien senti, que, par une contradiction digne de leur système, ils ont toujours interdit à la jeunesse, et en général au peuple, la lecture des *Bibles* pleines de récits grossiers et atroces, *et pourtant dictés par le Saint-Esprit.*

ne point fléchir devant les préjugés qu'inspire une éducation routinière. Si j'avais à tracer un plan d'études en ce genre, après avoir requis ces conditions, voici la marche qui me paraîtrait la plus convenable.

D'abord, j'exigerais que mes élèves eussent des notions préliminaires dans les sciences exactes, telles que les mathématiques, la physique, l'état du ciel et du globe terrestre, c'est-à-dire qu'ils eussent l'esprit muni de moyens et de termes de comparaison, pour juger des faits qui leur seraient racontés : j'ai dit l'état du ciel et du globe terrestre, parce que, sans quelques idées d'astronomie, l'on ne conçoit rien en géographie, et que sans un aperçu de géographie, l'on ne sait où placer les scènes de l'histoire, qui flottent dans l'esprit comme les nuages dans l'air. Je ne trouverais point nécessaire que mes élèves eussent approfondi les détails de ces deux sciences : l'histoire les leur fournira; et je ne demanderais point qu'ils fussent exempts de préjugés, soit en morale, soit en idées religieuses; il suffirait qu'ils ne fussent entêtés de rien, qu'ils eussent l'esprit ouvert à l'observation; et je ne doute pas que le spectacle varié de tous les contrastes de l'histoire ne redressât leurs idées en les étendant. C'est pour ne connaître que soi et les siens, qu'on est opiniâtre; c'est pour n'avoir vu que son clocher, qu'on est intolérant, parce que l'opiniâtreté et l'intolérance ne sont que les fruits d'un égoïsme ignorant; et que quand on a vu beaucoup d'hommes, quand on a comparé beaucoup d'opinions, l'on s'aperçoit que chaque homme a son prix, que chaque opinion a ses raisons, et l'on émousse les angles tranchants d'une vanité neuve pour rouler doucement dans le torrent de la société; ce fruit de sagesse et d'utilité que l'on recueille des voyages, l'histoire le procure aussi; car l'histoire est un voyage qui se fait avec cet agrément, que sans péril ni fatigue, et sans changer de place, on parcourt l'univers des temps et des lieux. Or, de même qu'un voyageur ne commence pas par s'aller placer en ballon dans les terres australes, ni dans les pays inaccessibles et inconnus, pour prendre de là sa course vers la terre habitée; de même, si j'en suis cru de mes élèves en histoire, ils ne se jetteront point d'abord dans la nuit de l'antiquité ni dans les siècles incommensurables, pour de là tomber, sans savoir comment, dans des âges contigus au nôtre, qui n'ont aucune ressemblance avec les premiers: ils éviteront donc tous ces livres d'histoire qui d'un seul bond vous transportent à l'origine du monde, qui vous en calculent l'époque comme du jour d'hier, et qui vous déclarent que là il n'y a point à raisonner, et que là il faut croire sans contester. Or, comme les contestations sont une mauvaise chose, et que cependant le raisonnement est une boussole que l'on ne peut quitter, il faut laisser ces habitants des antipodes dans leur pôle austral; et imitant les navigateurs prudents, partir d'abord de chez nous, voguer terre à terre, et n'avancer qu'à mesure que le pays nous devient connu. Je serais donc d'avis que l'on étudiât d'abord l'histoire du pays où l'on est né, où l'on doit vivre, et où l'on peut acquérir la preuve matérielle des faits, et voir les objets de comparaison. Et cependant je ne prétendrais pas blâmer une méthode qui commencerait par un pays étranger, car cet aspect d'un ordre de choses, de coutumes, de mœurs qui ne sont pas les nôtres, a un effet puissant pour rompre le cours de nos préjugés, et pour nous faire voir nous-mêmes sous un jour nouveau, qui produit en nous le désintéressement et l'impartialité : l'unique condition que je tienne pour indispensable, c'est que ce soit une histoire de temps et de pays bien connus, et possible à vérifier. Que ce soit l'histoire d'Espagne, d'Angleterre, de Turkie ou de Perse, tout est égal; avec cette seule différence qu'il paraît que jusqu'ici nos meilleures histoires ont été faites sur les pays d'Europe, parce que ce sont eux que nous connaissons le mieux. D'abords nos élèves prendraient une idée générale d'un pays et d'une nation donnés, dans l'écrivain le plus estimé qui en a traité. Par-là, ils acquerraient une première échelle de temps, à laquelle tout viendrait, et tout devrait se rapporter. S'ils voulaient approfondir les détails, ils auraient déja trouvé dans ce premier ouvrage l'indication des originaux, et ils pourraient les consulter et les compulser : ils le devraient même sur les articles où leur auteur aurait témoigné de l'incertitude et de l'embarras. D'une première nation, ou d'une première période connues, ils passeraient à une voisine qui les aurait plus intéressés, qui aurait le plus de connexion avec des points nécessaires à éclaircir ou à developper. Ainsi, de proche en proche, ils prendraient une connaissance suffisante de l'Europe, de l'Asie, de l'Afrique et du Nouveau-Monde ; car, suivant toujours mon principe de ne procéder que du connu à l'inconnu, et du voisin à l'éloigné, je ne voudrais pas qu'ils remontassent dans les temps reculés, avant d'avoir une idée complète de l'état présent ; cette idée acquise, nous nous embarquerions pour l'antiquité, mais avec prudence, et gagnant d'échelle en échelle, de peur de nous perdre sur une mer privée de rivages et d'étoiles : arrivés aux confins extrêmes des temps historiques, et là trouvant quelques époques certaines, nous nous y placerions comme sur des promontoires, et nous tâcherions d'apercevoir, dans l'océan ténébreux de l'antiquité, quelques-uns de ces points saillants, qui, tels que des îles, surnagent aux flots des événements. Sans quitter terre, nous essayerions de connaître par divers rapports, comme par des triangles, la distance de quelques-uns ; et elle deviendrait pour nous une base chronologique qui servirait à mesurer la distance des autres. Tant que nous verrions de tels points certains, et que nous pourrions en mesurer l'intervalle, nous avancerions, le fil à la main; mais alors que nous ne verrions plus que des brouillards et des nuages, et que les faiseurs de cosmogonies et de mythologies viendraient pour nous conduire aux pays des prodiges et des fées, nous retournerions sur nos pas; car ordinairement ces guides imposent pour condition de mettre un bandeau sur les yeux, et alors on ne sait où l'on va; de plus ils se disputent entre eux à qui vous aura, et il faut éviter les querelles : ce serait payer trop cher un peu de science, que de l'acheter au prix de la paix. A la vérité, mes élèves reviendraient l'esprit plein de doutes sur la chronologie des Assyriens et des Égyptiens ; ils ne seraient pas sûrs de savoir, à 100 ans près, l'époque de la guerre de Troie, et seraient même très-portés à douter, et de l'existence humaine de tous les demi-dieux, et du déluge de Deucalion, et du vaisseau des Argonautes, et des 115 ans de règne de Fohi le Chinois, et de tous les prodiges indiens, chaldéens, arabes, plus ressemblants aux Mille et une Nuits qu'à l'histoire ; mais pour se consoler, ils auraient acquis des idées saines sur une période d'environ 3,000 ans, qui est tout ce que nous connaissons de véritablement historique; et en compulsant leurs notes et tous les extraits de lecture qu'ils auraient soigneusement faits, ils auraient acquis les moyens de retirer de l'histoire toute l'unité dont elle est susceptible.

Je sens que l'on me dira qu'un tel plan d'études exige des années pour son exécution, et qu'il est capable d'absorber le temps et les facultés d'un individu; que par conséquent il ne peut convenir qu'à un petit nombre d'hommes, qui, soit par leurs moyens personnels, soit par ceux que leur fournirait la société, pourraient y consacrer tout leur temps et toutes leurs facultés. Je conviens de la vérité de cette observation, et j'en conviens d'autant plus aisément qu'elle est mon propre résultat. Plus je considère la nature de l'histoire, moins je la trouve propre à devenir le sujet d'études vulgaires et répandues dans toutes les classes. Je conçois comment et pourquoi tous les citoyens doivent être instruits dans l'art de lire, d'écrire, de compter, de dessiner; comment et pourquoi l'on doit leur donner des notions des mathématiques, qui calculent les corps; de la géométrie, qui les mesure; de la physique, qui rend sensibles leurs qualités; de la médecine élémentaire, qui nous apprend à conduire notre propre machine, à maintenir notre santé; de la géographie même, qui nous fait connaître le coin de

6.

l'univers où nous sommes placés, où il nous faut
vivre. Dans toutes ces notions, je vois bien des
besoins usuels, pratiques, communs à tous les
temps de la vie, à tous les instants du jour, à
tous les états de la société; j'y vois des objets
d'autant plus utiles, que sans cesse présents à
l'homme, sans cesse agissants sur lui, il ne peut
ni se soustraire à leurs lois par sa volonté, ni
éluder leur puissance par des raisonnements et
par des sophismes : le fait est là; il est sous son
doigt, il le touche, il ne peut le nier; mais dans
l'histoire, dans ce tableau fantastique de faits éva-
nouis dont il ne reste que l'ombre, quelle est la
nécessité de connaître ces formes fugaces, qui
ont péri, qui ne renaîtront plus? Qu'importe au
laboureur, à l'artisan, au marchand, au négociant, qu'il ait existé un Alexandre, un Attila, un
Tamerlan, un empire d'Assyrie, un royaume de
Bactriane, une république de Carthage, de Sparte
ou de Rome? Qu'ont de commun ces fantômes
avec son existence? qu'ajoutent-ils de nécessaire
à sa conduite, d'utile à son bonheur? En serait-il
moins sain, moins content, pour ignorer qu'il ait
vécu de grands philosophes, même de grands législateurs, appelés Pythagore, Socrate, Zoroas-
tre, Confucius, Mahomet? Les hommes sont passés; les maximes restent, et ce sont les maximes qui importent et qu'il faut juger, sans égard
au moule qui les produisit, et que sans doute

pour nous instruire la nature elle-même a brisé : elle n'a pas brisé les modèles; et si la maxime intéresse l'existence réelle, il faut la confronter aux faits naturels; leur identité ou leur dissonance décidera de l'erreur ou de la vérité. Mais, je le répète, je ne conçois point la nécessité de connaître tant de faits qui ne sont plus, et j'aperçois plus d'un inconvénient à en faire le sujet d'une occupation générale et classique; c'en est un que d'y employer un temps, et d'y consumer une attention qui seraient bien plus utilement appliqués à des sciences exactes et de premier besoin ; c'en est un autre que cette difficulté de constater la vérité et la certitude des faits, difficulté qui ouvre la porte aux débats, aux chicanes d'argumentation; qui, à la démonstration palpable des sens, substitue des sentiments vagues de conscience intime et de persuasion ; raisons de ceux qui ne raisonnent point, et qui, s'appliquant à l'erreur comme à la vérité, ne sont que l'expression de l'amour-propre, toujours prêt à s'exaspérer par la moindre contradiction, et à engendrer l'esprit de parti, l'enthousiasme et le fanatisme. C'est encore un inconvénient de l'histoire de n'être utile que par des résultats dont les éléments sont si compliqués, si mobiles, si capables d'induire en erreur, que l'on n'a presque jamais une certitude complète de s'en trouver exempt. Aussi persisté-je à regarder l'histoire,

6.

non point comme une science, parce que ce nom ne me paraît applicable qu'à des connaissances démontrables, telles que celles des mathématiques, de la physique, de la géographie, mais comme un art systématique de calculs qui ne sont que probables, tel qu'est l'art de la médecine : or, quoiqu'il soit vrai que dans le corps humain les éléments aient des propriétés fixes, et que leurs combinaisons aient un jeu déterminé et constant, cependant, parce que ces combinaisons sont nombreuses et variables, qu'elles ne se manifestent aux sens que par leurs effets, il en résulte pour l'art de guérir un état vague et conjectural, qui forme sa difficulté, et l'élève au-dessus de la sphère de nos connaissances vulgaires. De même en histoire, quoiqu'il soit certain que des faits ont produit de tels événements et de telles conséquences, cependant, comme l'état positif de ces faits, comme leurs rapports et leurs réactions ne sont pas déterminés ou connus, il en résulte une possibilité d'erreur, qui rend leurs applications, leur comparaison à d'autres faits une opération délicate, qui exige des esprits très-exercés dans ce genre d'étude, et doués d'une grande finesse de tact. Il est vrai que dans cette dernière considération, je désigne particulièrement l'utilité politique de l'histoire, et j'avoue qu'à mes yeux cette utilité est son propre et unique but ; la morale individuelle, le perfectionnement des sciences et des arts ne me paraissent que des épisodes et des accessoires; l'objet principal, l'art fondamental, c'est l'application de l'histoire au gouvernement, à la législation, à toute l'économie politique des sociétés; de manière que j'appellerais volontiers l'histoire la *science physiologique* des gouvernements, parce qu'en effet elle apprend à connaître, par la comparaison des états passés, la marche des corps politiques, futurs et présents, les symptômes de leurs maladies, les indications de leur santé, les pronostics de leurs agitations et de leurs crises, enfin les remèdes que l'on y peut apporter. Sans doute ce fut pour avoir senti sa difficulté sous ce point de vue immense, que chez les anciens l'étude de l'histoire était particulièrement affectée aux hommes qui se destinaient aux affaires publiques; que chez eux, comme chez les modernes, les meilleurs historiens furent, ce que l'on appelle, des hommes d'état; et que dans un empire célèbre pour plus d'un genre d'institutions sages, à la Chine, l'on a, depuis des siècles, formé un collège spécial d'historiens. Les Chinois ont pensé, non sans raison, que le soin de recueillir et de transmettre les faits qui constituent la vie d'un gouvernement et d'une nation, ne devait point être abandonné au hasard ni aux caprices des particuliers; ils ont senti qu'écrire l'histoire était une magistrature qui pouvait exercer la plus grande influence sur la conduite des nations et de leurs gouvernements; en conséquence, ils ont voulu que des hommes, choisis pour leurs lumières et pour leurs vertus, fussent chargés de recueillir les événements de chaque règne, et d'en jeter les notes, sans se communiquer, dans des boîtes scellées, qui ne sont ouvertes qu'à la mort du prince ou de sa dynastie. Ce n'est pas ici le lieu d'approfondir cette institution; il me suffit d'indiquer combien elle appuie l'idée élevée que je me fais de l'histoire. Je viens à l'art de la composer.

Deux écrivains distingués ont traité spécialement de la manière d'écrire l'histoire : le premier, Lucien, né à Samosate, sous le règne de Trajan, a divisé son traité en critique et en préceptes; dans la première partie, il persifle, avec cette gaieté piquante qui lui est propre, le mauvais goût d'un essaim d'historiens que la guerre de Marc-Aurèle contre les Parthes fit subitement éclore, dit-il, et vit périr *comme un essaim de papillons après un orage.* Parmi les défauts qu'il leur reproche, l'on remarque surtout l'ampoulure du style, l'affectation des grands mots, la surcharge des épithètes, et, par une suite naturelle de ce défaut de goût, la chute dans l'excès contraire, l'emploi d'expressions triviales, les détails bas et dégoûtants, le mensonge hardi, la lâche flatterie ; de manière que l'épidémie dont furent attaqués sur la fin du second siècle. les écrivains romains, eut les mêmes symptômes que celles dont l'Europe moderne a montré des exemples presque chez chaque peuple.

Dans la seconde partie, Lucien expose les qualités et les devoirs d'un bon historien. Il veut qu'il soit doué de sagacité; qu'il ait le sentiment des convenances; qu'il sache penser et rendre ses pensées; qu'il soit versé dans les affaires politiques et militaires; qu'il soit libre de crainte et d'ambition, inaccessible à la séduction ou à la menace; qu'il dise la vérité sans faiblesse et sans amertume; qu'il soit juste sans dureté, censeur sans âcreté et sans calomnie; qu'il n'ait ni esprit de parti, ni même esprit national; je le veux, dit-il, citoyen du monde, sans maître, sans loi, sans égard pour l'opinion de son temps, et n'écrivant que pour l'estime des hommes sensés, et pour le suffrage de la postérité.

Quant au style, Lucien recommande qu'il soit facile, pur, clair, proportionné au sujet; habituellement simple comme narratif, quelquefois noble, agrandi, presque poétique, comme les scènes qu'il peint; rarement oratoire, jamais déclamateur. Que les réflexions soient courtes; que la matière soit bien distribuée, les témoignages bien scrutés, bien pesés, pour distinguer le bon du mauvais aloi; en un mot, que l'esprit de l'historien, dit-il, soit une glace fidèle où soient réfléchis, sans altération, les faits; s'il rapporte un fait merveilleux, qu'il l'expose nûment, sans affirmer ni nier, pour ne point se rendre responsable; qu'en un mot, il n'ait pour but que la vérité; pour mobile que le désir d'être utile; pour récompense que l'estime, toute stérile qu'elle puisse être, des gens de bien et de la postérité; tel est le précis des 94 pages du traité de Lucien, traduit par Massieu.

Le second écrivain, Mably, a donné à son ouvrage la forme du dialogue, et l'a divisé en deux entretiens. On est d'abord assez surpris de voir trois interlocuteurs grecs parler de la guerre des insurgents contre les Anglais; Lucien eût raillé ce mélange, mais le sévère Mably n'entend pas raillerie. Dans le premier entretien, il parle des différents genres d'histoire, et d'abord des histoires universelles, et de leurs études préliminaires. Dans le second, il traite des histoires particulières, de leur objet, et de quelques observations communes à tous les genres.

En ouvrant le premier, l'on trouve pour précepte qu'il faut être né historien; l'on est étonné d'une semblable phrase dans le frère de Condillac; mais Condillac, aimable et doux, analysait; Mably, roide et âpre, jugeait et tranchait. Il veut ensuite, avec plus de raison, que ses disciples aient étudié la politique, dont il distingue deux espèces : l'une fondée sur les lois que la nature a établies, pour procurer aux hommes le bonheur, c'est-à-dire celle qui est le véritable droit naturel; l'autre, ouvrage des hommes, droit variable et conventionnel, produit des passions, de l'injustice, de la force, dont il ne résulte que de faux biens et de grands revers. La première donnera à l'historien des idées saines de la justice, des rapports des hommes, des moyens de les rendre heureux; la seconde lui fera connaître la marche habituelle des affaires humaines; il apprendra à calculer leurs mouvements, à prévoir les effets, et à éviter les revers : dans ces préceptes et dans quelques autres semblables, Mably est plus développé, plus instructif que Lucien; mais il est fâcheux qu'il n'en ait imité ni l'ordre ni la clarté, ni surtout la gaieté. Tout son ouvrage respire une morosité sombre et mécontente; aucun moderne ne trouve grace devant lui : il n'y a de parfait que les anciens; il se passionne pour eux, et cependant il préfère Grotius, dans son *Histoire des Pays-Bas*, à Tacite. Tacite, dit-il, n'a tiré aucune leçon du règne de Tibère : son pinceau est fort, son instruction nulle; à sa manière de peindre la conduite des Romains envers les peuples dits barbares, l'on a de justes raisons de douter de sa philosophie. Mably ne voit, ne connaît de beau, d'admirable, que l'Histoire romaine de Tite-Live, qu'une juste critique a droit d'appeler un roman; et comme il en a eu l'aperçu, il voudrait en retrancher une foule de morceaux qui le chagrinent. Il aime les harangues que les acteurs de l'histoire n'ont jamais faites; il vante Bossuet pour avoir présenté un grand tableau dramatique, et il maltraite Voltaire jusqu'à la grossièreté, pour avoir dit que l'histoire n'était qu'un roman probable, bon seulement quand il peut devenir utile. L'on ne peut le dissimuler, l'ouvrage de Mably, diffus et redondant, écrit sans style, sans méthode, n'est point digne de l'auteur des *Observations sur l'Histoire de France* : il n'a point cette concision didactique qui devait être son principal mérite, et qui, à la vérité, manque aussi à Lucien. Les cent quatre-vingts pages de Mably se réduiraient facilement à vingt bonnes pages de préceptes : l'on gagnerait huit neuvièmes de temps, et l'on s'épargnerait tout le chagrin de sa bilieuse satire. Ne lui en faisons cependant pas un crime, puisqu'elle faisait son tourment. On ne naît pas historien, mais on naît gai ou morose, et malheureusement la culture des lettres, la vie sédentaire, les études opiniâtres, les travaux d'esprit, ne sont propres qu'à épaissir la bile, qu'à obstruer les entrailles, qu'à troubler les fonctions de l'estomac, *siéges immuables de toute gaieté et de tout chagrin*. On blâme les gens de lettres, on devrait les plaindre : on leur reproche des passions, elles font leur talent, et l'on en recueille les fruits : ils n'ont qu'un tort, celui de s'occuper plus des autres que d'eux-mêmes ; d'avoir jusqu'à ce jour trop négligé la connaissance physique de leur corps, de cette machine animée par laquelle ils vivent ; et d'avoir méconnu les lois de la physiologie et de la diététique, sciences fondamentales de nos affections. Cette étude conviendrait surtout aux écrivains d'histoires personnelles, et leur donnerait un genre d'utilité aussi important que nouveau ; car, si un observateur, à la fois moraliste et physiologiste, étudiait les rapports qui existent entre les dispositions de son corps et les situations de son esprit; s'il examinait avec soin, à quels jours, à quelles heures il a de l'activité dans la pensée, ou de la langueur, de la chaleur dans le sentiment, ou de la roideur et de la dureté, de la verve ou de l'abattement, il s'apercevrait que ces phases ordinairement périodiques de l'esprit, correspondent à des phases également périodiques du corps, à des digestions lentes ou faciles, bonnes ou mauvaises, à des aliments doux ou âcres, stimulants ou calmants, dont certaines liqueurs en particulier, telles que le vin et le café, offrent des exemples frappants; à des transpirations arrêtées ou précipitées : il se convaincrait, en un mot, que *le jeu bien ou mal réglé de la machine corporelle* est le puissant régulateur du jeu de l'organe pensant; que, par conséquent, ce qu'on appelle vice d'esprit ou de caractère, n'est bien souvent que vice de tempérament ou de fonctions, qui, pour être corrigé, n'aurait besoin que d'un bon régime; et il résulterait d'un tel travail, bien fait et bien présenté, cette utilité, que, nous montrant dans des habitudes physiques la cause de bien des vices et de bien des vertus, il nous fournirait des règles précieuses de conduite, applicables selon les tempéraments, et qu'il nous porterait à un esprit d'indulgence, qui, dans ces hommes que l'on appelle acariâtres et intolérants, ne nous ferait voir ordinairement que des hommes malades ou mal constitués, qu'il faut envoyer aux eaux minérales.

SIXIÈME SÉANCE.

Continuation du même sujet. — Distinction de quatre méthodes de composer l'histoire : 1° par ordre de temps (les annales et chroniques); 2° par ordre dramatique ou systématique; 3° par ordre de matières; 4° par ordre analytique ou philosophique. — Développement de ces diverses méthodes; supériorité de la dernière : ses rapports avec la politique et la législation. — Elle n'admet que des faits constatés, et ne peut convenir qu'aux temps modernes. — Les temps anciens ne seront jamais que probables : nécessité d'en refaire l'histoire sous ce rapport. — Plan d'une société littéraire pour recueillir dans toute l'Europe les monuments anciens. — Combien de préjugés seraient détruits, si l'on connaissait leur origine — Influence des livres historiques sur la conduite des gouvernements, sur le sort des peuples. — Effet des livres juifs sur l'Europe. — Effet des livres grecs et romains introduits dans l'éducation. — Conclusion.

LUCIEN a traité des qualités nécessaires à l'historien, et du style convenable à l'histoire; Mably a ajouté des observations sur les connaissances accessoires et préparatoires qu'exige ce genre de composition, et il les a presque réduites au droit des gens, soit naturel, soit factice et conventionnel, dont il faisait son étude favorite et spéciale.

Le sujet ne me paraissant pas à beaucoup près épuisé, je vais joindre aux préceptes de ces deux auteurs, quelques aperçus sur l'art de recueillir et de présenter les faits de l'histoire.

Je conçois quatre manières différentes de traiter et de composer l'histoire : la première, par ordre de temps, que j'appelle méthode didactique ou annaliste; la seconde par liaison et corrélation de faits, et que j'appelle méthode dramatique ou systématique; la troisième par ordre de matières; et la quatrième par l'exposition analytique de tout le système physique et moral d'un peuple : je l'appelle méthode analytique et philosophique; je m'explique.

La première méthode par ordre de temps, consiste à rassembler et à classer les événements selon leurs dates, en ne mêlant à un narré pur et simple que peu ou point de réflexions. Ceux qui appellent *naturel* tout ce qui est brut et sans art, pourront donner ce nom à cette méthode; mais ceux qui, dans toute production, voient toujours la main de la nature, avec la seule différence du plus ou du moins de combinaison, ceux-là diront que cette méthode est la plus simple, la moins compliquée, exigeant le moins de soins de composition; aussi paraît-elle être la première usitée chez toutes les nations, sous le nom d'annales et de chroniques : et cependant, sous cette forme modeste, elle s'est quelquefois élevée à un assez haut degré de mérite, lorsque les écrivains ont su, comme Tacite dans ses Annales, et comme Thucydides dans sa Guerre du Péloponèse, choisir des faits intéressants, et joindre à la correction du tableau les couleurs brillantes et fermes de l'expression : si, au contraire, les écrivains admettant des faits sans critique, les entassent pêle-mêle et sans goût, s'ils les réduisent à des événements sommaires et stériles, de règnes, de princes, de morts, de guerres, de combats, de pestes, de famines, comme l'ont fait presque tous les historiens de l'Asie ancienne et moderne, et ceux du bas et moyen âge de l'Europe, il faut convenir qu'alors ce genre de composition, privé d'instruction et de vie, a toute la fadeur, et comporte l'idée de mépris qu'on attache vulgairement au nom de chroniques. Ce n'est plus qu'un canevas grossier à qui manque toute sa broderie; et dans tous les cas, même lorsque les matériaux sont bien choisis et complets, ce travail n'est que le premier pas à tous les autres genres d'histoire, dont il est seulement le portefeuille et le magasin.

La seconde méthode, celle que j'appelle dramatique ou systématique, consiste à faire entrer, dans un cours de narration prédominant et fondamental, toutes les narrations accessoires, tous les événements latéraux qui viennent se lier et se confondre au principal événement. Nous avons un exemple caractérisé de cette méthode dans

l'Histoire d'Hérodote, qui, ayant pris pour base de
son texte la guerre des Perses contre les Grecs,
en a tellement compassé les incidents, que, remontant d'abord à l'origine des deux peuples acteurs principaux, il suit la formation graduée de
leur puissance dans tous les rameaux qui vinrent
s'y confondre, comme un géographe suit et re-
prend à leur origine tous les cours d'eau qui se
rendent dans un torrent principal. Par une série
habile d'incidents, Hérodote fait connaître à son
lecteur les Lydiens, les Mèdes, les Babyloniens
soumis par Cyrus au joug des montagnards perses ;
puis les Égyptiens conquis par Cambyses, puis les
Scythes attaqués par Darius, puis les Indiens; et
à l'occasion des Indiens, il jette un coup d'œil
général sur les extrémités du monde connu de son
temps ; enfin il revient à son objet dominant,
qu'il termine par l'événement capital, la glorieuse
victoire des petits peuples grecs, combattant à
Salamine et aux Thermopyles contre l'immense
cohue de Xercès. Dans cette méthode de composition, tout est à la disposition de l'auteur; tout
dépend de son art et de son talent à lier, à suspendre, à combiner ses sujets, à en faire un tout
correspondant en toutes ses parties : c'est ce que
je désigne par le terme de *systématique;* et si
l'historien borne sa course à un événement qui
est la solution de tout ce qui a précédé et qui en
termine la série, l'accroissement graduel d'intérêt

que ses épisodes et ses suspensions ont su ménager, donne réellement à son sujet le caractère dramatique. C'est éminemment le genre des histoires de conjurations, où tout aboutit à un nœud final et résolutif. Ces avantages divers et variés de liberté dans la marche, de hardiesse dans l'exécution, d'agrément dans les détails, d'attrait de curiosité dans les résultats, paraissent avoir mérité la préférence à cette méthode auprès de la plupart des écrivains, surtout les modernes; il est fâcheux que par compensation elle ait l'inconvénient d'être sujette à erreur, en laissant trop de carrière aux hypothèses et à l'imagination. Nous en avons des exemples brillants dans les révolutions de Portugal, de Suède et de Rome, par Vertot, et dans un nombre infini d'autres histoires moins bien écrites.

La troisième méthode, celle par ordre de matières, consiste à suivre un sujet quelconque d'art, de science, depuis son origine ou depuis une époque donnée, pour le considérer sans distraction dans sa marche et dans ses progrès. Tel a voulu être l'ouvrage de Goguet, intitulé : *De l'origine des lois, des arts et des sciences*; le choix du sujet ne pouvait pas être plus philosophique; malheureusement la manière de le traiter ne pouvait pas l'être moins. Avant d'établir l'origine des lois, des arts, des sciences et de toute société au déluge de Noé, raconté par la Genèse, il eût fallu bien examiner si, par cette base même, on ne renversait pas tout l'édifice de l'histoire : si, en admettant des faits primitifs, contraires à toute probabilité, à toute physique et à la concordance des meilleurs monuments de l'antiquité, l'on ne s'ôtait pas la faculté d'invoquer ces mêmes règles de physique et de probabilité, qui constituent l'art de la critique et de l'analyse; il eût fallu constater que la Genèse n'est pas une compilation de main inconnue, faite au retour de la captivité, où l'on a mêlé aux chroniques nationales une cosmogonie purement chaldéenne, dont Bérose cite l'équivalent ; une véritable mythologie de la nature de celles de toutes les nations, où des faits astronomiques défigurés sont pris pour des faits politiques ou physiques, et où la prétendue histoire de la terre n'est que l'histoire du calendrier. Cela même eût-il été prouvé, il serait encore ridicule de prendre pour texte la période hébraïque depuis le déluge jusqu'à Jacob, et de n'user, pour la remplir, que de faits égyptiens, syriens, chaldéens, grecs, indiens et chinois, qui, s'ils étaient bien analysés et comparés, prouveraient que les bois sacrés, que les hauts lieux plantés de chênes à Mambré, que les sacrifices humains dont Isaac faillit d'être victime, que les petites idoles des femmes de Jacob, étaient autant d'usages du culte druïdique et tartare, dès lors répandu des colonnes d'Hercule jusqu'à la Sérique, culte qui n'est que le système du *buddisme*, ancien ou moderne *lamisme*, dont le siége était dès lors au Thibet, chez ces Brachmanes réputés de toute l'antiquité les pères de la théologie asiatique. Avec plus de critique et plus de profondeur, un ouvrage du genre qui nous occupe, a traité de ces antiquités; je parle de l'*Astronomie ancienne*, par Bailly, dont les talents et la vertu ont reçu de la révolution un salaire qui ne sera pas une des moindres taches de cette sanglante époque. Je citerai encore comme histoires par ordre de matières propres à servir de modèle, l'Histoire d'Angleterre, par le docteur Henry; les Recherches de Robertson sur le commerce de l'Inde; l'Histoire des finances de France, par Forbonnais; l'Histoire du fatalisme, par Pluquet, qui, avec son Dictionnaire des hérésies, a préparé le plus beau sujet d'une autre histoire de même genre, l'Histoire du *fanatisme*. De tous les sujets que l'on peut traiter, il n'en est point qui réunisse plus éminemment le caractère historique à celui de la philosophie, puisque, dans ses causes et dans ses effets, le fanatisme embrasse d'une part la théorie des sensations, des jugements, de la certitude, de la persuasion commune à l'erreur comme à la vérité; de cette double disposition de l'esprit, qui, tantôt passif et crédule, reçoit le joug en esclave, et tantôt actif et convertisseur, impose le joug en tyran; et que d'autre part il offre à considérer chez toutes les nations les symptômes effrayants d'une maladie de l'esprit, qui, s'appliquant tantôt aux opinions, tantôt aux personnes, et prenant tour à tour des noms *religieux, politiques* et *moraux*, est toujours la même dans sa nature comme dans ses résultats, qui sont, *la fureur des discordes civiles, le carnage des guerres intestines ou étrangères, la dissolution de l'ordre social par l'esprit de faction, et le renversement des empires par le délire de l'ignorance et de la présomption.*

La quatrième méthode que j'appelle analytique ou philosophique, est la même que la précédente, quant à la manière de procéder; mais elle en diffère, en ce qu'au lieu de traiter un sujet d'art, de science ou de passion, etc., elle embrasse un corps politique dans toutes ses parties; c'est-à-dire que, s'attachant à un peuple, à une nation, considérés comme individus identiques, elle les suit pas à pas dans toute la durée de leur existence physique et morale, avec cette circonstance caractéristique, que d'abord elle pose en ordre tous les faits de cette existence, pour chercher ensuite à déduire de leur action réciproque les causes et les effets de l'origine, des progrès et de la décadence de ce genre de combinaison morale, que l'on appelle corps politique et gouvernement : c'est en quelque sorte l'histoire biographique d'un peuple, et l'étude physiologique des lois d'accroissement et de décroissement de son corps social. Je ne puis

citer aucun modèle de mon idée, parce que je
ne connais aucun ouvrage qui ait été fait et dirigé sur le plan que je conçois : c'est un genre
neuf dont moi-même je n'ai acquis l'idée bien
complète, que depuis quelques années. Obligé de
chercher une méthode pour rédiger mon voyage
en Syrie, je fus conduit, comme par instinct, à
établir d'abord l'état physique du pays, à faire
connaître ces circonstances de sol et de climat si
différents du nôtre, sans lesquels l'on ne pouvait
bien entendre une foule d'usages, de coutumes
et de lois. Sur cette base, comme sur un canevas,
vint se ranger la population, dont j'eus à considérer les diverses espèces, à rappeler l'origine,
et à suivre la distribution : cette distribution
amena l'état politique considéré dans la forme du
gouvernement, dans l'ordre d'administration,
dans la source des lois, dans leurs instruments et
moyens d'exécution. Arrivé aux articles des mœurs,
du caractère, des opinions religieuses et civiles,
je m'aperçus que sur un même sol, il existait tantôt des contrastes de secte à secte et de race à
race, et tantôt des points de ressemblance communs. Le problème se compliquait, et plus je le
sondai, plus j'en aperçus l'étendue et la profondeur. L'autorité de Montesquieu vint se montrer
pour le résoudre par une règle générale de climat, qui associait constamment la chaleur, la mollesse et la servilité d'une part ; et de l'autre, le

froid, l'énergie et la liberté; mais l'autorité de Montesquieu fut contrariée par une foule de faits passés, et par des faits existants qui m'offraient sous un même ciel, dans un espace de moins de quatre degrés, trois caractères entièrement opposés. Je résistai donc à l'empire d'un grand nom, et j'y pus résister d'autant mieux, que déjà je trouvais Buffon visiblement en erreur sur les prétendus épuisements du sol à qui je voyais toute la fertilité qu'il a jamais pu avoir; à l'égard de Montesquieu, il me devint évident par le vague de ses expressions, qu'il n'avait fait qu'adopter, et même qu'altérer une opinion que des philosophes anciens, et particulièrement Hippocrate, avaient énoncée dans un sens beaucoup plus précis et plus vrai. Je connaissais le célèbre traité de cet observateur sur *les airs, les lieux et les eaux*. J'avais constaté la justesse de ses assertions à l'égard de l'influence qu'exercent ces trois éléments sur la constitution et le tempérament. Je m'étais aperçu qu'une quantité d'habitudes physiques et morales des peuples que j'étudiais, étaient calquées sur l'état d'un sol aride ou marécageux, plane ou montueux, désert ou fertile; sur la qualité, la quantité de leurs aliments : je conçus que toutes ces circonstances entraient, comme autant de données, dans la solution du problème, et depuis ce temps je n'ai cessé de m'occuper de cette importante question : « Quelle influence

« exerce sur les mœurs et le caractère d'un peu-
« ple, l'état physique de son sol, considéré dans
« toutes les circonstances de froid ou de chaud, de
« sec ou d'humide, de plaine ou de montagne, de
« fertile ou de stérile, et dans la qualité de ses
« productions. » Si c'est là ce que Montesquieu a
entendu par climat, il aurait dû le dire, et alors
il n'existerait plus de débats ; car chaque jour de
nouveaux faits s'accumulent pour démontrer que ce
sont ces circonstances qui modifient d'une manière
puissante et variée la constitution physique et morale des nations; qui font que sans égard aux zones
et aux latitudes, tantôt des peuples éloignés se ressemblent, et tantôt des peuples voisins sont con-
trastants; que dans leurs migrations, des peuples
conservent long-temps des habitudes discordantes
avec leur nouveau séjour, parce que ces habitudes agissent d'après un mécanisme d'organisation persistant, qui font enfin que dans un même
corps de nation, et sous un même climat, le tempérament et les mœurs se modifient selon le genre
des habitudes, des exercices, du régime et des
aliments; d'où il suit que la connaissance de ces
lois physiques devient un élément nécessaire de
la science de gouverner, d'organiser un corps
social, de le constituer en rapport avec le mouvement de la nature, c'est-à-dire que la législation politique n'est autre chose que l'application
des lois de la nature; que les lois factices et con-

ventionnelles ne doivent être que l'expression des lois physiques et naturelles, et non l'expression d'une volonté capricieuse d'individu, de corps, ou de nation; volonté qui, étendue même à l'universalité du genre humain, peut être en erreur : or, comme dans ce genre de recherches et dans cette science pour ainsi dire naissante, il importe surtout de n'admettre rien de systématique, je vais exposer la marche qui me semble la plus propre à conduire à des résultats de vérité.

Prenant un peuple et un pays déterminés, il faut d'abord décrire son climat, et, par climat, j'entends l'état du ciel sous lequel il vit, sa latitude, sa température, selon les saisons; le système annuel des vents, les qualités humides ou sèches, froides ou chaudes de chaque rumb; la durée et les retours périodiques ou irréguliers; la quantité d'eau qui tombe par an; les météores, les orages, les brouillards et les ouragans; ensuite, passant à la constitution physique du sol, il faut faire connaître l'aspect et la configuration du terrain, le calculer en surfaces planes ou montueuses, boisées ou découvertes, sèches ou aqueuses, soit marais, soit rivières et lacs; déterminer l'élévation générale, et les niveaux partiels au-dessus du niveau de la mer, ainsi que les pentes des grandes masses de terre vers les diverses régions du ciel; puis examiner la nature des diverses bandes et couches du terrain, sa qualité argileuse ou calcaire, sablonneuse, rocailleuse, luteuse ou végétale; ses bancs de pierres schisteuses, ses granits, ses marbres, ses mines, ses salines, ses volcans, ses eaux, ses productions végétales de toute espèce, arbres, plantes, grains, fruits; ses animaux volatiles, quadrupèdes, poissons et reptiles; enfin, tout ce qui compose l'état physique du pays. Ce premier canevas établi, on arrive à considérer l'espèce humaine, le tempérament général des habitants, puis les modifications locales, l'espèce et la quantité des aliments, les qualités physiques et morales les plus saillantes; alors, embrassant la masse de la population sous le rapport politique, on considère sa distribution en habitants des campagnes et habitants des villes, en laboureurs, artisans, marchands, militaires et agents du gouvernement : l'on détaille chacune de ces parties sous le double aspect, et de l'art en lui-même, et de la condition des hommes qui l'exercent. Enfin, l'on développe le système général du gouvernement, la nature et la gestion du pouvoir dans les diverses branches de la confection des lois, de leur exécution, d'administration de police, de justice, d'instruction publique, de balance de revenus et de dépenses, de relations extérieures, d'état militaire sur terre et sur mer, de balance de commerce, et tout ce qui s'ensuit.

D'un tel tableau de faits bien positifs et bien

constatés, résulteraient d'abord toutes les données nécessaires à bien connaître la constitution morale et politique d'une nation. Et alors ce jeu d'action et de réaction de toutes ses parties les unes sur les autres, deviendrait le sujet non équivoque des réflexions et des combinaisons les plus utiles à la théorie de l'art profond de gouverner et de faire des lois.

De tels tableaux seraient surtout instructifs, s'ils étaient dressés sur des peuples et des pays divers et dissemblants, parce que les contrastes même dans les résultats feraient mieux ressortir la puissance des faits physiques agissants comme causes ; il ne resterait plus qu'une opération, celle de comparer ces tableaux d'un même peuple, d'une même nation à diverses époques, pour connaître l'action successive, et l'ordre généalogique qu'ont suivi les faits, tant moraux que physiques, pour en déduire les lois de combinaison et les règles de probabilités raisonnables ; et, en effet, quand on étudie dans cette intention ce que nous avons déja d'histoires anciennes et modernes, l'on s'aperçoit qu'il existe dans la marche, et, si j'ose dire, dans la vie des corps politiques, un mécanisme qui indique l'existence des loi plus générales et plus constantes qu'on ne le croit vulgairement. Ce n'est pas que cette pensée n'ait déja été exprimée par la comparaison que l'on a faite de cette vie des corps politiques à la vie des individus, en prétendant trouver les phases de la jeunesse, de la maturité et de la vieillesse dans les périodes d'accroissement de splendeur et de décadence des empires; mais cette comparaison, vicieuse à tous égards, a jeté dans une erreur d'autant plus fâcheuse, qu'elle a fait considérer comme une nécessité naturelle, la destruction des corps politiques, de quelque manière qu'ils fussent organisés; tandis que cette destruction n'est que l'effet d'*un vice radical des législations*, qui, toutes jusqu'à ce jour, n'ont été dressées que dans l'une de ces trois intentions, ou d'*accroître*, ou de *maintenir*, ou de *renverser*, c'est-à-dire qu'elles n'ont embrassé que l'une des trois périodes, dont se compose l'existence de toute chose; et ce serait une science également neuve et importante, que de déterminer les phénomènes concomitants de chacune de ces trois périodes, afin d'en tirer une théorie générale de législation qui embrassât tous les cas d'un corps politique dans ses diverses phases de force et de plénitude, de faiblesse ou de vacuité, et qui traçât tous les genres de régime convenables au regorgement ou au manque de population. Voilà quel doit être le but de l'histoire. Mais il faut avouer que ce but ne se peut bien remplir qu'à l'égard des peuples existants, et des temps modernes, chez qui tous les faits analogues peuvent se recueillir; ceci m'a fait plus d'une fois penser que des voyages entrepris et éxécutés sous ce point de vue, seraient les meilleurs matériaux d'histoire que nous puissions désirer, non-seulement pour les temps présents, mais encore pour les temps passés ; car ils serviraient à recueillir et à constater une foule de faits épars, qui sont des monuments vivants de l'antiquité : et ces monuments sont beaucoup plus nombreux qu'on ne le pense ; car, outre les débris, les ruines, les inscriptions, les médailles, et souvent même les manuscrits que l'on découvre, l'on trouve encore les usages, les mœurs, les rites, les religions, et surtout *les langues*, dont la construction elle seule *est une histoire complète de chaque peuple*, et dont la filiation et les analogies sont le fil d'Ariane dans le labyrinthe des origines. L'on s'est trop pressé de faire des histoires universelles ; avant de vouloir élever de si vastes édifices, il eût fallu en avoir préparé tous les détails, avoir éclairci chacune des parties dont ils doivent se composer ; il eût fallu avoir une bonne histoire complète de chaque peuple, ou du moins avoir rassemblé et mis en ordre tout ce que nous avons de fragments pour en tirer les inductions raisonnables. On ne s'est occupé que des Grecs et des Romains, en suivant servilement une méthode étroite et exclusive, qui rapporte tout au système d'un petit peuple d'Asie, inconnu dans l'antiquité, et au système d'Hérodote, dont les limites sont infiniment resserréés ; l'on n'a voulu voir que l'Égypte, la Grèce, l'Italie, comme si l'univers était dans ce petit espace; et comme si l'histoire de ces petits peuples était autre chose qu'un faible et tardif rameau de l'histoire de toute l'espèce. L'on n'a osé sortir de ce sentier que depuis moins de cent ans; et déja l'horizon s'agrandit au point que la borne la plus reculée de nos histoires classiques se trouve n'être que l'entrée d'une carrière de temps antérieurs, où s'exécutent, dans la Haute-Égypte, la chute d'un royaume de Thèbes qui précéda tous ceux de l'Égypte; dans la Haute-Asie, la chute de plusieurs états bactriens, indiens, tibétains, déja vieillis par le laps des siècles; et les migrations immenses de hordes scythes qui, des sources du *Gange* et du *Sanpou*, se portent aux îles du Danemarck et de la Grande-Bretagne; et des systèmes religieux du bramisme, du lamisme ou buddisme encore plus antique, et enfin tous les événements d'une période qui nous montre l'ancien continent, depuis les bouts de l'Espagne jusqu'aux confins de la Tartarie, couvert d'une même forêt, et peuplé d'une même espèce de sauvages nomades, sous les noms divers de Celtes, de Germains, de Cimbres, de Scythes et de Massagètes. Lorsque l'on s'enfonce dans ces profondeurs à la suite des écrivains anglais qui nous ont fait connaître les livres sacrés des Indiens, les Védas, les Pourans, les Chastrans; lorsque l'on étudie les antiquités du Thibet et de la Tartarie, avec

Géorgi, Pallas, Stralhemberg, et celles de la Germanie et de la Scandinavie, avec Hornius, Elichman, Jablonski, Marcow, Gebhard et Ihre, l'on se convainc que nous ne faisons que d'ouvrir la mine de l'histoire ancienne, et qu'avant un siècle, toutes nos compilations græco-romaines, toutes ces prétendues histoires universelles de Rollin, de Bossuet, de Fleury, etc., seront des livres à refaire, dont il ne restera pas même les réflexions, puisque les faits qui les basent sont faux ou altérés. En prévoyant cette révolution, qui déja s'effectue, j'ai quelquefois pensé aux moyens qui seraient les plus propres à la diriger; et je vais émettre mes idées, à cet égard, avec d'autant plus de confiance, qu'un meilleur tableau de l'antiquité aurait l'utilité morale de désabuser de beaucoup de préjugés civils et religieux, dont la *source n'est sacrée que parce qu'elle est inconnue;* et cette autre utilité politique de faire regarder les peuples comme réellement frères, en leur produisant des titres de généalogie qui prouvent les époques et le degré de leur parenté.

D'abord il est évident qu'un travail de ce genre ne peut être exécuté par un seul individu, et qu'il exige le concours d'une foule de collaborateurs. Il faudrait une société nombreuse, et qui, partagée en sections, suivît méthodiquement chaque branche d'un plan identique de recherches. Les éléments de cette société existent à mes yeux dans les diverses académies de l'Europe, qui, soit par elles-mêmes, soit par l'émulation qu'elles ont produite, ont été, quoi qu'on en puisse dire, le grand mobile de toute instruction et de toute science. Chacune de ces académies, considérée comme une section de la grande société historico-philosophique, s'occuperait spécialement de l'histoire et des monuments de son pays, comme l'ont fait des savants de Pétersbourg pour la Russie et la Tartarie; comme le fait la société anglaise de Calcutta pour l'Inde, la Chine et le Thibet; comme l'a fait une société de savants allemands pour l'ancienne Germanie et la Sarmatie; et déjà nous devons à cette masse récente de travaux, des ouvrages qui honoreront auprès de la postérité, et les particuliers qui les ont exécutés, et les gouvernements qui les ont favorisés et encouragés. Dans le plan que je conçois, les recherches se partageraient en sept principales sections : la première, sous le nom de celtique, s'occuperait de toutes les langues et de toutes les nations qui, avec des caractères d'affinité de jour en jour plus sentis, paraissent avoir occupé la Gaule, la Grande-Bretagne, l'Italie même et toute l'Allemagne, jusqu'aux déserts de la Cimbrique et de la Sarmatie; à cette branche s'attacheraient le bas-breton, le gallois, le vieux germain, conservé dans l'allemand, le hollandais, l'anglais, issus du gothique, dont les dialectes s'étendaient depuis la Scandinavie jusqu'à la Thrace, et au continent de la Grèce. Des savants de Suède et d'Allemagne ont rendu sensible, depuis 30 années, que tous les peuples aborigènes de l'Europe et de la Grèce n'étaient qu'une race identique de sauvages, ayant le même genre de vie, chasseurs, pasteurs et nomades, et usant d'un même fonds de langage, varié seulement dans ses accessoires et ses ramifications. Chaque jour il devient prouvé de plus en plus que les Gaulois ou Keltes, qui ne sont qu'un même nom, parlaient une langue qui, dans le nord, s'appelait langue gothique, teutonique dans la Germanie, scythique dans la Thrace, et dans la Grèce et l'Italie, langue pélasgique. Ces fameux Pélasges, souche première d'Athènes et de Rome, étaient de vrais Scythes, parents de ceux de la Thrace, dont Hérodote insinue qu'ils parlaient l'idiome, et par conséquent une race gétique ou gothique; car *gete*, goth et scythe étaient pour les anciens un même mot. Ce n'est pas leur faute, si cette identité est masquée pour nous dans le mot scythe : elle était manifeste pour eux qui le prononçaient *s-kouth*, terme composé de l'article *s*, qui vaut en gothique notre article *le*, et de *gouth* ou *gaeth*, c'est-à-dire de *goth* ou *gaeth*, qui, dans une foule de dialectes antiques et modernes, signifie un guerrier, un homme vaillant (1),

---

(1) C'est le *gouz* oriental, dont le *g* représente notre *r* grasseyé.

et par transition, un homme *brave*, *bon* et *riche*, un *optimate* (*good* en anglais, *gut* en allemand); et cela parce que le guerrier vaillant et fort est aussi l'homme riche, généreux et bon, dans le sens opposé au mal de la pauvreté et de la faiblesse. Le glossaire mœsogothique du docteur Jean Jhre, publié à Upsal, en 1769, offre sur ce sujet des détails auxquels les remarques de Gatterer et de Schlœzer n'ont fait qu'ajouter de nouvelles lumières. Il est prouvé que la langue grecque a la plus étroite affinité avec l'ancienne langue gothique, tant pour les mots que pour la syntaxe; et les enthousiastes des Grecs vont se trouver dans l'alternative d'accorder une partie de leur admiration aux Thraces et aux Scythes, ou de la retirer aux Grecs, reconnus pour frères utérins des Vandales et des Ostrogoths.

Cette parenté est un point de contact où se forme une seconde section, que j'appellerai *hellénique*, laquelle embrasserait les langues grecque et latine, qui ont pour rameaux descendants tous les idiomes du midi de notre moderne Europe, le portugais, l'espagnol, le français, l'italien, et tous les termes de science des peuples du nord, chez qui, comme chez nous, ces deux langues se sont mêlées au vieux goth; tandis que leurs rameaux ascendants sont un mélange de l'idiome pélasgique avec les mots phéniciens, égyptiens, lydiens et ioniques, qu'apportèrent les colonies asiatiques, désignées sous le nom de l'Égyptien Danaüs et du Sidonien Cadmus. Il paraît que ces colonies furent pour la Grèce et pour l'Italie, ce que les Européens ont été pour l'Amérique; qu'elles apportèrent les arts et les sciences de l'Asie policée, et qu'elles y devinrent une souche de population qui tantôt s'identifia, et tantôt détruisit totalement la race autochthone. Leur trace est évidente dans l'alphabet et les lettres grecs, à qui, lors du siége de Troie, l'on ajouta deux ou trois caractères lydiens ou troyens, dont l'un, celui du *ph*, se trouve encore dans l'alphabet arménien.

Les éclaircissements nécessaires à cette seconde section se tireraient d'une troisième qui, sous le nom de phénicienne, embrasserait les idiomes hébreu-ancien ou samaritain, hébreu du second âge ou chaldéen, hébreu du bas âge ou syriaque, et de plus le copte ou égyptien, mélange de grec et de vieil égyptien; l'arabe et l'éthiopien qui n'en diffère que par la figure : à cette section appartiendraient les recherches sur Carthage et ses colonies, tant en Espagne et en Sicile qu'en Afrique, où l'on commence à en retrouver des traces singulières dans les pays de Fezzan et de Mourzouq; ce serait elle qui nous apprendrait à quelle branche appartient l'idiome singulier des Basques, qui paraît avoir jadis occupé toute l'Espagne, et qui n'a aucune analogie avec le celte; à quel peuple il faut rapporter le langage des montagnards de l'Atlas, dits *Berbères*, qui ne ressemble à rien de connu ; et à cette occasion, je remarquerai que c'est dans les montagnes que les dialectes anciens se sont généralement le plus conservés. Je possède un vocabulaire berbère, mais je n'ai point encore eu le temps de l'examiner ; seulement j'y ai remarqué un fréquent usage de l'*r* grasseyé, qui est le gamma des Grecs, le gaïn des Arabes, que l'on trouve dans tout le midi de l'Asie, exclusivement aux peuples du Nord. Je crois ce dialecte l'ancien numide. Cette même section, par la langue arabe, serait en contact avec plusieurs dialectes de l'Inde et de l'Afrique, et avec le persan et le turk modernes, dont la base est tatare et scythe ancien.

Sur cette base se formerait une quatrième section, que j'appellerais tatarique, qui serait spécialement chargée d'examiner les nombreux dialectes qui ont des branches d'analogie, depuis la Chine jusqu'en Angleterre : elle nous dirait pourquoi l'anglo-saxon a la même syntaxe que le persan moderne, issu de l'ancien parthe, peuple scythe ; pourquoi une foule de mots de premier besoin sont entièrement semblables dans ces deux idiomes. Elle nous apprendrait pourquoi la Suède et le Danemark ont une quantité de noms géographiques que l'on retrouve chez les Mogols et dans l'Inde ; pourquoi le tatare de Crimée, cité par Busbeq, ambassadeur de l'empereur près Soliman II, ressemble au mœsogothique d'Ulphilas, c'est-à-dire, un dialecte des tribus mogoles de Tchinguizkan, à un dialecte de l'ancien scythe ou goth, dont j'ai déjà parlé. C'est à cette section que serait réservée la solution d'une foule de problèmes piquants, dont nous ne faisons encore qu'entrevoir les premières données ; en considérant ces analogies de langages, en recueillant et confrontant les similitudes qui existent dans les usages, les coutumes, les mœurs, les rites, et même dans la constitution physique des peuples ; en considérant que les Cimbres, les Teutons, les Germains, les Saxons, les Danois, les Suédois, donnent tous les mêmes caractères de physionomie que cette race appelée jadis massagètes ou grands *gètes*, et de nos jours *éleutes* et mongols, c'est-à-dire, hommes blancs et occidentaux ; qu'ils ont tous également la taille haute, le teint blanc, les yeux bleus, les cheveux blonds, on sent bien que cette similitude de constitution a pour cause première une similitude de genre de vie et de climat ; mais l'on s'aperçoit aussi que les autres analogies sont dues à des migrations opérées par les guerres et par les conquêtes, si rapides et si faciles pour les peuples pasteurs. L'on voudrait connaître les détails de ces migrations et de ces conquêtes ; on voudrait savoir à quelle époque, par exemple, se répandit jusqu'au fond du Nord cette horde terrible et puissante des Ases qui y porta le nom de Voden, et son affreuse religion. Des idées systématiques veulent la trouver au temps de Mithridate, qui, fuyant devant Pompée, poussa devant lui les riverains de l'Euxin, qui, à leur tour, se poussèrent sur et à travers les Sarmates ; mais l'on a de solides raisons de s'élever au-dessus de cette date, et surtout de nier pour chef de cette invasion un prétendu homme Odin ou Voden, qui est la divinité présentée sous les noms divers de Budd, Bedda, Boutta, Fôt, Taùt, qui est Mercure, comme le prouve le nom de Voden, conservé dans le mercredi des peuples du Nord, appelé vonsdag et vodendag, jour de Voden (1) : ce qui, d'une part, lie ce système à celui des druides adorateurs de Teutatès ; de l'autre, à celui des Gètes adorateurs de Zalmoxis, aujourd'hui le lama des Tibétains et des Tatars. Quand on considère que *Tibet* ou Bud-Tan, *pays de Budd*, est l'ancien pays des Brachmanes ; que, dès le temps d'Alexandre, ces Brachmanes ou gymnosophistes étaient la caste la plus savante et la plus vénérée des peuples indiens ; que leur chef-lieu *Lah-sa* et *Poutala* est le plus ancien pèlerinage de toute l'Asie ; que, de temps immémorial, les hordes scythes ou gètes s'y rendaient en foule ; qu'aujourd'hui leurs races, continuées sous le nom de Tatars, en ont conservé les dogmes et les rites, et que ce culte a tantôt causé entre eux des guerres de schismes, tan-

---

(1) Wedn.esday chez les Anglais.

tôt les a armés contre les étrangers incroyants, l'on sent que ce durent être des hordes émigrées des déserts du Chamo et de la Boukarie, qui, de proche en proche, furent poussées jusqu'à la Chersonèse cimbrique, par un mouvement semblable à celui qui a amené les Turks actuels des monts Altaï, et des sources de l'Irtich aux rives du Bosphore; et alors une chronique suédoise, citée dans l'histoire de Tchinguizkan, page 145, aurait eu raison de dire que les Suédois sont venus de Kasgar. L'on sent encore qu'à cette même section appartiendraient les anciennes langues de la Perse, le zend et le pehlevé, et peut-être le mède; mais il n'y a que des travaux ultérieurs qui puissent déterminer s'il est vrai que l'esclavon parlé en Bohême, en Pologne, en Moscovie, soit réellement venu du Caucase et du pays des Mosques, ainsi que le font croire les mœurs asiatiques des nations qui le parlent. C'est encore à des travaux ultérieurs de faire distinguer la branche mongole, la branche calmouque et hunnique, dont les dialectes se parlent en Finlande, en Laponie, en Hongrie; de déterminer si l'ancienne langue de l'Inde, le *sanscrit*, n'est pas le dialecte primitif du Tibet et de l'Indostan, et la souche d'une foule de dialectes de l'Asie moyenne; de découvrir à quelle langue se rapportent la langue chinoise et l'idiome malais, qui s'est étendu dans toutes les îles de l'Inde et dans l'océan Pacifique. Ce seraient là les travaux de deux autres sections, qui seraient les cinquième et sixième, tandis qu'une dernière s'occuperait de la confrontation des langues de l'est de l'Asie avec celles de l'ouest de l'Amérique, pour constater la communication de leurs peuples.

Pour tous ces travaux, les meilleurs monuments seront les dictionnaires des langues et leurs grammaires; je dirais presque que chaque langue est une histoire complète, puisqu'elle est le tableau de toutes les idées d'un peuple, et par conséquent des faits dont ce tableau s'est composé. Aussi suis-je persuadé que c'est par cette voie que l'on remontera le plus haut dans la généalogie des nations, puisque la soustraction successive de ce que chacune a emprunté ou fourni, conduira à une ou plusieurs masses primitives et originelles, dont l'analyse découvrira même l'invention de l'art du langage. L'on ne peut donc rien faire de plus utile en recherches historiques, que de recueillir des vocabulaires et des grammaires; et l'alphabet universel dont j'ai conçu le projet et dont je vous ai entretenus dans une conférence, sera pour cet effet d'une utilité véritable, en ce que, ramenant toutes les langues à un même tableau de signes, il réduira leur étude au plus grand degré de simplicité, et rendra palpable la ressemblance ou la différence des mots dont elles sont composées.

Il me reste à parler de l'influence qu'exercent en général les livres d'histoire sur les opinions des générations suivantes, et sur la conduite des peuples et de leurs gouvernements. Quelques exemples vont rendre sensible la puissance de ce genre de récits et de la manière de les présenter. Tout le monde connaît l'effet qu'avait produit sur l'ame d'Alexandre l'Iliade d'Homère, qui est une histoire en vers; effet tel, que le fils de Philippe, enthousiasmé de la valeur d'Achille, en fit son modèle, et que, portant le poëme historique dans une cassette d'or, il alimentait par cette lecture ses guerrières fureurs. En remontant des effets aux causes, il n'est point absurde de supposer que la conquête de l'Asie a dépendu de ce simple fait, la lecture d'Homère par Alexandre. Ma conjecture n'est que probable; mais un autre trait non moins célèbre, et qui est certain, c'est que l'histoire de ce même Alexandre, écrite par Quinte-Curce, est devenue le principe moteur des guerres terribles qui, sur la fin du dernier siècle et le commencement de celui-ci, ont agité tout le nord de l'Europe. Vous avez tous lu l'Histoire de Charles XII, roi de Suède, et vous savez que ce fut dans l'ouvrage de Quinte-Curce qu'il puisa cette manie d'imitation d'Alexandre, dont les effets furent d'abord l'ébranlement, puis l'affermissement de l'empire russe, et en quelque sorte sa transplantation d'Asie en Europe, par la fondation de Pétersbourg et l'abandon de Moscou; où, sans cette crise, le tzar Pierre 1er eût probablement resté. Que si l'his-

torien et le poëte eussent accompagné leurs récits
de réflexions judicieuses sur tous les maux produits par la manie des conquêtes, et qu'au lieu de
blasphémer le nom de la vertu, en l'appliquant
aux actions guerrières, ils en eussent fait sentir
l'extravagance et le crime ; il est très-probable que
l'esprit des deux jeunes princes en eût reçu une
autre direction, et qu'ils eussent tourné leur activité vers une gloire solide, dont le tzar Pierre Ier,
malgré son défaut de culture et d'éducation, eut
un sentiment infiniment plus noble et plus vrai.

Je viens de citer des exemples individuels, je
vais produire des exemples populaires et nationaux. Quiconque a lu avec attention l'histoire du
Bas-Empire d'Occident et d'Orient, ainsi que celle
de l'Europe moderne, a pu remarquer que dans
tous les mouvements des peuples, depuis quinze
cents ans, dans les guerres, dans les traités de
paix ou d'alliance, les citations et les applications
de traits historiques des livres hébreux sont perpétuelles ; si les papes prétendent oindre et sacrer les rois, c'est à l'imitation de Melchisédech
et de Samuel ; si les empereurs pleurent leurs péchés aux pieds des pontifes, c'est à l'imitation de
David et d'Ézéchias ; c'est à l'imitation des Juifs
que les Européens font la guerre aux infidèles ;
c'est à l'imitation d'Ahod, d'Églon et de Judith,
que des particuliers tuent les princes, et obtiennent la palme du martyre. Lorsqu'au quin-

zième siècle l'imprimerie divulga ces livres jusqu'alors manuscrits, et en fit des livres vulgaires et presque classiques, ce fut un redoublement d'influence et une sorte d'épidémie d'imitation : vous en connaissez les funestes effets dans les guerres d'Allemagne, promues par Luther; dans celles d'Angleterre, conduites par Cromwell; et dans celles de la ligue, terminées par Henri IV. De nos jours même, ces effets ont été puissants dans la guerre d'Amérique; et les passages de la Bible, où Moïse et Samuel exposent les abus de la royauté, n'ont pas peu servi à déterminer l'insurgence, comme ils avaient servi à renverser le trône de Jacques et de Charles (1). Ainsi le principe moteur du destin de l'univers, la règle *normale* (2) d'une immensité de générations ont été puisés dans l'histoire d'un petit peuple presque inconnu de l'antiquité, dont les douze tribus, mélange d'Arabes et de Phéniciens, n'occupaient que 275 lieues carrées, de manière que Salomon, dans toute sa gloire, n'en posséda jamais plus de 400 à moitié désertes, et ne commanda jamais à 800,000 ames, ni par conséquent à 200,000 soldats. Supposez la non-existence de ces livres, tout le système de Mahomet, singé sur celui de Moïse, n'eût

---

(1) Voyez le *Common Sense*, par Thomas Payne.
(2) C'est-à-dire *directrice* et *conductrice*, qui sont les sens du mot *norma*.

point existé : et tout le mouvement du monde romain depuis dix siècles, eût pris une direction différente. Supposez encore que les premières imprimeries eussent répandu à leur place de bons ouvrages de morale et de politique, ou qu'eux-mêmes en eussent contenu les préceptes, l'esprit des nations et des gouvernements en eût reçu une autre impulsion; et l'on peut dire que l'insuffisance et le vice de ces livres, à cet égard, ont été une cause, sinon radicale, du moins subsidiaire des maux qui ont désolé les nations.

Enfin, la vraie philosophie, la philosophie amie de la paix et de la tolérance universelle, avait amorti ce ferment, et le dix-huitième siècle croyait toucher à la plus belle époque de l'humanité, lorsqu'une tempête nouvelle, emportant les esprits dans un extrême contraire, a renversé l'édifice naissant de la raison, et nous a fourni un nouvel exemple de l'influence de l'histoire, et de l'abus de ses comparaisons. Vous sentez que je veux parler de cette manie de citations et d'imitations grecques et romaines qui, dans ces derniers temps, nous ont comme frappés de vertige (1). Noms, surnoms, vêtemens, usages, lois, tout a voulu être spartiate ou romain; de vieux préjugés effrayés, des passions récentes irritées, ont voulu voir la cause de ce phénomène dans

---

(1) Voyez l'Histoire de 1793.

l'esprit philosophique qu'ils ne connaissent pas ; mais l'esprit philosophique qui n'est que *l'observation dégagée de passion et de préjugé*, en trouve l'origine plus vraie dans le système d'éducation qui prévaut en Europe depuis un siècle et demi : ce sont ces livres classiques si vantés, ces poètes, ces orateurs, ces historiens, qui, mis sans discernement aux mains de la jeunesse, l'ont imbue de leurs principes ou de leurs sentiments. Ce sont eux qui, lui offrant pour modèles certains hommes, certaines actions, l'ont enflammée du désir si naturel de l'imitation ; qui l'ont habituée sous la férule collégiale à se passionner pour des vertus et des beautés réelles ou supposées, mais qui, étant également au-dessus de sa conception, n'ont servi qu'à l'affecter du sentiment aveugle appelé *enthousiasme*. On le voit cet enthousiasme, au commencement du siècle, se manifester par une admiration de la littérature et des arts anciens, portée jusqu'au ridicule ; et maintenant que d'autres circonstances l'ont tourné vers la politique, il y déploie une véhémence proportionnée aux intérêts qu'elle met en action : varié dans ses formes, dans ses noms, dans son objet, il est toujours le même dans sa nature ; en sorte que nous n'avons fait que changer d'idoles, et que substituer un culte nouveau au culte de nos aïeux. Nous leur reprochons l'adoration superstitieuse des Juifs, et nous sommes tombés dans une adoration non moins superstitieuse des Romains et des Grecs; nos ancêtres juraient par Jérusalem et la Bible, et une secte nouvelle a juré par Sparte, Athènes et Tite-Live. Ce qu'il y a de bizarre dans ce nouveau genre de religion, c'est que ses apôtres n'ont pas même eu une juste idée de la doctrine qu'ils prêchent, et que les modèles qu'ils nous ont proposés sont diamétralement contraires à leur énoncé ou à leur intention; ils nous ont vanté la *liberté*, l'esprit d'égalité de Rome et de la Grèce, et ils ont oublié qu'à Sparte une aristocratie de *trente mille nobles* tenait sous un joug affreux *deux cent mille serfs;* que pour empêcher la trop grande population de ce genre de *nègres*, les jeunes Lacédémoniens allaient de nuit à la chasse des *Ilotes*, comme de bêtes fauves; qu'à Athènes, ce sanctuaire de toute liberté, il y avait quatre têtes esclaves contre une tête libre; qu'il n'y avait pas une maison où le régime despotique de nos colons d'Amérique ne fût exercé par ces prétendus démocrates, avec une cruauté digne de leurs tyrans : que sur environ qautre millions d'ames qui durent peupler l'ancienne Grèce (1),

---

(1) La totalité des pays désignés sous le nom de *Grèce* contient environ 3,850 lieues carrées; de ce nombre 1,100 composent la Macédoine qui, selon Strabon, contenait, au temps d'Alexandre, c'est-à-dire au plus haut degré de prospérité, 1,000,000 de têtes; c'est un peu moins de 1,000 ames par lieue carrée, et cette proportion est en effet celle des pays les

plus de trois millions étaient esclaves; que l'inégalité politique et civile des hommes était le dogme des peuples, des législateurs; qu'il était consacré par Lycurgue, par Solon, professé par Aristote, par le *divin* Platon, par les généraux et les ambassadeurs d'Athènes, de Sparte et de Rome, qui, dans Polybe, dans Tite-Live, dans Thucydide, parlent comme les ambassadeurs d'Attila et de Tchinguizkan : ils ont oublié que chez les Romains ces mêmes mœurs, ce même régime, régnèrent dans ce que l'on appelle les plus beaux temps de la république ; que cette prétendue république, diverse selon les époques, fut toujours une oligarchie, composée d'un ordre de noblesse et de sacerdoce, maître presque exclusif des terres et des emplois, et d'une masse plébéienne grevée d'usures, n'ayant pas quatre arpents par tête, et ne différant de ses propres esclaves, que par le droit de les fustiger, de vendre son suffrage, et d'aller vieillir ou périr sous le sarment des cen-

---

plus peuplés : je l'applique à toute la Grèce, afin de n'avoir pas de contestation avec les adorateurs de l'antiquité ; elle est d'ailleurs le cas le plus favorable des portions de la Grèce moderne ; car, d'après des recherches faites avec beaucoup de soin et d'intelligence, par Félix, consul de Salonique, la Macédoine actuelle n'a que 700,000 ames, ce qui donne en moins trois dixièmes ; la Morée n'en a que 300,000 pour 700 lieues carrées ; l'Attique 20,000, et toute la Grèce réunie pas 2,000,000, ce qui ne donne que 500 ames par lieue carrée, et ce terme est plus fort que l'Espagne.

turions, dans l'esclavage des camps et les rapines militaires; que dans ces prétendus états d'égalité et de liberté, tous les droits politiques étaient concentrés aux mains des habitants oisifs et factieux des métropoles qui, dans les alliés et associés, ne voyaient que des tributaires. Oui, plus j'ai étudié l'antiquité et ses gouvernements si vantés, plus j'ai conçu que celui des Mamlouks d'Égypte et du dey d'Alger, ne différaient point essentiellement de ceux de Sparte et de Rome; et qu'il ne manque à ces Grecs et à ces Romains tant prônés, que le nom de Huns et de Vandales, pour nous en retracer tous les caractères. Guerres éternelles, égorgements de prisonniers, massacres de femmes et d'enfants, perfidies, factions intérieures, tyrannie domestique, oppression étrangère : voilà le tableau de la Grèce et de l'Italie pendant 500 ans, tel que nous le tracent Thucydide, Polybe et Tite-Live. A peine la guerre, la seule guerre juste et honorable, celle contre Xercès, est-elle finie, que commencent les insolentes vexations d'Athènes sur la mer; puis l'horrible guerre du Péloponèse, puis celle des Thébains, puis celles d'Alexandre et de ses successeurs, puis celles des Romains, sans que jamais l'ame puisse trouver pour se reposer une demi-génération de paix.

On vante les législations des anciens; quel fut leur but, quels furent leurs effets, sinon d'exercer les hommes dans le sens de ces animaux féroces que l'on dresse au combat du lion et du taureau? On admire leurs constitutions; quelle était donc cette constitution de Sparte, qui, coulée dans un moule d'airain, était une vraie règle de moines de la Trappe, qui condamnait absurdement une nation de 30,000 hommes à ne jamais s'accroître en population et en terrain? L'on a voulu nous donner des modèles grecs ou romains; mais quelle analogie existe-t-il entre un état qui, comme la France, contient 27,000 lieues carrées, et 25,000,000 de têtes de population, et cette Grèce, où le Péloponèse contenait six confédérations indépendantes dans 700 lieues carrées; où cette fameuse Laconie, qui, selon Thucydide, formait les deux cinquièmes du Péloponèse, ne contenait que 280 lieues; où l'Attique, y compris les 20 lieues de la Mégaride, n'était composée que de 165 lieues; où tout le continent grec n'avait pas plus de 3,850 lieues carrées en tout, y compris la Macédoine, qui en a 110, c'est-à-dire le sixième de la France, et cela en terrain qui n'est pas généralement fertile. Quelle comparaison établira-t-on entre les mœurs et les habitudes de peuples à demi sauvages(1), pauvres et

---

(1) Maintenant que j'ai vu les sauvages d'Amérique, je persiste de plus en plus dans cette comparaison, et je trouve que le premier livre de Thucydide, et tout ce qu'il dit

pirates, divisés et ennemis par naissance et par préjugé, et un grand corps de nation qui, le premier, offre dans l'histoire une masse de 25,000,000 d'hommes parlant la même langue, ayant les mêmes habitudes, et dont tous les frottements, depuis 1500 ans, n'ont abouti qu'à produire plus d'unité dans ses habitudes et son gouvernement. De modernes Lycurgues nous ont parlé de pain et de fer : le fer des piques ne produit que du sang; l'on n'a du pain qu'avec le fer des charrues. Ils appellent les poètes pour célébrer ce qu'ils nomment les vertus guerrières : répondons aux poètes par les cris des loups et des oiseaux de proie qui dévorent l'affreuse moisson des batailles; ou par les sanglots des veuves et des orphelins, mourant de faim sur les tombeaux de leurs protecteurs. On a voulu nous éblouir de la gloire des combats : *malheur aux peuples qui remplissent les pages de l'histoire!* Tels que les héros dramatiques, ils paient leur célébrité du prix de leur bonheur. On a séduit les amis des arts par l'éclat de leurs chefs-d'œuvre; et l'on a oublié que ce furent ces édifices et ces temples d'Athènes qui furent la première cause de sa ruine, le premier symptôme de sa décadence; parce qu'étant le

---

des mœurs des Lacédémoniens, conviennent tellement aux *cinq nations*, que j'appellerais volontiers les Spartiates, les *Iroquois* de l'ancien monde.

fruit d'un système d'extorsions et de rapines, ils provoquèrent à la fois le ressentiment et la défection de ses alliés, la jalousie et la cupidité de ses ennemis; et parce que ces masses de pierres, quoique bien comparties, sont partout un emploi stérile du travail et un absorbement ruineux de la richesse. Ce sont les palais du Louvre, de Versailles, et la multitude des temples (1) dont est surchargée la France, qui ont aggravé nos impôts et jeté le désordre dans nos finances. Si Louis XIV eût employé en chemins et en canaux les 4,600,000,000 (2), qu'a coûté son château déja en dégât, la France n'eût vu ni la banqueroute de Law, ni ses conséquences reproduites

---

(1) Lorsque je songe que l'église dite Sainte-Geneviève, aujourd'hui le Panthéon, a coûté plus de 30 millions; que Saint-Sulpice, et vingt autres églises dans Paris en ont coûté depuis cinq jusqu'à dix; qu'il n'est pas de ville de 10,000 ames en France qui n'ait pour 1,000,000 en construction d'églises, pas de paroisse qui n'en ait pour 60 à 80,000 francs, je suis porté à croire que la France a employé dix milliards à entasser de petits monceaux de pierres sans utilité; c'est-à-dire, quatre ans de son revenu actuel, et plus du double de son revenu au temps des constructions : et voilà la sagesse des peuples et des gouvernements!

(2) Il existait chez l'ancien intendant des bâtiments (d'Angivilliers), un volume manuscrit superbement relié, qui était le registre des frais de la construction de Versailles, et dont le résumé au dernier feuillet, était de 1,400,000,000 de livres tournois : mais l'argent était à 16 francs le marc, il est de nos jours à 52 francs.

parmi nous. Ah! cessons d'admirer ces anciens qui n'eurent pour constitutions que des oligarchies, pour politique que des droits exclusifs de cités, pour morale que la loi du plus fort et la haine de tout étranger; cessons de prêter à cette antiquité guerroyeuse et superstitieuse une science de gouvernement qu'elle n'eut point; puisqu'il est vrai que c'est dans l'Europe moderne que sont nés les principes ingénieux et féconds du système représentatif, du partage et de l'équilibre des pouvoirs, et ces analyses savantes de l'état social, qui, par une série évidente et simple de faits et de raisonnements, démontrent qu'il n'y a de richesse que dans les produits de la terre, qui alimentent, vêtissent et logent les hommes; que l'on n'obtient ces produits que par le travail; que le travail étant une peine, il n'est excité chez les peuples libres que par l'attrait des jouissances, c'est-à-dire par la sécurité des propriétés; que, pour maintenir cette sécurité, il faut une force publique que l'on appelle *gouvernement*; en sorte que le gouvernement peut se définir une banque d'assurance, à la conservation de laquelle chacun est intéressé par les actions qu'il y possède, et que ceux qui n'y en ont aucune peuvent désirer naturellement de briser. Après nous être affranchis du fanatisme juif, repoussons ce fanatisme vandale ou romain, qui, sous des dénominations politiques, nous retrace les fureurs du monde roligieux; repoussons cette doctrine sauvage, qui, par la résurrection des haines nationales, ramène dans l'Europe policée les mœurs des hordes barbares; qui de la guerre fait un moyen d'existence, quand toute l'histoire dépose que la guerre conduit tout peuple vainqueur ou vaincu à une ruine égale; parce que l'abandon des cultures et des ateliers, effet des guerres du dehors, mène à la disette, aux séditions, aux guerres civiles, et finalement au despotisme militaire; repoussons cette doctrine qui place l'assassinat même au rang des vertus, quand toute l'histoire prouve que les assassinats n'ont jamais causé que de plus grands désastres, parce que, où se montrent les poignards, là s'éclipsent les lois; et quand, parmi nous, l'assassinat même de son plus vil apôtre (1) n'a servi qu'à égarer l'opinion publique et à faire périr 100,000 des meil-

---

(1) Par la main de Charlotte Corday : cependant il est vrai que chez les Juifs *l'assassinat des tyrans* fut inspiré et protégé par l'*Esprit saint*; que chez les chrétiens il a été enseigné et recommandé par *saint Thomas d'Aquin*, et par les jésuites, qui l'ont pratiqué sur des princes qui n'étaient pas tyrans... Aujourd'hui, que deux empereurs effrayés de cette doctrine en d'autres mains veulent rétablir l'ordre des jésuites, il pourra se faire, s'ils y réussissent, qu'ils aient un jour plus de peine à se débarrasser de ces *bons pères*, que n'en ont eu les rois de France, d'Espagne et de Portugal; car ils n'auront plus à leur secours Voltaire, Helvétius, d'Alembert, et tant d'autres philosophes anti-fanatiques, haïs maintenant par les rois, quoique *Frédéric II* fût de leur nombre.

leurs citoyens. On tue les hommes, on ne tue point les choses, ni les circonstances dont ils sont le produit. Brutus et Casca poignardent César, et la tyrannie se consolide ; pourquoi cela ? parce que, depuis les tribuns, il n'y avait plus d'équilibre de pouvoirs ; parce que les volontés du peuple de Rome étaient devenues la loi ; parce que depuis la prise de Corinthe et de Carthage, ce peuple oisif, pauvre et débauché fut à l'encan des généraux, des proconsuls, des questeurs, gorgés de richesses. Brutus et Casca sont devenus pour notre âge ce qu'étaient Ahod et les Machabées pour l'âge antérieur ; ainsi, sous des noms divers, un même fanatisme ravage les nations ; les acteurs changent sur la scène ; les passions ne changent pas, et l'histoire entière n'offre que la rotation d'un même cercle de calamités et d'erreurs... mais comme en même temps toute l'histoire proclame que ces erreurs et ces calamités ont pour cause générale et première l'*ignorance* humaine, qui ne sait connaître ni ses vrais intérêts, ni les moyens d'arriver au but même de ses passions ; il résulte de nos réflexions, non des motifs de découragement, ni une diatribe misanthropique et anti-sociale, mais des conseils plus pressants d'instruction politique et morale appliquée aux peuples et aux gouvernements ; et c'est sous ce point de vue particulièrement, que l'étude de l'histoire prend son plus noble caractère d'utilité ; en ce!

qu'offrant une immense collection de faits et d'expériences sur le développement des facultés et des passions de l'homme dans l'état social, elle fournit au *philosophe* des principes de législation plus généraux et plus conformes à chaque hypothèse; des bases de constitution plus simples et plus conciliantes; des théories de gouvernement plus appropriées au climat et aux mœurs; des pratiques d'administration plus habiles et plus éprouvées par l'expérience; en un mot, des moyens plus efficaces et plus paternels de perfectionner les générations à venir, en commençant par améliorer le sort de la génération présente.

Désormais j'ai épuisé plutôt que complété mes considérations sur l'histoire; il faudrait maintenant que j'en fisse l'application à quelques ouvrages remarquables, modernes ou anciens, et que je vérifiasse en pratique les règles de critique que je vous ai proposées; mais le travail exagéré et précipité auquel j'ai été soumis depuis deux mois, ne me permet pas de fournir cette seconde carrière sans reprendre haleine; et après avoir fait acte de dévouement à la chose publique (1), en

---

(1) L'auteur, après dix mois de détention (jusqu'au 6 fructidor an 2), se trouvait exilé de Paris, par le décret contre les détenus, lorsqu'il reçut à Nice, au mois de frimaire, sa nomination inopinée à l'une des places de professeur, et l'invitation du comité d'instruction publique de venir sur-le-champ la remplir.

fournissant la première sans une préparation de plus de quinze jours, privé même de mes manuscrits, il me devient indispensable de suspendre ces leçons, pour reposer mes forces et avoir le temps d'assembler de nouveaux matériaux.

Nota. L'École Normale ayant été dissoute peu de temps après, l'auteur n'a plus eu de motifs de continuer ce travail.

HISTOIRE
DE SAMUEL,

INVENTEUR DU SACRE DES ROIS.

PRÉFACE

DE L'ÉDITEUR.

Au moment où un gouvernement constitutionnel se propose de donner à l'Europe du dix-neuvième siècle le spectacle d'un roi légitime requérant ou acceptant son titre d'investiture de la main d'un prêtre, son sujet: au moment où l'on trouve sage de rappeler aux Français qu'un sacre, même *papal*, n'a pas eu la vertu de conjurer la chute d'un gouvernement puissant, mais illibéral, il ne sera peut-être pas sans intérêt pour beaucoup de lecteurs, de connaître mieux qu'on ne l'a fait jusqu'à ce jour quelle a été l'origine égyptienne ou juive de la bizarre cérémonie, qui, au moyen d'un peu d'huile versée sur la tête d'un homme, prétend lui imprimer des droits indélébiles, indépendants de sa conduite et de sa capacité; de connaître quels furent le caractère personnel, les vues, la moralité de l'individu prêtre, qui le premier administra de son chef ce nouveau genre de sacrement; quels furent enfin les effets de ce don perfide, et pour les deux rivaux qui le reçurent, et pour la nation imprudente et superstitieuse qui se le laissa imposer. On méprise les Juifs et on les imite; on repousse leur code, on garde leurs rites; on parle doctrine, on n'est que passion; on invoque la religion, on ne veut que son moyen; on s'autorise des Bibles, on ne les a pas lues; on les a lues, on ne les a pas comprises; on ne l'a pu, car aucune de leurs traductions n'est fidèle; aucune ne rend constamment le sens vrai de l'original. Quel homme instruit, quel grammairien osera nier ce fait? L'écrit que nous présentons en offre une preuve nouvelle; il ne fut pas destiné d'abord à l'emploi que nous en faisons aujourd'hui; mais il s'y adapte si bien que tout ami du bon sens et de l'honneur national, disons même de l'honneur royal, nous saura gré de l'y avoir appliqué.

Le manuscrit original paraît venir d'un voyageur américain, de la société des amis dits *Free-Quakers* : le traducteur a dû supprimer la formule du *tutoiement* qui est de mauvais goût, et convertir les mesures anglaises en mesures françaises.

HISTOIRE DE SAMUEL,

INVENTEUR DU SACRE DES ROIS.

§ Ier.

Préliminaires du voyageur. — Motifs accidentels de cette dissertation.

Au Kaire, en Égypte, 1818, second mois (février, style des Quakers).

Lettre de Josiah Nibbler à son ami Kaleb Listener, négociant à Philadelphie (*État-Unis d'Amérique*.)

Enfin j'ai vu *Jérusalem*, et la terre de *lait* et de *miel* si vantée (1); j'ai mesuré le pays des fameux Philistins, qui purent posséder 15 lieues de long

---

(1) En ce moment tout Paris, grâce à l'art de M. *Prévost*, voit ou peut voir Jérusalem aussi bien que notre voyageur: l'illusion du Panorama est complète, mais elle détruit celles

sur 7 de large; j'ai calculé l'enceinte de la puissante *Tyr*, jadis située sur un îlot de rocailles, dont le pourtour actuel n'est pas de plus de 1600 toises (1); j'ai traversé deux fois le fleuve *Jourdain*, qui du plus au moins peut avoir 60 à 80 pieds de large; j'ai visité, à l'entrée de l'Égypte, la terre de *Goshen*, séjour ancien des Hébreux, aujourd'hui *vallon* de *Tomlât*; elle peut avoir 11 lieues d'étendue..... Vous le dirai-je, mon ami? j'ai perdu beaucoup d'illusions; mais j'ai gagné beaucoup de *faits* positifs, intéressants, que j'ai le droit d'appeler des *vérités*. Me voici en Égypte, dans cette terre d'abondance, but premier de notre spéculation.

Ne me blâmez point de mon épisode. Ayant terminé nos affaires à *Tunis*, je trouvai impossible de me rendre au *Kaire* sans caravane, par terre, au mois d'août; une occasion de mer se présente pour *Acre* en Syrie, d'où l'on passe facilement à *Damiette*; je la saisis : un coup de vent nous jette sur *Saide* ou *Sidon*; j'y débarque, et de suite voilà

---

de l'imagination; chacun se dit : *Quoi! c'est là Jérusalem!* Les réflexions de notre auteur n'en seront que mieux appréciées. Il est fâcheux que la vérité du tableau de M. Prévost soit gâtée par une notice triviale, pleine d'erreurs populaires et de contes de *pèlerins*.

(1) Au temps d'Alexandre, la ville de Tyr, selon les Grecs, avait 46,000 habitants, entassés dans des maisons à *quatre étages*, construction rare chez les anciens.

que je conçois le projet d'une tournée intéressante : devant moi je voyais les montagnes des *Druzes*; sur ma gauche, au loin, les cimes du *Liban*; à ma droite, l'ancienne Phénicie, qui me menait aux *dix Tribus* et à la *Judée*. Vous savez combien notre éducation biblique a nourri notre esprit des idées et des noms de ces contrées : je ne pus résister au désir de les voir, de les juger par moi-même; j'étais encouragé par un moyen précieux.

Pendant les quinze mois de négociations qu'il m'avait fallu passer à Tunis, j'avais employé mes loisirs à apprendre l'arabe vulgaire; j'arrivai en Syrie comme en pays connu; au bout de quinze jours j'entendis et je fus entendu : je me mis sous la protection d'une autorité française; j'eus bientôt converti à mon désir l'autorité turke; un peu d'argent placé à propos ne manque pas son but avec celle-ci; la politesse, les bons procédés réussissent avec l'autre : je fus censé un commis de maison cherchant des débouchés de commerce; j'eus des recommandations pour la montagne Druze; bientôt j'y acquis droit d'hospitalité; quelques présents me firent des amis; j'eus l'air d'acheter et de vendre des bagatelles d'un lieu à l'autre : mon peu de botanique me fut très-utile; j'appliquai même au besoin l'ipécacuanha et l'émétique, qui sont le grand remède de ces gens-là : mais mon meilleur instrument, mon plus efficace passe-port fut de parler couramment la langue et d'agir directement sur les esprits ; l'on n'apprécie pas toute la puissance de ce moyen : tout est là.

Le voyageur qui ne peut converser, est un sourd et muet qui ne fait que des gestes, et de plus un demi-aveugle qui n'aperçoit les objets que sous un faux jour; il a beau avoir un interprète, toute traduction est un tapis vu à revers : la parole seule est un miroir de réflexion, qui met en rapport deux ames sensibles..... La plus forte finit par maîtriser l'autre ; j'en ai fait d'heureuses épreuves : muni des connaissances scientifiques que donne l'éducation moderne à nous autres Occidentaux, j'ai imprimé l'attention, et le respect en éveillant la curiosité. Le bon ton en ce pays est un air grave, un maintien posé, une indifférence apparente pour ce qui entoure; avec ces manières on voit mieux et plus que les babillards et les empressés qui sèment leur argent ; j'ai circulé pendant trois mois dans un intérieur peu connu. Je me joignis à une caravane venant de Damas, pour m'introduire dans Jérusalem; là, je me suis gardé d'être *pèlerin*, j'eusse été en proie à l'avarice turke, et ce qui la vaut bien, à l'hypocrite mendicité chrétienne : j'ai eu le bonheur de sortir sans dommage de ce foyer de superstition et de fourberie, de malice et de pauvreté.

Je voulais rejoindre *Acre* par *Jafa* : un de ces hasards qui ne manquent guère en voyage, me fit trouver dans la garnison de cette dernière ville le frère de notre *censal* (1), Maure de Tunis; il m'offrit ses services avec cette gravité musulmane qui ne trompe point; je lui confiai mon désir de me rendre au Kaire : l'aga préparait une petite caravane pour faire ce trajet hasardeux; j'y fus joint avec protection. Chemin faisant, je vis les ruines d'*Azot* et d'*Ascalon*; je traversai à sec le torrent d'Égypte, les anciens marais de *Sirbon*, et depuis six semaines je suis en cette ville d'abondance et de tranquillité : j'y occupe mon repos à digérer mes idées nouvelles, à mettre en ordre les faits assez nombreux que j'ai acquis; c'est de ce sujet que je veux vous entretenir aujourd'hui.

Je ne saurais vous exprimer le changement que cette tournée de quelques mois a produit dans mon esprit, et surtout dans mes opinions du genre historique; presque rien de tout ce que j'ai vu n'a ressemblé aux images que je m'en étais faites, aux idées que nous en donne notre éducation : et, au fait, que peuvent en savoir plus que nous nos docteurs d'école et de cabinet? Aujourd'hui il m'est démontré que nous autres Occidentaux n'entendons rien aux choses d'Asie : les usages, les mœurs, l'état domestique, politique, religieux des peuples de cette contrée, diffèrent tellement des nôtres, que nous ne pouvons nous les représenter sur de

(1) Courtier.

simples récits; il faut avoir vu soi-même les objets, pour en saisir les rapports, pour en lier le système; cela veut du temps, de la méditation : un voyageur qui ne ferait que passer ne verrait qu'incohérence, n'emporterait que surprise; il recevrait les récits sans apprécier les témoignages; il admettrait les faits sans les avoir discutés, et, par négligence ou par amour-propre, il transmettrait à d'autres les erreurs qu'il aurait acceptées; il se dissimulerait même celles qu'il n'aurait pu redresser..

Pour moi, j'avoue franchement que je suis arrivé ici imbu d'une foule d'opinions que maintenant je reconnais pour n'être que des préjugés sans fondement; par exemple, je croyais que ces traditions orientales, dont on nous vante l'autorité, avaient quelque chose de régulier et de certain dans leur origine et leur transmission; aujourd'hui il m'est démontré que les habitants de ces contrées, juifs, arabes, chrétiens, musulmans, n'ont pas plus de sûreté dans la mémoire, pas plus de fidélité et de bonne foi dans l'intention que nous autres Occidentaux, que nos sauvages et nos paysans : il m'est démontré que là, comme partout, l'homme ne garde guère de souvenir que de ce qu'il a vu dans sa jeunesse; que bien peu de ces gens-là connaissent l'histoire de leur propre famille au-delà de leur grand-père; que la plupart ne savent ni leur âge, ni l'année de leur naissance;

que chez eux, comme chez nous, il n'y a de vrais moyens de garder, de transmettre les faits que par les écrits; or, ils en sont privés au point de ne tenir registre de rien, soit public, soit particulier.

De plus, la série des générations ayant été plusieurs fois rompue par des guerres, des invasions et des conquêtes, les traditions de faits anciens, aujourd'hui régnantes, ne peuvent être le fruit d'une transmission orale, mais dérivent d'une interprétation faite après coup de ces mêmes livres anciens que l'on prétend maintenant soutenir par elles. Le pays de Jérusalem, plus que tout autre, fournit des preuves de cette vérité, puisqu'on y trouve de ces prétendues traditions, les unes contraires aux propres textes des bibles (1), les autres portant sur des faits reconnus faux. Vous n'avez pas d'idée de ce que l'esprit de secte et la rivalité de clientelle font inventer de fraudes de cette espèce.

En général, ce que nous ne comprenons point assez, nous autres Occidentaux, ce qui m'a le

---

(1) Dans l'*Itinéraire à Jérusalem*, tome II, le poétique auteur cite, page 129, le village de Saint-Jérémie comme étant la patrie du prophète de ce nom, et il reconnaît que cette tradition est fausse, puisque la Bible établit *Anatot*.

Page 123, *selon les habitants*, tous les monuments du pays seraient dus à sainte Hélène, et il convient que cela n'est pas vrai....., etc. L'auteur eût pu en citer bien d'autres exemples, mais ce n'était ni son intention ni son but.

plus surpris en mon particulier dans toute cette contrée, c'est l'ignorance profonde et universelle en choses physiques et naturelles, jointe à l'entêtement et à la présomption en choses dites *divines,* c'est-à-dire, en choses hors de notre portée ; c'est la crédulité la plus puérile, jointe à une défiance cauteleuse ; c'est l'esprit de dissimulation, de fourberie, joint à une simplicité de mœurs apparente, quelquefois réelle ; enfin c'est l'esprit de servilité craintive qui n'attend que l'occasion de devenir arrogance et audace. Expliquer tout ce mélange, donner les raisons d'un tel état de choses, serait sans doute un travail très-intéressant ; mais mon but en ce moment se borne à vous faire connaître comment la vue de l'état présent est devenue pour moi un moyen d'apprécier l'état passé, cet état idéal pour nous, et qui ne nous est indiqué que par des livres dont le sens obscur est ou méconnu ou falsifié par ceux qui s'en font les docteurs. Quand je compare mes idées actuelles à celles que m'avaient imposées nos instituteurs, je ne puis m'empêcher de rire de tous les contre-sens, de toutes les méprises dont maîtres et disciples, nous sommes également les dupes.

On nous fait lire dès l'enfance des récits grossiers, scandaleux, absurdes, et moyennant les interprétations mystiques qu'on leur donne, les pieuses allégories qu'on y trouve, on les retourne si bien que nous finissons par être édifiés de la *sagesse cachée* et *profonde* : notre enfance docile par crainte ou par séduction se plie à tout, s'habitue à tout, et notre esprit finit par n'avoir plus le tact de la vérité et de la raison. — Je vous l'avouerai, mon ami, avant ce jour je ne concevais rien à la plupart des événements qui composent l'histoire des Juifs, je les regardais comme appartenants à un vieil ordre de choses, aboli comme l'ancien Testament ; cette histoire d'Abraham, de sa famille errante qui devient un peuple, de ce peuple qui d'esclave devient conquérant, de ces conquérants qui retombent en anarchie et en servitude, puis sont reconstitués en monarchie pour se diviser et se déchirer encore, tout cela me semblait plutôt romanesque que probable ; aujourd'hui tout cela me semble parfaitement naturel, conforme à ce que je vois, explicable par l'état actuel.

Dans les mœurs, la vie, les aventures d'une tribu arabe, d'un chef bedouin, je vois la copie ou le modèle des mœurs, des aventures de la horde hébraïque fondée par Abraham et Jacob. Je la vois errante d'abord, se fixer ensuite sur la frontière d'Égypte où on la tolère, comme les pachas tolèrent les Bedouins moyennant des redevances annuelles, des tributs de nature quelconque ; je la vois se multiplier assez vite par l'abondance de ce pays ; puis inquiéter ses protecteurs comme nos nègres trop nombreux nous inquiètent nous-mêmes; puis, à raison de son malaise, concevoir des idées de rebellion et d'indépendance. Plaçons cet état de choses dans le temps présent; supposons sous le règne des Mamlouks une horde de *Ouahàbis* établie dans la Basse-Égypte, entrée en contestation avec les naturels pour cause d'opinions religieuses et de vexations domestiques; supposons qu'un homme de cette race ait voyagé en quelque contrée civilisée de l'Europe; qu'il y ait puisé quelques connaissances militaires, législatives, physiques, qui le rendent supérieur à ses compatriotes, même à leurs oppresseurs; il pourra jouer le rôle de Moïse, il pourra devenir chef, emmener ses sectateurs dans le désert, leur y donner une organisation systématique, religieuse et guerrière, au moyen de laquelle leur race renouvelée de personnes et de mœurs, pourra s'introduire en Syrie, s'y fortifier dans les montagnes, et enfin, à travers bien des vicissitudes, s'y perpétuer, comme font les Druzes et les Motouâlis.

Ces Druzes, avec leur esprit exclusif, mystérieux, avec leur caractère presque hostile aux étrangers, offrent une analogie singulière avec l'ancien peuple juif; je dis plus, ils en sont la vivante image : leur manière d'être m'explique tout ce qu'il a pu être au sens moral, religieux, politique et militaire : les intrigues de leur petit gouvernement oligarchique, les manœuvres secrètes de leur corporation religieuse, appelée les *Okkàls*

(Spirituels), me donnent la clef de celles qui ont dû exister chez les Hébreux au temps des juges et même de la monarchie : par exemple, l'anecdote de Samuel, le récit de son élévation, de sa haute influence, puis l'obligation où il fut de se substituer un roi, de le consacrer, enfin le caprice qu'il eut de le changer pour lui en substituer un autre plus à son gré, tout cela m'avait dès long-temps donné le soupçon d'un jeu de causes naturelles, différent de celui que présente le narrateur ; j'avais soupçonné des passions humaines et même sacerdotales là où l'historiographe nous présente des volontés mobiles, irascibles, vindicatives dans la Divinité.

En relisant ici ma Bible à mes heures de loisir et de repos, j'ai été frappé de voir mon soupçon se convertir en parfaite évidence ; je me suis amusé à faire à ce sujet un travail nouveau, en appliquant au fond du récit les règles de notre critique historique moderne, et les calculs de probabilité raisonnable déduits des mœurs du temps, du caractère des témoins, des intérêts apparents ou cachés du narrateur ; il en est résulté un tableau piquant de naïveté et de vraisemblance. Je l'ai communiqué à un Européen qui voyage ici, et qui se trouve être versé dans la langue hébraïque (il m'assure que, pour qui sait bien l'arabe, cette langue est une bagatelle) : mon travail a tellement excité son intérêt, qu'il l'a enrichi de notes précieuses en ce qu'elles redressent en plusieurs endroits des fautes et des contre-sens de nos traductions grecques et latines, que d'ailleurs il accuse d'inexactitude habituelle; il n'a pas meilleure opinion de notre traduction anglaise, et il ne conçoit pas comment les sociétés *bibliques*, avant de la tant prôner et propager, ne l'ont pas refaite meilleure. C'est leur affaire; la mienne aujourd'hui est de vous donner un témoignage de mon constant souvenir; quand vous lirez le fragment que je vous envoie, j'espère que vous ne jugerez point l'ouvrage d'un simple *marchand* avec la sévérité due à un lettré de profession; et que votre amitié recevra avec indulgence l'offrande que la mienne se plaît à lui adresser avec sincérité.

§ II.

Histoire de Samuel, calculée sur les mœurs du temps et sur les probabilités naturelles. — Dispositions morales et politiques des Hébreux au temps de Samuel.

Pour bien entendre le drame historique dans lequel Samuel parvient d'un grade très-subalterne à être le premier personnage, il est nécessaire de connaître l'état des choses et des esprits à son époque; et cela ne s'entend bien qu'en faisant connaître les antécédents dont cet état ne fut que la conséquence.

Après que les Hébreux se furent emparés de cette portion de la Phénicie qui est entre le Jourdain et la mer, exception faite d'une lisière littorale qui leur résista, ils éprouvèrent dans leur manière d'être un changement qui mérite d'être remarqué. Pendant leur long séjour dans le désert, Moïse les avait constitués en un régime à la fois militaire et sacerdotal ; le sacerdotal n'a pas besoin d'être expliqué ; le militaire se prouve par les règlements que Moïse fit pour la distribution intérieure du camp, par les manœuvres de marches, de campement et de décampement, enfin par les stratagèmes que l'on voit employés à passer le Jourdain, à renverser les murs de Jéricho, et qui indiquent des études militaires dont on n'a pas jugé à propos de faire mention. Les Hébreux une fois établis dans le pays qu'ils venaient de conquérir, n'eurent plus le même besoin d'organisation militaire.

Dans les plaines du désert, ils étaient un corps d'armée sans cesse en mouvement, parce que vivant pasteurs, il fallait chaque jour changer de pâturages : dans les montagnes de Phénicie et de Judée, ils furent tout à coup cultivateurs fixés, chacun sur la portion de terrain qui leur échut en lot de butin et dont ils devinrent propriétaires ; ce fut un peuple de paysans laboureurs. Dans le désert, il était facile de mouvoir, de conduire une troupe errante : dans le pays cultivable et cultivé, chaque tribu, chaque famille attachée au sol qui la fit vivre, ne fut plus disponible et maniable : chacun eut des occupations qu'il ne put aisément quitter. La masse nationale était divisée en douze tribus distinctes; chaque tribu devint un petit peuple aspirant à l'égalité, presque à l'indépendance : dans chaque tribu, toute famille puissante par le nombre de ses membres, eut encore de cet esprit égoïste qui tend à s'isoler : le gouvernement ne dut plus être que fédératif, et ce cas n'avait point été prévu par le legislateur; aucun rapport de subordination n'avait été établi pour mouvoir au besoin les parties du corps politique ; on s'en aperçoit sitôt après la mort du général *Josué* et de cette *génération* de *vieillards* qui avait été son état-major. L'on voit de suite naître une véritable anarchie, comme dans notre Amérique à la dissolution de notre armée sous *Washington;* les petits peuples environnants en profitent pour attaquer chacun la tribu qui leur est voisine : les Ammonites, les Moabites vexent, soumettent au tribut celles qui sont à l'est du Jourdain; les Philistins en font autant à celles qui leur sont contiguës : rarement les servitudes furent générales, et voilà pourquoi l'histoire des Juges n'a point d'unité de chronologie.

En cet état de choses, la nation hébraïque eût

été dissoute, si elle n'avait pas eu son lien d'unité dans le système sacerdotal comme dans la bizarre et indélébile *cocarde* (1) que lui avait imprimée Moïse. Les devoirs du culte rappelèrent sans cesse tous les individus au point central de l'arche, dont le grand-prêtre était le gardien, dont tous les mâles de la tribu de Lévi étaient la milice; mais ce grand-prêtre et cette milice n'avaient d'armes que les prières et un certain pouvoir surnaturel de faire des miracles dont l'efficacité n'apparaissait pas toujours au besoin.

En lisant toute l'histoire des Juges, on ne voit pas qu'aucun grand-prêtre ait délivré la nation d'aucune servitude par aucun moyen divin ni humain : ces servitudes ne furent repoussées et dissoutes que par l'insurrection d'individus courageux, qui, irrités de vexations des *incirconcis*, appelèrent la nation aux armes, et qui, pour prix de leur audace et de leurs succès militaires, étant regardés comme des envoyés de Dieu, s'investirent eux-mêmes ou furent investis par l'opinion publique, sous le nom de *Sufetes* (2) (*Juges*), d'un pouvoir suprême qui ne fut temporaire que faute d'héritiers de leurs talents ; alors l'autorité du

---

(1) La circoncision.
(2) C'était aussi le nom des deux *consuls* de Kartage, dont le peuple, né phénicien, parlait un langage tout-à-fait analogue à l'hébreu.

grand-prêtre etait comme suspendue et limitée aux fonctions de chef des sacrifices et d'interprète des oracles. Cet état de choses ressemblait à celui du Japon et de bien d'autres pays, où le pouvoir est partagé en deux branches ayant pour chefs l'une le *Coubo* ou chef laïque, et l'autre le *Daïri*, ou chef ecclésiastique.

Tant que vivaient les Juges, le peuple hébreu jouissait de la paix et de l'indépendance : étaient-ils morts, l'anarchie ne tardait pas à renaître et à ramener une servitude. L'expérience et l'observation de ces alternatives ne purent manquer de faire naître, et de répandre dans les esprits l'opinion que, pour obtenir un état durable et solide, il eût fallu avoir un juge, un chef militaire permanent. On sent que les grands-prêtres, appelés par la simple naissance et le droit héréditaire au pouvoir suprême, n'y apportaient pas également la capacité requise : on sent qu'eux et toute la caste sacerdotale, nourris aux frais de la nation, dans une oisive abondance, vivaient presque nécessairement dans une mollesse et un relâchement de mœurs qui devaient diminuer leurs facultés morales, et par suite leur crédit et leur considération. Le peuple dut remarquer que les étrangers qui le subjuguaient, avaient toujours des *rois* combattant à la tête de leurs armées ; il dut attribuer leurs succès à ce régime qui effectivement en fut une cause ; par une conséquence naturelle, il dut concevoir l'idée et former le vœu d'avoir aussi des rois. Un obstacle à ce vœu se trouvait dans l'habitude de la *théocratie*, c'est-à-dire dans le respect rendu aux *prêtres* sous le manteau de Dieu, et dans l'intérêt qu'avaient ces prêtres de maintenir un respect qui était la base de leur autorité et de leur abondance.

A l'époque dont nous parlons, le siége était occupé par le grand-prêtre Héli, qui avait l'espoir de le transmettre à ses enfants; mais un concours de circonstances singulières, où la superstition vit le doigt de Dieu, introduisit dans sa maison et dans le parvis du tabernacle, un enfant étranger, une espèce d'orphelin qui, par son initiation aux mystères de l'art et par la force personnelle de son caractère, parvint à être plus que son successeur, puisqu'il parvint à cumuler les deux puissances. Cet enfant fut *Samuel* : pour tracer son histoire, je vais rentrer dans la narration du texte même, en l'abrégeant quelquefois ; mais en conservant le plus que je pourrai son coloris et son instructive naïveté.

§. III.

Enfance de Samuel, circonstances de son éducation; son caractère en devient le résultat.

« (1) Un homme des montagnes d'Éphraïm avait
« deux femmes. Une d'elles nommée *Hannah* était
« stérile ; sa compagne l'insultait et la tourmentait
« à ce sujet (la stérilité a de tout temps été une
« honte chez les peuples arabes). Chaque année le
« mari conduisait sa famille à *Shiloh*, où était la
« maison de *Dieu* : il y offrait des victimes et ne
« donnait qu'une seule portion à sa femme stérile,
« tandis que l'autre était fière d'en avoir plusieurs.
« *Hannah* pleurait et ne mangeait point; dans l'un
« de ces jours de sacrifice, elle se rendit à la porte
« de la maison de Dieu ; le grand-prêtre (2) *Héli*
« était assis à cette porte sur son siége de juge :
« elle s'y livra à la prière avec tant d'effusion,
« qu'Héli la crut ivre; il la réprimanda et lui or-
« donna de se retirer. Elle, s'excusant, lui exposa
« son chagrin, lui dit qu'elle demandait à Dieu un

---

(1) *Samuel* ou *Rois*, liv. 1, chap. 1.
(2) Ce nom est le même que l'arabe *Ali*, lettre pour lettre. Le latin a introduit l'*h* pour exprimer l'*ain*.

« enfant mâle, et qu'elle faisait vœu de le lui con-
« sacrer pour la vie : jamais le rasoir ne passera
« sur sa tête (c'était le signe de ce dévouement).
« Allez en paix, répondit Héli, Dieu vous donnera
« un enfant : en effet, de retour chez elle et de-
« venue calme et contente, elle conçut peu après
« et elle eut un enfant mâle qu'elle nomma Sa-
« muel. »

Telle est la substance du premier chapitre dont les détails sont de nature à faire supposer que quelqu'un aurait tenu procès-verbal de la conversation d'*Héli* et d'*Hannah*; je reviendrai ailleurs sur ce sujet.

On sent que, dans le petit bourg, dans le village où vivait cette famille, les querelles de ménage, causées par sa stérilité, avaient fait bruit : le vœu ne put manquer d'y être également divulgué, ni son succès d'y causer une vive sensation. Ce peuple qui voyait le doigt de Dieu en tout, qui, selon notre historien, disait : *Dieu a clos les entrailles d'Hannah*, n'a pas manqué de dire que *Dieu lui avait donné* cet enfant par un don spécial. Cet enfant consacré devint l'objet de la curiosité et de l'attention publiques. — Suivons son histoire :

« Lorsque le temps de sevrer Samuel fut venu
« (ceci dans les mœurs du pays comporte au moins
« deux ans), *Hannah* fut le présenter au grand-
« prêtre à *Shiloh*, en y joignant une offrande de

« trois veaux, de trois mesures de farine et d'une
« amphore de vin. Héli accepta l'enfant, qui de ce
« moment fut élevé sous sa surveillance. »

Ici, le narrateur nous dit qu'*Hannah* composa
elle-même un cantique qui remplit les dix premiers versets du chapitre second. La femme d'un
cultivateur aisé, même riche si l'on veut, mais
enfin la femme d'un homme de campagne, une
paysanne peut-elle avoir composé un morceau qui a les formes poétiques? cela n'est pas
probable. Ce cantique a dû être fait par quelque
lévite du temps, et même après coup par l'écrivain de cette histoire. Cette licence nous avertit
de l'intérêt personnel et même de la partialité que
nous devons trouver en tout ce récit.

La situation domestique de Samuel dans la maison d'Héli mérite une attention particulière à raison
de l'influence qu'ont dû exercer sur son caractère toutes les circonstances de son éducation :
cet enfant est comme orphelin dans une famille
étrangère; cette famille est composée d'une ou
plusieurs femmes d'Héli déja âgé, puisque ses
deux fils *Ophni* et *Phinées* étaient sacrificateurs
en exercice; ses deux fils déja mariés ont aussi
des enfants sur qui doit se porter la tendresse de
toute la maison. Selon les mœurs du pays et du
temps, ces divers personnages ont dû vivre réunis; naturellement Samuel n'a dû recevoir que des
soins de charité, et il a pu être exposé à des ja-

lousies. Son caractère a dû se concentrer, le porter à se suffire à lui-même, à ne s'épancher, à ne se confier à personne ; il a eu le temps de penser et de méditer. L'âge est venu développer en lui cette double faculté; il a dû devenir observateur de tout ce qui se passait autour de lui, et il a pu tout voir, parce qu'il a vécu sous la protection du grand-prêtre, dans une intimité de famille et dans un service d'autel et de temple, qui l'ont initié à tous les secrets.

Vers quinze ou seize ans, ce service du *temple*(1) l'a mis en rapport avec tous les fonctionnaires, avec tous les lévites qui y étaient employés: Shiloh, situé en pays montueux et de difficile accès, pour cause de sûreté, n'étoit pas une ville, mais un village dont la population dut se composer uniquement de prêtres et de lévites. C'est un état de choses que l'on retrouve chez tous les anciens où les siéges d'oracles, les foyers de culte étaient tenus à distance des regards profanes et de l'inspection populaire; dans tout village, on sait combien il y a de caquet, de petites passions, d'inimitiés, de jalousies; dans un village de prêtres, qui, quoique mariés, ne participaient pas moins

---

(1) Le texte emploie ce mot, quoiqu'il n'y eût point encore de *temple* comme celui de Salomon : c'était ou ce dut être un bâtiment provisoire, assez simple, comme le furent les premiers temples chez les anciens.

au caractère des moines, on sent que si les formes furent plus graves, le fond ne fut guère moins agité par des tracasseries de tout genre. Dans le cas dont je traite, des circonstances particulières durent y fournir un puissant aliment.

Le grand-prêtre Héli devenait vieux; on calculait son successeur : ses deux fils *Ophni* et *Phinées* avaient aigri les esprits par un genre de vexation qui mérite d'être textuellement cité :

« Or, les fils d'Héli étaient des hommes de vice
« et de débauche qui ne connaissaient ni Dieu,
« ni le devoir du prêtre envers le peuple. — Lors-
« qu'un Hébreu offrait un sacrifice, le serviteur
« de l'un d'eux venait à l'endroit où l'on faisait
« cuire la chair (de la victime); il plongeait une
« grande fourchette à trois dents, soit dans la
« chaudière, soit dans la marmite, et tout ce
« qu'il en pouvait retirer du coup, il l'emportait
« pour le prêtre; (de même) avant que l'on fît
« griller les graisses, il disait : Donnez-moi de la
« chair pour le prêtre, il n'en veut point de cuite,
« il la veut crue. L'homme répondait : Laissez-la-
« moi griller selon l'usage, et vous en prendrez
« ce que vous voudrez. — Non, disait le servi-
« teur, donnez-la-moi de suite, ou je la prendrai
« de force; et l'on traitait ainsi tous ceux qui ve-
« naient à *Shiloh*. »

§ IV.

Caractère essentiel du prêtre en tout pays; origine et motifs des corporations sacerdotales chez toute nation.

Ce récit naïf présente divers sujets d'instruction : d'abord il peint la simplicité ou pour mieux dire la grossièreté des mœurs du temps, très-analogues au siècle d'Homère ; j'ai dit que ce peuple hébreu n'était composé que d'hommes rustiques, vivant sur de petites propriétés qu'ils cultivaient de leurs mains, comme font aujourd'hui les Druzes. La seule classe un peu bourgeoise, un peu moins ignorante, était la tribu des lévites, c'est-à-dire des prêtres qui vivaient oiseux, entretenus par les offrandes volontaires ou forcées de la nation ; cette classe avait plutôt le temps que les moyens d'occuper son esprit. Cet esprit se montre ici dans le ton et le style du narrateur qui, par son instruction en *devoirs de prêtre*, s'annonce pour un homme du métier. On peut comparer ce lévite aux moines du huitième et du neuvième siècles, écrivant leurs dévotes chroniques sous les auspices de la superstition et de la crédulité. Dans ce même récit, on voit le caractère essentiel du prêtre, dont le premier et constant objet d'attention est cette *marmite* ou *chaudière* sur laquelle se fonde son existence, et cela nous révèle les motifs de tout ce régime de victimes et de sacrifices qui joue un si grand rôle chez les peuples anciens.

Jusqu'ici, je n'avais pu concevoir le mérite et la convenance d'avoir converti les cours et les parvis des temples en *boucheries* journalières, en *vivanderies* permanentes; je ne conciliais pas l'idée du hideux spectacle de ces égorgements d'animaux sensibles, de ce versement de flots de sang, de ce nettoiement d'entrailles, avec les idées que nous nous faisons de la majesté, de la bonté divines qui repoussent si loin les besoins grossiers que supposent ces pratiques. En réfléchissant à ce qui se passe ici, je vois maintenant la solution très-naturelle de l'énigme; je vois que dans leur état primitif, les anciens peuples ont été, comme sont encore les Tartares d'Asie et leurs frères nos sauvages d'Amérique, des hommes féroces luttant incessamment contre des dangers, contre des besoins dont la violence exaltait tous les sentiments; des hommes habitués à verser le sang à raison de la chasse sur qui se fondait leur subsistance : dans cet état, les premières idées qu'ils se sont faites, les seules qu'ils aient pu se faire de la Divinité, ont été de se la représenter comme un être plus puissant qu'eux, mais raisonnant et sentant comme eux, ayant leurs passions et leur caractère : l'histoire entière dépose de la vérité de ce fait.

Par suite de ce raisonnement, ces sauvages crurent que tout fâcheux accident, tout mal qui leur arrivait, avait pour cause intime la haine, le ressentiment, l'envie de quelque agent caché, de quelque pouvoir secret irascible, vindicatif comme eux-mêmes et conséquemment susceptible comme eux d'être apaisé par des prières et par des dons. De cette idée naquirent ces habitudes spontanées d'offrandes religieuses dont la pratique se montre chez presque tous les sauvages anciens et modernes; mais parce qu'en tout temps, en toute société, il naît ou il se forme des individus plus subtils, plus *madrés* que la multitude, il se sera de bonne heure trouvé quelque vieux sauvage qui, ne partageant point cette croyance ou s'en étant désabusé, aura conçu l'idée de la tourner à son profit, et aura supposé avoir des moyens secrets, des recettes particulières pour calmer la colère des *dieux*, des génies ou *esprits*, et pour se les rendre propices : l'ignorance vulgaire, toujours crédule, surtout lorsqu'elle est mue de crainte ou de désir, se sera adressée à ce mortel favorisé, et voilà un *médiateur* constitué entre l'homme et la Divinité : voilà un voyant, un jongleur, un prêtre comme en ont tous les Tartares, comme en ont la plupart de nos sauvages et des peuples nègres : ces *jongleurs* auront trouvé commode de vivre ainsi aux dépens d'autrui, et ils auront cultivé et perfectionné leur art de faire des illusions, des tromperies : la *fantasmagorie sacerdotale* sera née. Aujourd'hui que ses moyens physiques nous sont connus, nous apercevons ses artifices dans les prodiges des anciens oracles, dans les miracles de l'ancienne magie.

A l'époque où le métier devint avantageux, il se fit des associations d'adeptes, et le régime de ces associations devint la base du sacerdoce : or, comme ces corporations de *devins*, de *voyants*, d'*interprètes* et de *ministres* des dieux, employaient tout leur temps à leurs fonctions publiques, à leurs pratiques secrètes, il fut nécessaire que leur subsistance journalière et annuelle fût organisée en système régulier; alors le régime jusque-là casuel des offrandes et des sacrifices volontaires fut constitué en tribut obligatoire par *conscience*, régulier par *législation*; le peuple amena au pied des autels, au parvis des temples l'élite de ses brebis, de ses agneaux, même de ses bœufs et de ses veaux; il apporta de la farine, du vin, de l'huile : la corporation sacerdotale eut des rentes, la nation eut des cérémonies, des prières, et tout le monde fut content. Le reste n'a pas besoin d'explication (1) : seulement je remarque

---

(1) Beaucoup d'ouvrages critiques et philosophiques ont été composés sur l'origine, le droit, le mérite ou l'abus de la

que la division des animaux en purs et impurs paraît dériver de leur *bonté* comme *mangeables*, ou de leur *inconvenance* comme nuisibles ou désagréables à manger : voilà pourquoi le bouc puant était jeté dans le désert; pourquoi le vieux bélier coriace et *suiveux* était brûlé *sans reste*; pourquoi le porc ladre et donnant la gâle était *honni*; mais c'est assez parler de la cuisine des prêtres de *Shiloh*; suivons leur histoire.

§ V.

Manœuvres secrètes en faveur de Samuel. — Quel a pu en être l'auteur?

« Or Héli était très-vieux; il apprit ce que fai-
« saient ses fils; il leur en fit des reproches, mais
« ils ne l'écoutèrent point, *parce que Dieu vou-
« lait les tuer*. »

Quelle pensée scélérate et perverse! *endurcir les gens pour les tuer!* mais à qui Dieu a-t-il dit

royauté; sur les vexations, les vices, les scandales des rois : n'est-il pas singulier que l'on en ait si peu composé de tels sur l'origine, le droit, l'abus de la prêtrise, sur les vices, les scandales des prêtres? Pourquoi cela, quand le sujet est si riche ? — Parce qu'en tout pays, la plupart des écrivains ont été de la caste des prêtres.

sa pensée? si c'est à l'homme seulement, si c'est au prêtre qui nous la répète, n'avons-nous pas droit de l'attribuer à ce porteur de parole lui-même; à ce soi-disant interprète? Il est clair que ceci ne vient point de Dieu, mais d'une *bouche juive*, d'un *cœur hébreu fanatique* et *féroce*, plein des passions et des préjugés qu'il place dans son idole. — Revenons à Samuel.

« Il s'avançait (en années), et croissait, » dit le texte, « et il était agréable à Dieu et aux hommes. »

Ici, toutes les traductions commettent une erreur; elles qualifient Samuel d'*enfant*; ce n'est pas là le sens du mot hébreu *nar*; il signifie jeune homme adolescent, et il peut s'appliquer jusqu'à l'âge de vingt à vingt-cinq ans; la preuve en est que le texte l'applique à l'écuyer qui accompagne Jonathas dans un coup de main militaire des plus audacieux; à David quand il est présenté à Saül comme un sujet déjà fort et propre à la guerre; aux serviteurs des prêtres qui parlent de prendre la chair par violence : toutes ces applications nécessitent un âge de vingt ans au moins.

Samuel n'a pu en avoir moins à l'époque dont nous parlons, et il a pu en avoir jusqu'à vingt-quatre, comme il résulte du calcul de sa vie; car, sous peu, nous allons voir périr Héli très-vieux; vingt ans et sept mois après, Samuël va commencer sa propre judicature jusqu'à ce qu'il devienne assez vieux pour vouloir se substituer ses enfants, et il vivra encore environ *dix-huit ans* sous Saül : enfin il mourut très-âgé. Supposons-lui *vingt ans* d'administration, plus ces *dix-huit ans*, plus les vingt entre son avénement et la mort d'Héli, voilà cinquante-huit ans; l'on ne peut lui donner moins de vingt à vingt-deux ans à la mort d'Héli, pour faire soixante-dix-huit ou quatre-vingts ans qu'exige sa vie.

A cet âge de *vingt-deux ans* il a été déja capable de beaucoup de calculs et de raisonnemens ; il a été nourri de tous les discours, de toutes les plaintes, de toutes les intrigues, de tous les projets du cercle sacerdotal dans lequel il vivait : il a entendu les vœux souvent formés de voir exclure les enfants d'Héli; de voir apparaître un de ces *hommes de Dieu* envoyés de temps à autre pour sauver le peuple d'Israël; il a su ce qu'il fallait pour être *un homme de Dieu*, pourquoi ne se serait-il pas lui-même trouvé propre à jouer ce rôle? La suite du récit va nous éclaircir cette question.

Sur ces entrefaites arrive un incident singulier ; « un *homme de Dieu* (1) vient trouver Héli ; il lui « reproche au nom de *Jehovah* ou *Jehwh* les pré- « varications de ses enfants : il lui annonce qu'ils « ne lui succèderont point, et que *Jehwh* s'est « choisi un autre prêtre fidèle. Je couperai, dit

---

(1). *Voyez* la note à la fin, n° 1ᵉʳ.

« Dieu, ton bras (c'est-à-dire ton pouvoir) et le
« bras de ta maison, en sorte qu'elle n'aura point
« de vieillards. Le signe que j'en donnerai sera que
« tes deux enfants Ophni et Phinées *mourront en*
« *un même jour;* et je me susciterai un prêtre se-
« lon mon cœur et mon esprit pour gouverner
« pendant toute sa vie. Les gens de ta maison
« viendront se courber devant lui, et lui offrir
« une petite pièce d'argent en le priant de les
« admettre au service du temple. »

Que de choses à noter dans ce récit! D'abord voici un tête-à-tête divulgué; par qui? Héli ne s'en sera pas vanté: c'est donc *l'homme de Dieu* qui l'a ébruité. Quel intérêt a-t-il eu de préparer les esprits à un changement désiré de plusieurs, même du plus grand nombre? En sa qualité de prophète et de *prédiseur*, cet *homme de Dieu* a dû connaître le successeur annoncé, déja présumé; n'agirait-il pas déja de concert avec lui? Sa prédiction va se trouver faite en faveur de Samuel. — Samuel ne jouerait-il pas un rôle en cette affaire? L'axiome de droit dit: *Celui-là a fait qui a eu intérêt de faire;* ici ne serait-ce pas *Samuel* même? Notez qu'Héli était aveugle, et qu'on a pu lui parler sans qu'il ait reconnu la personne. Il y a ici manœuvre de fourberie; Samuel n'est pas atteint, mais il est prévenu. Quant à la prédiction de la mort des deux fils d'Héli en un même jour, on sent combien il a été facile à l'écrivain ou au copiste de l'interpoler après coup : où est le procès-verbal primitif? Suivons le récit.

« Chap. 3. Or Samuel servait Dieu près d'Héli « (il faisait le service du temple); la parole de « Dieu était rare en ce temps-là; il n'apparaissait « plus de visions (1). Les yeux d'Héli s'étaient ob- « scurcis, il ne voyait plus; et il arriva (une nuit) « qu'Héli était couché en son lieu; la lampe n'é- « tait pas éteinte et Samuel était aussi couché « dans le temple du (dieu) *Jehwh*, où est l'arche « sainte; et Dieu appela Samuel lequel courut « vers Héli et lui dit : Me voilà, tu m'as appelé. « — Non, dit Héli, je ne t'ai point appelé; re- « tourne et dors. Une seconde fois Jehwh appela « Samuel, et Samuel courut vers Héli qui dit en- « core : Je ne t'ai point appelé; retourne et dors. « Or Samuel ne connaissait point encore la pa- « role de Dieu. Appelé une troisième fois, il cou- « rut encore vers Héli qui comprit alors que c'é- « tait Dieu qui l'appelait. Retourne, dit-il; si l'on « t'appelle de nouveau; réponds : Parle, *Jehwh*, « ton serviteur écoute. Samuel retourna se cou- « cher et (le dieu) Jehwh vint se poser debout « et il lui cria deux fois, Samuel; et Samuel ré- « pondit : Parle, ton serviteur écoute. » (*Voyez* la note n° 2.)

---

(1) Les Hébreux s'étaient éclairés par quelques progrès de civilisation. — *Voyez* une note relative, à la fin de cette histoire.

Pour abréger ce récit, il suffit de dire que le dieu Jehwh répéta en substance ce que l'homme de Dieu avait déjà dit à Héli, savoir : qu'à raison des prévarications de ses enfants et de sa faiblesse à ne pas les réprimer, il avait supplanté sa maison et qu'il lui substituerait un étranger dans le pouvoir suprême. Le lendemain matin, Samuel resta silencieux sur la chose, mais Héli le força de tout lui réciter. Après l'avoir entendu, le vieillard se contenta de dire : « Il est *Jehwh* (le maître), il « fera ce qui sera bon à ses yeux. »

Maintenant, pour apprécier cette histoire, je ne veux point raisonner sur le fond du fait. Dieu, venir dans une chambre, se poser debout à distance d'un lit, parler comme une personne de chair et d'os; que pourrais-je dire à qui croirait un tel conte? Je ne m'occupe que de la conduite et du caractère de Samuel; et d'abord, je demande qui a vu, qui a entendu tout ceci et surtout qui l'a raconté, qui l'a ébruité et rendu public? Ce n'est pas Héli; ce ne peut être que Samuel seul, qui est ici acteur, témoin, narrateur; lui seul a eu intérêt de faire, intérêt de raconter: sans lui, qui eût pu spécifier tous les menus détails de cette aventure (1)? Il est évident que nous

---

(1) L'auteur des *Paralipomènes* (présumé être le prêtre Ezdras) nous dit positivement, liv. 1, chap. 29, v. 29 : « Tou-
« tes les actions du roi David, tant les premières que les der-

avons ici une scène de fantasmagorie du genre de celles qui ont eu lieu chez tous les peuples anciens, dans les sanctuaires des temples et pour l'émission des oracles. Le jeune adepte y a été encouragé par la caducité, par la faiblesse physique et morale du grand-prêtre Héli; peut-être par l'instigation de quelques personnages cachés sous la toile, ayant des intérêts, des passions que nous ne pouvons plus juger; néanmoins le plus probable est que Samuel ne s'est fié à personne, et ce que par la suite nous verrons de sa profonde dissimulation fixe la balance de ce côté.

La divulgation n'a pas été difficile; il aura suffi de quelques confidences à un serviteur, à un ami dévoué, à une vieille ou à une jeune prêtresse, pour que l'apparition de Dieu, pour que son oracle venu de l'arche sainte se soit répandu en acquérant de bouche en bouche une mystérieuse intensité de certitude et de croyance.

« Or, Samuel grandit, ajoute le texte, et Dieu
« fut avec lui, et aucune de ses paroles ne tomba
« par terre; et tout Israël connut qu'il était de-
« venu prophète de Dieu; et Dieu continua d'ap-
« paraître dans Shiloh. »

Sur ce mot, *prophète*, j'observe que le narra-

« nières, sont écrites dans le livre du prophète *Samuel*,
« dans celui du prophète *Nathan* et dans celui du prophète
« *Gad*. »

teur nous dira bientôt qu'à cette époque le terme hébreu *nabia*, employé ici, n'était point connu ; que l'on ne se servait que du mot *râh* qui signifie *voyant*. Nous avons donc ici un écrivain posthume qui a rédigé à son gré les mémoires que Samuel ou autres contemporains avaient composés au leur. Il lui a plu d'établir en fait positif *la croyance de tout Israel* en ce conte; mais il est seul déposant, il n'est pas même témoin. Si nous avions de ce temps-là des mémoires de plusieurs mains, nous aurions matière à juger raisonnablement : déja nous en avons le moyen dans le verset où il nous dit que *depuis du temps la parole de Dieu était devenue rare* et qu'il n'apparaissait plus de visions : pourquoi cela ? parce qu'il y avait des incrédules ; parce qu'il était arrivé des scandales, de faux oracles, des divulgations de supercheries sacerdotales qui avaient éveillé le bon sens de la classe riche ou aisée du peuple. L'aveugle et fanatique croyance était restée, comme il arrive toujours, dans la multitude ; ce fut sur elle que Samuel compta, et nous verrons lors de l'installation de Saül, qu'il eut toujours contre lui un parti de *non croyants* assez puissant pour l'obliger à beaucoup de ménagements, pour l'obliger même à se démettre.

§ VI.

Nouvelle servitude des Hébreux. — Samuel dans sa retraite prépare leur insurrection et devient sufète ou juge. — Superstition du temps.

A l'époque où nous sommes, c'est-à-dire après sa vision, voilà Samuel candidat sur le trottoir de la puissance ; le peuple s'occupe de lui : on attend les événemens : Héli tout vieux peut mourir à chaque instant ; le temps s'écoule ; supposons un ou au plus deux ans, Samuel a eu vingt-deux ans, ou au plus vingt-quatre ; une guerre survient, les Philistins, par motif quelconque, la déclarent : les Hébreux s'assemblent ; une bataille se livre au lieu nommé *Aphek*; ils sont battus; leurs dévôts imaginent d'amener l'arche dans le camp, afin que Dieu *Jehovh* pulvérise les Philistins; ceux-ci d'abord effrayés reprennent courage : ils taillent en pièces les Hébreux, ils s'emparent de l'arche, l'emmènent dans leur pays et soumettent tout Israël au tribut. Dans cette bataille, les deux fils d'Héli sont tués; le vieillard resté à *Shiloh* apprend sur son haut siége de juge tout ce désastre; frappé de désespoir, il tombe renversé, se disloque la nuque et reste mort : le siége est vacant, ouvert à Samuel ; mais sa fine prudence juge le moment trop orageux : il se retire sans bruit en son pays, espérant avec raison que le peuple malheureux, vexé par l'ennemi, ne sera que mieux disposé à recevoir un libérateur quand il sera temps. Ce temps fut long; Samuel eut le loisir et la nécessité de préparer de longue main les moyens qui effectivement le ramenèrent sur la scène, comme nous le verrons. Ce qui se passa dans cet intervalle ne lui est pas directement relatif, mais parce qu'il offre une vive image de l'esprit du temps, il mérite de prendre place ici.

L'arche du Dieu des Juifs était aux mains profanes des Philistins ; il semblerait que ce peuple ennemi eût dû profiter de l'occasion de détruire ce talisman dont il était lui-même épouvanté ; mais à cette époque la superstition était commune à tout peuple, et chez tout peuple la corporation des prêtres avait un intérêt commun à l'entretenir, de peur que le mépris d'une idole étrangère n'amenât des guerriers farouches à examiner de plus près l'idole indigène. L'arche est donc respectée ; les prêtres philistins la placent dans le temple de leur dieu *Dagon* en la ville d'*Azot*. Le lendemain en se levant, les gens d'Azot trouvent l'idole de Dagon tombée sur le visage (posture d'adoration) à côté de l'arche ; ils relèvent l'idole et la replacent ; le lendemain ils la retrouvent tombée encore ; mais cette fois ses mains et sa tête, séparées du corps, étaient posées sur le seuil du temple. —On peut juger de la rumeur. D'où vint ce tour d'audace et de fourberie secrète ? quelque Juif s'était-il introduit dans la ville avec cette ruse, avec cette habileté de filouterie dont les Arabes et les paysans d'Égypte et de Palestine donnent encore de nos jours d'étonnants exemples? Cela serait possible ; le fanatisme a pu y conduire ; il paraît que le temple n'avait point de sentinelles, que même il était ouvert. La sécurité de la victoire aura banni toute vigilance ; d'autre part ne serait-il pas possible que même les prêtres de *Dagon* eussent calculé cette fourberie par le motif que j'ai indiqué ci-dessus ? Leur conduite subséquente, tout-à-fait partiale, va rendre cette alternative la plus probable.

Le peuple d'*Azot* n'a point dû croire son Dieu assez impuissant pour se laisser traiter ainsi par une force humaine; il aura dit, « c'est Dagon lui-« même qui explique sa volonté, qui déclare son « respect pour son frère le Dieu des Juifs; il ne « veut point le tenir captif. » L'alarme se répand, les *prédiseurs* annoncent quelque calamité, suite de la colère céleste; survient une maladie épidémique d'intestins (notez qu'en ce pays, les hernies et les dyssenteries sont communes), puis une irruption de rats et de mulots destructeurs; les têtes s'échauffent; tout est attribué à la captivité de l'arche; le peuple du lieu demande sa sortie; le peuple d'une autre ville où on la mène, apprenant le motif, en conçoit un surcroît d'alarme; la maladie survient par contagion : la terreur devient générale.

Enfin, après sept mois de déportation, les chefs militaires des Philistins appellent devant eux leurs prêtres et leurs devins; ils leur demandent ce qu'ils doivent faire de l'arche; c'était le cas de la brûler; mais remarquez la réponse des prêtres; ils conseillent non-seulement de la renvoyer, mais encore d'y joindre une offrande expiatoire du péché des guerriers. Ceux-ci (par un cas assez commun), non moins crédules que braves, demandent: Quelle offrande? Les prêtres répondent : « Faites fabri-
« quer cinq anus d'or et cinq rats aussi d'or, selon
« le nombre de vos principautés, pour calmer le
« Dieu des Hébreux. Pourquoi avez-vous endurci
« vos cœurs comme le roi d'Égypte? Vous avez été
« frappés comme lui; renvoyez de même l'arche
« du Dieu des Hébreux. »

Ici l'esprit et le système des prêtres sont évidents; ils nourrissent la crédulité publique en faveur de leur pouvoir particulier, aux dépens même des intérêts de leur propre nation; n'ai-je pas eu raison de dire que le tour joué à Dagon est venu de leur main?

La rentrée de l'arche chez les Hébreux est, comme de raison, accompagnée de prodiges; mais leur existence prouverait encore plus le manque de jugement de l'écrivain que la crédulité du peuple. Cet écrivain veut que dans un *seul* village, où la curiosité engagea les paysans à regarder dans l'arche, Dieu ait frappé de mort cinquante mille de ces curieux : dans le style sacerdotal c'est toujours Dieu qui *tue*, qui *extermine*; mais comme en ce pays-là il n'y a et il n'y eut jamais de village de cinq mille ames, ni même de trois mille, il est clair qu'on doit supprimer plusieurs zéros et peut-être tous; le but de notre lévite a été d'effrayer le vulgaire et de *tuer* cet esprit de recherche et d'examen qui est l'effroi des imposteurs et des charlatans. L'arche fut déposée au village de *Gabaa* où elle resta *paisible pendant vingt ans.* (*Voy.* le ch. 7, v. 2.) A la mort d'Héli, Samuel en avait vingt-deux à vingt-quatre; il était donc maintenant âgé de quarante-deux à quarante-quatre ans, dans la vigueur de l'esprit et de la maturité du jugement.

Comment avait-il passé ce long intervalle ? Le livre ne nous le dit pas, parce qu'il n'est habituellement qu'une chronique sèche, un vrai squelette dépouillé de ses ligaments; mais l'issue va nous prouver qu'il n'avait pas perdu son temps. Les circonstances étaient difficiles; les Hébreux, accablés de deux défaites meurtrières, n'avaient plus de force morale ni militaire; l'ennemi, maître du pays, surveillait tous leurs mouvements; sa jalousie ne leur permettait pas même d'avoir des forgerons, de peur qu'ils ne fissent des armes; sa politique les épuisait par des tributs de toute nature, les divisait par des préférences perfides. Samuel, retiré dans son pays natal où il avait apporté sa réputation de prophète, ne put manquer d'y avoir des envieux, des ennemis. Où est-on prophète moins qu'en son pays? Il fallut calmer les passions domestiques, endormir l'espionnage étranger, dissimuler son crédit, sa capacité, et cependant préparer sous main les moyens de secouer un joug insupportable par une révolte inattendue qui n'allât pas être un coup manqué.

En effet, au bout des vingt ans cités, cette révolte éclate; tout à coup un cri de guerre appelle, assemble les Hébreux au camp de Maspha (1). Les Philistins arrivent bientôt pour les combattre. A la guerre, un des premiers moyens de succès est dans la confiance de l'homme qui se bat, surtout s'il n'a pas l'habitude et l'art de se battre; ici ce n'étaient que des paysans levés en masse, précisément comme sont encore les Druzes actuels. En de tels hommes la confiance naît de l'idée qu'ils se font de l'habileté de leur chef et de la bonté de leur position; Samuel qui eut le choix de ces deux moyens, eut déja un grand avantage; le local

---

(1) De nos jours, c'est encore le même usage chez les Druzes et leurs voisins du Kasraouán. Des hommes se placent le soir sur les hauteurs, et se transmettent de l'un à l'autre un cri, qui, en moins de deux heures, est répandu dans tout le pays.

de *Maspha*, coupé de ravins et de coteaux, au bord d'une plaine, le mit en mesure d'accepter ou de refuser le combat; ainsi posté, on sent qu'il attend le moment favorable. Il connaît l'extrême superstition des deux partis combattants; il lui faut quelques prodiges, quelques présages semblables à ceux de tous les anciens peuples; il épie ce qui l'entoure; il aperçoit dans l'atmosphère une indication d'orage; des gens apostés le pressent d'invoquer Dieu en faveur *du peuple chéri*; il annonce un sacrifice, il immole un agneau; il invoque *Jehwh* à grand cris; les Philistins commencent l'attaque; le tonnerre éclate; les Juifs sont persuadés que Dieu répond à son prêtre; ils chargent avec transport, et l'ennemi est battu. Telle est la substance du chapitre 7, revêtue des probabilités omises par le narrateur. Le succès de cette journée fut tel, que les Philistins vaincus rendirent les bourgs qu'ils avaient depuis long-temps usurpés, et cessèrent de troubler le peuple hébreu qu'ils avaient dominé.

Ici commence la judicature de Samuel, c'est-à-dire l'exercice de ce pouvoir suprême vers lequel il tendait depuis si long-temps. Cette victoire de Maspha l'établit en une position nouvelle et meilleure; mais il ne faut pas s'y tromper : dans un état démocratique comme était celui des Hébreux, chez un peuple de paysans répandus sur un territoire coupé de montagnes, de bois, de ravins, où chaque famille vivait sur sa propriété, où il n'existait ni subordination municipale, ni force militaire organisée, ni même une seule ville ayant une masse de six mille habitants, on sent que l'exercice du pouvoir était soumis à une opinion morcelée, flottante, susceptible de beaucoup de vicissitudes. La seule superstition était le lien général et commun ; mais cette superstition n'est pas toujours un obstacle à la lutte des intérêts et des passions. Dans un tel ordre de choses, on ne peut disconvenir que Samuel n'ait gouverné avec prudence et talent, puisque tout le temps de son administration fut paisible au dedans et au dehors; la preuve de cette paix est que le narrateur passe sans aucun détail à nous dire que Samuel ne cessa plus de juger, et qu'étant devenu vieux, il établit ses enfants juges à côté de lui (pour les préparer à lui succéder). Cette durée non exprimée comporte une vingtaine d'années; ce qui donne un âge de soixante-deux à soixante-quatre ans à Samuel, au moment où, contre son attente, on va le forcer de nommer un roi.

§ VII.

Le peuple rejette les enfants de Samuel et le force de nommer un roi. — Samuel a exercé la profession de devin.

Ce contre-temps auquel il paraît que sa divination ne s'était pas attendue, fut causé par la mauvaise conduite de ses enfants, qui, semblables à ceux d'Héli, trouvèrent le secret d'irriter, de scandaliser le peuple par leurs vexations, leurs débauches, leur impiété ; de manière que nous voyons ici ce mécanisme général de l'espèce humaine, qui, sans jamais profiter de l'exemple et de l'expérience, retombe toujours dans le cercle des mêmes habitudes, des mêmes passions. Les pères arrivent au pouvoir par beaucoup de peines et de soins ; les enfants, nés dans l'abondance, se livrent aux écarts et aux habitudes vicieuses qu'engendre la prospérité ; néanmoins, il est à croire que dans cette occasion, le mécontentement de la multitude fut alimenté par l'opposition et la haine secrètes de familles puissantes, peut-être même sacerdotales, choquées d'avoir pour chef et maître un homme de bas étage, un intrus. Il est à remarquer qu'encore aujourd'hui, chez les Druzes et chez les Arabes, ce préjugé de famille *ancienne*, de famille *riche* et pour ainsi dire *noble*, exerce une grande influence sur l'opinion populaire. Toujours est-il vrai qu'à l'époque dont il s'agit, une sorte de conspiration fut formée, puisque, selon l'historien, une députation des anciens d'Israël vint trouver Samuel à sa résidence paternelle de *Ramatha* pour lui demander un roi, un gouvernement royal constitué comme chez les peuples voisins, dont l'exemple général lui fut allégué.

La réponse qu'il fit à cette députation, les détails de la conduite qu'il tint en cette affaire, décèlent le dépit d'une ambition trompée, d'un orgueil profondément mécontent; il lui fallut plier sous la force, céder à la nécessité; mais nous allons le voir dans l'exécution porter un esprit de ruse, même de perfidie, qui, par son analogie avec ses aventures du temple, ses prétendues visions et révélations nocturnes, met à découvert tout son caractère. On le force de nommer un roi; il pourrait, il devrait par conscience choisir l'homme le plus capable par ses talents, par ses moyens de tout genre, de remplir ce poste éminent; point du tout : un tel homme régnerait par lui-même et ne lui obéirait pas; il lui faut un sujet docile; il le cherche dans une famille de bas étage, sans crédit, sans entours, ayant à la vérité cet extérieur qui en impose au peuple, mais quant au moral, n'ayant que la dose de sens nécessaire à un cours de choses ordinaires, en sorte qu'un tel homme aura le besoin de recourir souvent à un bienfaiteur qui conservera la haute main. Samuel, en un mot, va chercher un bel homme de guerre qui sera son pouvoir exécutif, son lieutenant, tandis que lui continuera d'être le pouvoir législatif, le régnant. Voilà le secret de toute la conduite que nous allons lui voir tenir dans l'élection de Saül, puis dans la disgrace de ce roi et dans la substitution de David, laquelle fut un dernier trait de machiavélisme sacerdotal. Écoutons l'historien dont le récit est toujours d'une naïveté instructive et piquante.

« Il y avait dans la tribu de Benjamin un homme
« appelé Kis, grand et fort; son fils, nommé Saül,
« était le plus bel homme des enfants d'Israël; sa
« taille était plus haute de toute la tête que celle
« ordinaire. Il arriva que les ânesses de Kis dispa-
« rurent un jour; il dit à son fils de prendre un
« valet et d'aller ensemble à leur recherche. Ils
« traversèrent la montagne d'Éphraïm, puis le
« canton de *Shelshah*, sans rien trouver, puis en-
« core le canton de *Salim* et celui de *Iemini*; quand
« ils furent à celui de *Souf*, où vivait Samuel,
« Saül voulut s'en retourner, mais son valet lui
« dit : Il y a ici dans le bourg un homme de Dieu
« très-respecté ; tout ce qu'il dit arrive : allons le
« consulter, il nous éclairera. Saül répondit : Nous
« n'avons rien à lui présenter (1). J'ai sur moi un

---

(1) L'ancien et indélébile usage de ces pays, l'usage de tous les peuples arabes, est, comme l'on sait, de ne jamais se pré-

« quart de sicle d'argent, reprit le valet, je le don-
« nerai au *voyant;* car alors, dit le texte, on ap-
« pelait voyant (râh) ce qui aujourd'hui s'appelle
« prophète (nabiâ). »

Notez bien ces détails; c'est-à-dire qu'en ces temps d'ignorance générale et de crédulité rustique, le peuple hébreu partageait avec les Grecs d'Homère, avec les Romains de Numa, avec tous les peuples de l'antiquité, la ferme croyance aux *devins,* aux *diseurs* d'oracles et de bonne aventure, et que Samuel fut un de ces *devins-là.* Nos biblistes s'efforcent vainement d'imaginer des différences entre la divination des Juifs et celle des Païens (1); ce sont des subtilités sans fondement. Les mœurs tant religieuses que civiles furent les mêmes; les livres des Juifs en fournissent la preuve à chaque page, jusque dans le reproche perpétuel d'idolâtrie qui leur est fait par leurs propres écrivains; oui, cette manie de connaître l'avenir, qui est dans le cœur humain, cet art fripon de s'en prévaloir pour se faire des rentes sur la crédulité, sont des maladies épidémiques qui n'ont pas cessé

---

senter devant quelqu'un sans lui offrir un cadeau quelconque : ici le quart de *sicle* est connu pour avoir pesé 21 grains d'argent fin, valant un peu moins de 5 sous de France; mais à cette époque, l'argent plus rare pouvait valoir dix fois plus qu'aujourd'hui; ce quart a pu représenter en *denrées* 40 de nos sous.

(1) Païens, *pagani,* gens de village, paysans.

de régner dans toute l'antiquité. Voyez le tableau que Cicéron en trace dans son curieux livre de la *Divination*; voyez comment, sous le nom d'*Atticus*, il nous dépeint, non le bas peuple seulement, mais les gouvernants, les philosophes entêtés de cette croyance, et la soutenant d'un appareil d'arguments qui ébranlerait encore aujourd'hui bien des gens qui s'en moquent; et comment cette croyance n'eût-elle pas dominé dans les temps passés, lorsque de nos jours, au milieu de nos sciences et des nombreuses classes d'hommes éclairés qui résultent du moderne système social, elle n'est pas éteinte et se retrouve encore dans les campagnes de l'Italie, de la Suisse, de la France même où l'on consulte le *sorcier*; lorsque les villes sont remplies de tireurs de cartes, et qu'au sein même des capitales il n'a cessé d'exister des devins et des devineresses, des *voyants* mâles et femelles, consultés par les bourgeois comme par les artisans, par les riches comme par les pauvres, par les gens d'église même comme par les laïques (1).

Il ne faut donc pas s'étonner que chez les montagnards juifs cette croyance ait été générale, habituelle et même autorisée; car on voit leur roi Saül consulter une femme devineresse, une vraie

---

(1) Et les illuminés de l'Allemagne et du Nord, l'auteur les oublie-t-il? *Voyez* la note n° 3, à la fin de cette histoire.

pythie delphique (chap. 28), pour lui faire apparaître Samuel. Du temps de Jérémie, le roi Josias et les prêtres vont consulter la devineresse *Holdah*. Ce serait un utile et curieux travail en ce temps-ci de traiter de nouveau et à fond le sujet des devins, des oracles, des revenants, des esprits aériens, sujet que dans le siècle dernier des savants tels que le hollandais Van-Dale et le français Fontenelle (1) n'ont pu qu'effleurer; il en résulterait sur les procédés des anciens serviteurs et agents des temples, sur le système de fourberie généralement adopté par les ministres des cultes de toute secte, un jour de reflet dont le siècle présent, malgré son orgueil, éprouve encore le besoin. Mais je ne veux pas perdre de vue mon sujet; je reviens à Saül et à son valet, em chemin pour consulter le *voyant*.

« Ils montent vers le bourg; ils rencontrent des « femmes et des filles qui venaient à la fontaine « chercher de l'eau; ils leur disent : Le voyant est-« il ici ? Elles répondent : Il y est venu, parce qu'il « fait aujourd'hui un sacrifice sur le haut lieu; en « vous pressant, vous le trouverez avant qu'il y « arrive pour manger, car il a invité du monde. Ils « entrent, et bientôt ils trouvent Samuel qui ve-« nait en face d'eux, s'acheminant vers le haut « lieu. Or Dieu avait le jour précédent révélé à

---

(1) Tout récemment M. Clavier, dans son livre des Oracles.

« Samuel l'arrivée de Saül, en lui disant : Demain
« je t'enverrai l'homme de Benjamin que tu sa-
« creras chef de mon peuple ; et Samuel ayant re-
« gardé Saül, Dieu lui dit (à l'oreille) : Voilà cet
« homme. Saül s'avança et dit à Samuel : Indi-
« quez-moi le logis du voyant. Samuel répondit :
« C'est moi ; montez devant moi au lieu haut,
« vous mangerez aujourd'hui avec moi ; demain je
« vous renverrai après vous avoir dit tout ce qui
« est dans votre cœur ; quant à vos ânesses éga-
« rées depuis trois jours, n'en prenez souci, elles
« sont trouvées. Eh ! tout ce qu'il y a de bon et de
« meilleur dans Israël, à qui sera-t-il, sinon à vous
« et à la maison de votre père ? Saül (étonné) ré-
« pondit : Ne suis-je pas un Benjamite de la moin-
« dre tribu d'Israël, et des moindres familles de la
« tribu ? Pourquoi me parlez-vous de la sorte ? Et
« Samuel fit entrer Saül et son valet dans la salle
« du repas où étaient environ trente convives ; et
« Samuel dit au cuisinier : « Donnez à ces deux
« étrangers le morceau que je vous ai fait mettre
« à part » ; et le cuisinier leur donna une épaule
« entière (de mouton) (1). Ensuite étant revenus
« au bourg, Samuel entretint Saül sur la terrasse
« (toute la soirée), et, à la pointe du jour, Sa-
« muel vint dire à Saül : « Vous pouvez partir. »

---

(1) L'épaule et le bras étaient l'emblème et même l'expression de la force active et du pouvoir.

« Et comme ils descendaient du bourg, il lui dit
« encore : « Faites passer votre valet devant nous,
« mais vous, restez ici, j'ai à vous dire la parole
« de Dieu. ».

Que pensez-vous, mon ami, de tout ce narré ? Croyez-vous que ce soit par hasard que les ânesses de Kis aient disparu, et que Saül ait été amené à la maison de Samuel ? Permis à ceux qui croient aux voyants, aux devins, et à la surveillance particulière du Dieu de l'univers pour faire retrouver des ânesses ; mais pour qui n'a pas perdu ou abjuré le sens le plus commun, il est clair que tout ceci est une manœuvre astucieuse, secrètement ourdie pour arriver à un but projeté. On ne peut douter que Samuel, homme si répandu dans Israël, n'ait déjà connu la personne de Saül ; il a cru son caractère propre à ses fins ; mais pour s'en assurer précisément, il a fallu causer avec lui ; il n'a pu décemment aller le trouver, il a dû le faire venir ; il a dit à un dévoué, comme en ont toujours les hommes de cette trempe : « Dieu veut éprouver « son serviteur *Kis* ; va, détourne ses ânesses, et « mène-les à tel endroit. » L'homme a obéi : voilà Saül en recherche. Il ne trouve rien. En pareil cas, combien de paysans suisses, bavarois, tyroliens, bretons, vendéens, iraient chez le devin ? Or rien de plus facile à ce devin que d'aposter des gens sur la route que dut suivre Saül ; elle était prévue par Samuel ; il projeta le sacrifice et le repas, d'après ce calcul; la portion mise à part pour un convive absent en est la preuve. Lorsqu'il a eu Saül en sa maison, il a employé la soirée à le sonder de toutes manières; il l'a préparé à son nouveau rôle; finalement, il écarte le serviteur, et mystérieusement, sans témoin, il exécute la grande, l'importante cérémonie de lui verser un peu d'huile sur la tête, (notez bien cette circonstance, *il l'oint sans témoins, en secret*, pour un effet qui sera *public*); il lui donne un baiser, dit le texte; il lui déclare que de ce moment Dieu l'a *sacré roi incommutable*, ineffaçable d'Israël.

A ce point de leur intimité, on sent que la confidence a été complète : Saül a connu et accepté les propositions et les conditions de Samuel. Celui-ci, qui a mesuré l'esprit de son client, pour le subjuguer de plus en plus, lui fait diverses prédictions d'un accomplissement immédiat. « En
« retournant chez vous, lui dit-il, vous allez ren-
« contrer à tel endroit deux hommes qui vous
« diront que votre père a retrouvé les ânesses;
« plus loin, vous trouverez trois hommes allant à
« Beitel : ils vous diront *telle chose*, ils vous fe-
« ront *tel présent*. Plus loin, à la colline des Phi-
« listins, vous trouverez la procession des *pro-*
« *phètes* descendant du *haut lieu*, au son des
« lyres, des tambours (de basque), des flûtes
« (à sept tuyaux) et des guitares. L'esprit de Dieu
« vous saisira; vous prophétiserez avec eux, et

« vous serez changé en un autre homme. Quand
« ces signes vous seront arrivés, vous ferez ce que
« vous voudrez. Dieu sera avec vous ; vous viendrez
« me trouver à Galgala pour faire un sacrifice ;
« j'y descendrai pour faire les offrandes pacifica-
« toires ; vous attendrez sept jours mon arrivée,
« et je vous ferai connaître ce que vous ferez.
« Saül s'en alla, et tout ce que lui avait prédit Sa-
« muel lui arriva. »

Si l'on prend garde, on ne verra là rien de miraculeux ; il fut facile à Samuel d'organiser toutes ces rencontres, et même de calculer le temps et le lieu de la procession des prophètes, cérémonie religieuse, qui, par cette raison, dut avoir ses jours et heures fixes.

§ VIII.

Qu'était-ce que les prophètes et la confrérie des prophètes chez les anciens Juifs ?

Autrefois je ne comprenais point ce que pouvaient être ces prophètes formant un cordon (1), une file d'hommes nus ou presque nus, dansant, chantant, échevelés, marchant au son des instru-

---

(1) Le mot hébreu *habl* signifie positivement un *câble*, un *cordon*, une *chaîne*.

ments (comme David devant l'arche). Je ne pouvais allier cette idée avec celle que je me faisais d'Isaïe, de Jérémie, d'Amos, de Nahum, etc., qui nous sont peints comme des hommes graves, écoutant en silence le souffle de vérités sublimes. Aujourd'hui que je connais ce pays, le caractère de ses habitants, je vois dans les mœurs actuelles la solution la plus simple du problème.

Il faut savoir que dans tous les pays musulmans il existe des confréries de dévots qui s'associent pour certaines pratiques et cérémonies, qu'eux-mêmes s'imposent, ou qui leur sont dictées par des chefs; à le bien prendre, la même chose n'a-t-elle pas lieu en Espagne, en Italie? n'a-t-elle pas eu lieu dans la France, l'Angleterre, l'Allemagne, dans toute la chrétienté, quand y régnait la ferveur religieuse? Si je recherche les motifs de ces associations volontaires, j'en trouve plusieurs; les uns naturels, dérivés de l'organisation même de l'homme, les autres artificiels, dérivés de l'état social.

L'homme, organisé comme il l'est, ne peut vivre ni solitaire, ni silencieux, ni immobile. Ses nerfs ont le besoin, la nécessité d'agir, comme son sang de circuler : ces nerfs sont construits de manière que si le fluide de sensibilité y est en surabondance, son évacuation, sa sécrétion deviennent aussi nécessaires que l'évacuation d'un excès de sang ou de sucs alimentaires. D'autre part, la nature a voulu, par un mécanisme singulier, que deux êtres humains ne pussent être en présence l'un de l'autre sans que leur système nerveux ne se mût réciproquement. De ces bases physiques, il a résulté que, dans l'état social, les hommes ont eu le besoin constant de se communiquer leurs idées, leurs sensations, leurs passions, et de s'associer selon les lois de sympathie, ou d'intérêt, variables dans leur application.

La facilité ou la difficulté de ces communications et associations forme ce que l'on appelle la *liberté* civile et politique. Là où existe cette liberté réglée par les usages ou les lois, le mouvement est paisible et sans secousses. Là où elle est contrariée, contrainte par la force, l'homme s'agite en tous sens pour vaincre ou éluder les obstacles et pour dépenser d'une manière quelconque son activité, sa sensibilité; alors se forment les associations partielles, les confréries de factions ou de sectes qui finissent en général par être la même chose, et qui sont au fond un instrument de pouvoir recherché par les individus comme abri, et par les chefs comme levier : voilà pourquoi dans les États despotiques, il y a plus spécialement de ces associations et confréries qui se couvrent d'un manteau religieux pour en imposer à la violence militaire; tandis que dans les États libres, comme dans notre Amérique, il n'existe pour ainsi dire rien de semblable, ou ce qui en existe n'a pas d'effet sensible. Sans doute encore, voilà pourquoi ces confréries, ces associations pieuses ont beaucoup de ferveur dans les temps d'ignorance, de bigoterie, d'esclavage et de grossièreté, tandis qu'elles en ont moins en raison du progrès des lumières, des sciences exactes et de la civilisation.

A ces titres, vous apercevez les motifs de leur activité dans tous les pays musulmans, où, par un instinct naturel, les hommes se groupent en confréries autour des mosquées, en *moïneries* dans des couvents, comme font entre autres les derviches. Quelquefois le gouvernement les favorise comme instrument; quelquefois il les redoute comme résistance, parce que s'il frappe un membre, tout le corps retentit; c'est une compagnie d'assurance de la sûreté des personnes : et qu'y a-t-il de différent dans la chrétienté? Qu'était-ce que le gouvernement de la Provence quand le roi René y instituait la procession des *fous*, quand s'y formait la confrérie des *pénitents blancs*, des *pénitents gris*, etc. Remarquez encore que ces confréries sont surtout du goût des méridionaux, sans doute parce que leur vivacité a plus besoin de se dissiper en cris, en gestes, en spectacles, en cérémonies.

Quand j'ai eu pesé toutes ces considérations, j'ai conçu que de telles institutions ne purent manquer d'exister chez les anciens Hébreux, où elles trouvèrent des aliments généraux et particuliers. Par exemple, la tribu ou caste sacerdotale, ou lévitique, vivait dans une oisiveté absolue : le nombre des prêtres en fonctions étant limité, tout le reste qui vivait aux frais de la nation, c'est-à-dire, du produit des offrandes et sacrifices, n'avait à s'occuper, comme les Brahmes et comme les Druides, que de rites et de pratiques dévotes qu'ils avaient intérêt de multiplier pour provoquer les dons des fidèles; de tels hommes durent avoir des confréries, des processions et tout ce qui s'ensuit.

D'autre part, chez ce peuple livré a une anarchie constante, c'est-à-dire, au pouvoir déréglé, au despotisme transitoire de chaque individu, de chaque famille turbulente ou forte, dans cet état où fut le peuple hébreu pendant toute la période des juges (400 ans au moins), les confréries religieuses durent être un abri, et, comme je l'ai déja dit, une compagnie d'assurance contre les violences et les brutalités dont le livre des Juges offre de choquants exemples. Enfin à l'époque de Samuel, lorsque cet individu, faible d'abord, commença d'aspirer au pouvoir, et lorsque ensuite il y fut parvenu, les confréries lui offrirent un moyen d'appuyer sa marche, d'affermir, d'étendre son crédit; et il dut d'autant mieux cultiver ce moyen, qu'étant un *intrus* dans le sacerdoce, un usurpateur par rapport à la famille d'Héli, il eut un parti d'opposition, dont nous verrons bientôt les preuves, et parmi les hautes familles dont il blessait la vanité, et parmi les prêtres qui durent savoir à quoi s'en tenir sur les visions.

De tout ceci je déduis que la procession des prophètes *chantants* et *dansants* comme des derviches, dont Samuel annonce la rencontre à Saül en le congédiant, a dû lui être bien connue en ses mouvements, a dû être formée de ses amis, de ses dévoués, comme l'indique une anecdote postérieure; car l'historien nous dit que lorsque Saül roi voulut faire tuer David, qui s'était réfugié près de Samuel dans le canton de *Nïout*, ses émissaires armés trouvèrent la confrérie des *prophètes* dans l'acte de *prophétiser*, et Samuel debout qui les présidait.

Quant à ce qu'ajoute l'historien, « que ces émis-
« saires furent saisis de *l'esprit de Dieu* et qu'ils se
« mirent à *prophétiser* aussi; que même chose ar-
« riva à deux autres escouades envoyées par Saül;
« enfin que ce roi lui-même étant arrivé plein de
« de colère, il fut également *saisi de l'esprit divin*
« et se mit à *prophétiser* en présence de Samuel,
« après avoir jeté ses vêtements pour demeurer
« *nu* pendant un jour et une nuit; » ces faits bizarres peuvent sembler incroyables à des hommes de *sens rassis* et de *sang-froid* comme nous autres gens du *nord* et de l'*ouest*; moi-même je les ai d'abord rejetés comme non prouvés; et en effet ils manquent de témoins suffisants; aujourd'hui

que je connais le pays, je les admets comme probables par plusieurs raisons naturelles.

D'abord j'observe que David, pendant le temps qu'il a vécu près de Saül, s'est fait beaucoup d'amis, témoin, entre autres, Jonathas (fils du roi), qui se dévoue pour lui; cette disposition a dû porter plusieurs émissaires à chercher des motifs d'éluder l'ordre; d'autres ont pu être influencés par l'ascendant religieux que Samuel avait conquis sur les esprits, et entre autres sur celui de leur prince; enfin tous, et surtout Saül, ont pu être maîtrisés par ce mécanisme du système nerveux, par ce *magnétisme animal* qui, encore aujourd'hui, exerce devant nous de fréquents exemples de ses phénomènes. Veuillez remarquer ce qui se passe toutes les fois que des hommes s'assemblent dans l'intention et l'exercice d'un sentiment commun: leurs regards, leurs cris, leurs gestes les électrisent à chaque instant davantage; et pour peu que la parole vienne y joindre des tableaux, les têtes s'exaltent au point de ne plus se posséder. Voyez ce qui arrive au théâtre tragique, ou dans le meilleur drame; si la salle est peu remplie de monde, les spectateurs ne s'émeuvent que faiblement, tandis que si elle est bien pleine, ils s'exaltent progressivement jusqu'à l'enthousiasme : voyez encore ce qui arrive dans nos temples aux jours de prédication de nos zélés puritains et méthodistes : les auditeurs arrivent froids; peu à peu leurs nerfs sont agacés par les gestes convulsifs de l'orateur acteur, par ses cris âcres tirés du fond de la gorge; par les tableaux de damnation et d'enfer dont il se fait un mérite et un art d'effrayer les imaginations; une femme nerveuse tombe en convulsion, et voilà qu'une foule d'autres l'imitent et que tout l'auditoire est en trépidation; n'avons-nous pas vu fréquemment ces scènes à Philadelphie, dans les prédications du dimanche, surtout celles qui se font à la fin du jour (1.)? Enfin consultez les médecins, et ils vous diront qu'en nombre d'occasions, l'aspect des convulsions, même épileptiques, est devenu contagieux pour les sujets délicats, tels que les femmes et les enfants. Or, cette irritabilité nerveuse existe principalement dans les pays chauds où elle est favorisée et promue par les aliments généralement âcres, par l'abondance du calorique et par le jeûne, qui est un des grands promoteurs de *manies* visionnaires et d'extase; voilà les diverses causes du phénomène nerveux qui a eu lieu dans l'assemblée chantante et

---

(1) Et nous autres Français, ne le voyons-nous pas aujourd'hui dans les prédications des comédiens missionnaires qui parcourent les villes et les campagnes de nos provinces du Midi, où ils exploitent la sottise populaire avec tous les raffinements d'escamotage et de pantomime qu'a inventés l'Italie? Nos pères, dans le siècle dernier, ne l'ont-ils pas vu dans les scènes extravagantes, devenues si célèbres, des miracles opérés au faubourg Saint-Marcel par les sectateurs du diacre Pâris, etc.?

hurlante des *confrères prophètes* à Niout et à la colline des Philistins.

Quant à l'acte de prophétiser, ce n'est pas la faute des livres hébreux, si nous nous en formons des idées fausses; ils disent tout ce qu'il faut pour les redresser; d'abord ils peignent les circonstances, le chant, ou plutôt les cris, la nudité; ensuite le mot même qu'ils emploient pour signifier *prophète* et prophétiser en est une définition, une explication très-claire; car le mot *nabia* est un dérivé de *naba* qui signifie littéralement *être fou, faire le fou* (insanire), *crier, déclamer comme un poète* qui chante des vers, comme un prophète qui *chante* des hymnes, des *psaumes*, des oracles [notez que *chanter un psaume* est un pléonasme, puisqu'en hébreu *psaume* se dit *mazmour,* qui signifie *chant* et *chansons*]. Or, qu'est-ce que tout ceci, sinon ce que faisait la Pythie de Delphes, ce que faisaient tous les *rendeurs* d'oracles chez les peuples de l'antiquité, ce que font encore chez les musulmans les *derviches* et les *ikours* (confrérie des *écumeurs*) dont je vois ici les folies, ce que font chez nous même les ardents, les illuminés de nos sectes bigotes? Par cela même que tous ces gens-là étaient ou semblaient être *hors d'eux-mêmes,* hors de leur sens naturel, ils étaient considérés comme *saisis*, comme *agités* de *l'esprit divin.* Certes, si quelque chose caractérise l'ignorance populaire d'une part, l'imposture et la fourberie sacerdotales d'une autre, c'est cette idée bizarre, cette opinion monstrueuse d'appeler *esprit de Dieu*, les déréglements maladifs de notre nature humaine; d'appeler l'épilepsie, *esprit divin*, *mal sacré*, comme il est encore nommé dans toute la Turquie par les musulmans et par les chrétiens.— Mais j'ai un peu quitté mon sujet sans néanmoins le perdre de vue ; m'y voici rentré.

§ IX.

Suite de la conduite astucieuse de Samuel. — Première installation de Saül à Maspha. — Sa victoire à Iabès. — Deuxième installation. — Motifs de Samuel.

« Saül donc congédié par Samuel rencontra la
« procession des prophètes, et à la vue de ce cor-
« tége, saisi de l'esprit de Dieu, il se mit à prophé-
« tiser avec eux; ce fut une rumeur dans le peu-
« ple d'apprendre que Saül fût devenu prophète;
« ceux qui l'avaient connu se disaient : qu'est-il
« donc arrivé au fils de Kis, pour être aussi pro-
« phète ? Et quelques gens dirent : quel est leur
« père à eux (1) ? Son beau-père l'ayant interrogé

---

(1) Ce mot est équivoque; est-ce des prophètes, est-ce de Kis et de Saül dont on demande cela ? Si c'est de Kis et de Saül, cela voudra dire : sont-ils *lévites ?* Si c'est des prophè-

« sur les détails de son voyage, Saül lui dit *tout,*
« excepté l'affaire de la royauté. » (Voilà une connivence entre Saül et Samuel.)

Il restait une scène publique à jouer pour capter le respect et la crédulité du peuple: à cet effet Samuel convoqua à *Maspha* une assemblée générale: après des reproches de la part de Dieu (car rien ne se fait sans ce nom): « Vous avez voulu, » dit-il, « un autre roi que votre Dieu, vous l'aurez:
« en même temps, il commença à tirer au sort les
« douze tribus d'Israel pour savoir de quelle tribu
« sortirait ce roi. Le sort tomba sur la famille de
« Benjamin: il tire au sort les familles de Benja-
« min; le sort tombe sur la famille de *Matri,* puis
« enfin dans cette famille, sur la personne de
« Saül. »

Assurément s'il est une *jonglerie,* c'est celle de tirer au sort une chose déja résolue. Quant à la ruse de diriger ce sort, on sait qu'il ne faut qu'un peu d'adresse de joueur de gobelets; partout on en a vu, on en voit encore des exemples. En ce temps de civilisation, la France n'a-t-elle pas vu ses cinq directeurs tirant au sort à qui sortirait de charge, lorsqu'entre eux le sortant était con-

---

tes, cela voudra dire, qu'eux-mêmes n'y avaient pas plus de droit par naissance que Saül, et que la confrérie était formée de gens de toutes classes. Ce dernier sens nous paraît le véritable; autrement cette phrase ne serait que la répétition de la précédente.

venu? Eh bien, moyennant un lot de cent mille francs comptant, une voiture attelée de deux bons chevaux, et le brevet d'un emploi, le sortant ne manquait pas, sur les cinq boules d'ivoire mises dans l'urne, de prendre celle qui était chaude, et le monde était édifié.

Il fallait ici que le peuple hébreu crût que Dieu lui-même faisait choix de Saül, afin que ce choix imposât obéissance à tous, et respect aux mécontents dont l'opposition ne laissa pas encore de se montrer : par surcroît de jonglerie, Saül ne se trouva point présent : il est clair que Samuel l'avait fait cacher ; on le cherche, bientôt on le trouve dans sa *cache* que le *voyant* aura peut-être encore eu le mérite de deviner : le peuple fut émerveillé de voir un si bel homme, et selon le récit littéral il cria : vive le roi (*iahihé malek*).

« Alors Samuel lut au peuple les *statuts* de la
« royauté, et il les écrivit en un livre qu'il déposa
« (sans doute dans le temple). Après cette cérémo-
« nie, le peuple étant congédié, Saül revint en sa
« maison, c'est-à-dire, en son domaine rural, en
« sa métairie (1), et il rassembla autour de lui,
« pour faire une armée, les hommes dont Dieu
« toucha le cœur (c'est-à-dire, les croyants, les
« partisans de Samuel) : mais des méchants di-

---

(1) Comme les rois de France de la première race.

« rent : quoi ! *c'est là celui qui nous sauvera !* Et
« ils ne lui portèrent pas de présents. »

Ces derniers mots nous montrent un parti de mécontents qui est dans la nature des choses ; l'esprit et le ton de dédain de cette expression indiquent d'abord, pour son motif, le bas étage, la condition populaire où était né Saül, et peut-être ensuite la médiocrité de ses talents déja connus de ses voisins, sans compter une infirmité secrète que nous verrons se développer. On sent alors que ces mécontents furent des gens de la classe distinguée par la naissance et la richesse, lesquels ne sont, dans le texte, qualifiés de *méchants*, que parce que le rédacteur est un *croyant*, un *dévot* qui abonde dans le sens du prêtre, son héros, et de la superstitieuse majorité de la nation.

D'autre part, un fait digne d'attention est ce livre des *statuts royaux* écrits par Samuel. Le mot hébreu est *mashfat* (1) qui signifie *sentence rendue, loi imposée.* Quelle fut cette loi, cette constitution de la royauté?

La réponse n'est pas douteuse : ce fut ce même *mashfat* mentionné au chap. VIII, v. 11, où Samuel (irrité) dit au peuple : « Voici le *mashfat* du roi
« qui régnera sur vous ; il prendra vos enfants, il
« les emploira au service de son char et de ses
« chevaux ; ils courront devant lui et devant ses

---

(1) Composé du radical *scafat*, il a jugé, il a *rendu sentence*.

« attelages de guerre; il en fera des (soldats), des
« chefs de mille, des chefs de cinquante hommes;
« il les emploira à labourer ses champs, à faire
« ses moissons, à fabriquer ses instruments de
« combat, et ses armes et ses chars; il prendra
« vos filles et en fera ses parfumeuses (ou laveuses
« de vêtements), ses cuisinières, ses boulangères;
« il s'emparera de vos champs de blés, de vos
« vergers d'oliviers, de vos clos de vigne, il les
« donnera aux gens de son service; il prendra la
« dîme de vos grains et de vos vins pour la donner
« à ses *eunuques*, à ses serviteurs; il enlèvera vos
« *esclaves* ou serviteurs, mâles et femelles, ainsi
« que vos ânes, et tout ce que vous avez de meil-
« leur dans vos biens sera à son service; il dîmera
« sur vos troupeaux, et de vos propres personnes
« il fera ses *esclaves* (1). »

On se tromperait si l'on prenait ceci pour de simples menaces : c'est tout simplement le tableau de ce qui se passait chez les peuples voisins qui avaient des rois; c'est une esquisse instructive de l'état civil et politique, même militaire de ce temps-là, où nous voyons les chars, les esclaves, les eunuques, les dîmes, les cultures de diverses espèces, les compagnies et bataillons de mille et de cinquante, etc., comme dans les temps postérieurs;

---

(1) Dans l'hébreu, il n'y a pas deux mots divers pour *esclave* et *serviteur*, c'est toujours *abd*.

mais tels étaient les maux résultants du régime *théocratique*, c'est-à-dire du gouvernement par les *prêtres*, sous le manteau de Dieu, que les Hébreux lui préférèrent le *despotisme* militaire concentré dans la personne d'un seul homme qui, à l'intérieur, eût le pouvoir de maintenir la paix, et qui, à l'extérieur, eût celui de repousser les agressions, les oppressions étrangères : il faut nous en rapporter à eux pour croire que de leur part ce ne fut pas une résolution si déraisonnable d'insister comme ils le firent, et de forcer le prêtre Samuel à constituer une royauté (1).

Si ce prêtre eût été un homme équitable, il eût, en établissant les droits de roi, constitué aussi la balance de ses devoirs qui composent les droits du peuple ; il lui eût imposé, comme il se pratiquait en Égypte, les devoirs de la tempérance en toutes choses, de l'abstinence du luxe, de la répression de ses passions, de la surveillance de ses agents, de la haine de ses flatteurs, de la

---

(1) Il ne faut pas s'y méprendre : c'est ici la véritable *royauté patriarcale* des anciens temps ; chez les peuples de race arabe, le père de famille a toujours eu et a encore le droit de *vie* et de *mort* dans sa maison ; ses enfants, ses femmes sont à sa discrétion. Voyez comme Abraham se dispose à égorger son fils sans aucun obstacle humain, et comme il force tout son monde, plus de 300 mâles, esclaves ou libres, à se faire la douloureuse amputation du prépuce. On ne remarque point assez que le *despotisme oriental* a ses bases dans le despotisme *domestique* qui tire son origine de l'état *sauvage primitif.*

fermeté à punir, de l'impartialité à juger entre les opinions et les sectes de ses sujets, etc., etc. Mais le prêtre Samuel, irrité de se voir arracher le sceptre qu'avait conquis sa fourberie, en aiguisa la pointe pour en faire, dans les mains de son successeur, une *lance* ou un *harpon*.

Le plus fâcheux de cette affaire fut que Saül, de son côté, ne se trouva point doué d'assez de moyens, d'assez d'esprit pour contre-miner ce perfide protecteur : il l'eût pu, en feignant de se tenir strictement à ses ordres, en l'obligeant de les expliquer nettement, pour rejeter sur lui les échecs qui en eussent résulté, et pour avoir lui-même devant le peuple le mérite des succès qu'il eût obtenus en s'en écartant. David, à sa place, n'y eût pas manqué ; mais Saül fut tout uniment un brave guerrier, qui, ne se doutant pas de la politique des temples, devint la dupe et la victime d'un machiavélisme consommé. L'art exista long-temps avant que l'Italie en eût écrit les préceptes. J'allais oublier une dernière remarque, importante sous plusieurs rapports : elle m'est suggérée par le contraste frappant que je trouve entre la *doctrine* de Samuel et celle de Moïse *sur la royauté*.

Nous venons de voir que, selon *Samuel*, le *mashfat* ou *statut* royal est un *pur* et *dur* despotisme, une vraie *tyrannie* ; selon *Moïse*, c'est tout autre chose. Pour s'en convaincre il suffit de lire ses préceptes consignés au 17ᵉ chapitre du Deu-

téronome, v. 14 et suivants. Le texte dit littéralement : « Quand vous serez entrés dans la terre
« que *Iehouh, votre Dieu*, vous a donnée, et que
« vous la posséderez et l'habiterez, et que vous
« direz : *Je veux établir sur moi un roi comme tous
« les peuples qui m'environnent*,— vous établirez
« celui que choisira *Iehouh*, votre Dieu; — vous
« le prendrez parmi vos *frères (juifs)*; vous ne
« prendrez point un étranger, qui n'est point votre
« *frère* ; — et (ce roi) ne possédera point une *mul-
« titude* de chevaux ; il ne fera point retourner
« le peuple en Égypte pour avoir plus de che-
« vaux ; il ne se donnera point une multitude
« d'épouses ; son cœur ne *déviera* point..... Il *n'en-
« tassera* point de trésors en or et en argent; et
« lorsqu'il s'assiéra sur le trône, il *écrira* pour lui-
« même un *double* de la loi (copié) sur le livre qui
« est *devant* les prêtres lévites ; — et cette copie
« restera entre ses mains ; il la lira tous les jours
« de sa vie pour apprendre à craindre *Iehouh* son
« Dieu, et pour pratiquer tous ses préceptes. »

Quelle différence entre ce *statut* de Moïse et celui de Samuel! Notez bien ces mots : Le roi sera un de vos *frères*, un homme tout simplement comme chacun de vous ; et il *sera soumis à toutes les lois* qui gouvernent la nation! Comment se fait-il que Samuel n'ait pas intimé, pas insinué un seul mot d'une ordonnance si précise, si radicale du législateur? Comment personne n'en a-t-il fait la moindre mention? Est-ce que la loi de *Moïse* était ignorée, oubliée? Est-ce que par hasard cet article, du moins, n'y était pas encore inséré? Des soupçons raisonnables peuvent s'élever à cet égard. — D'habiles critiques ont déja remarqué que, dans le Peutateuque, plus de trente passages sont manifestement postérieurs à Moïse, et *postérieurs* de plusieurs siècles : de ce nombre est le terme *nabia*, employé pour dire *prophète*, lequel, de l'aveu de l'historien des rois, n'a été substitué que très-tard au mot *rah (voyant)*, usité par conséquent au temps de Moïse : or, dans tout le *Pentateuque* on n'emploie que le mot *nabia :* dont cet ouvrage serait tardif.

De plus, ce qui est dit ici, « ne pas posséder « une *multitude de chevaux;* ne pas se donner « une multitude de *femmes;* ne pas entasser des « trésors d'or et d'argent; ne pas laisser dévier « son cœur (des voies d'*Iehouh*), » est une allusion si directe aux *péchés de Salomon*, qu'il en résulte une preuve additionnelle de posthumité : par surcroît, ces mots, *quand vous posséderez la terre*(promise) et que vous direz: « *Je veux établir* « *sur moi un roi* comme tous les autres peuples; » ces mots, dis-je, sont tellement la peinture de ce qui est arrivé sous Samuel, que l'on a droit de les prendre pour un récit historique, métamorphosé après coup en prophétie. Qui jamais a fait mention d'aucun roi juif *ayant copié de sa main la loi*, à moins que ce ne soit celui qui eut pour régent et tuteur un grand-prêtre, de la part de qui un tel ordre vient admirablement bien (Helqiah)? Si ce fut un précepte de Moïse, comment fut-il textuellement oublié par Samuel même, prophète et grand-juge? Ne sont-ce pas-là autant d'arguments puissants en faveur de ceux qui soutiennent que le Pentateuque est une composition tardive, et peu antérieure à la captivité de Babylone? et que le fond des chroniques, sur divers points et sur diverses époques, conserve plus réellement le caractère de l'antiquité? Je viens à mon sujet.

Après l'installation du nouveau roi, chacun retourne à son village, à ses champs. Bientôt le roi des Ammonites prend les armes, et vient assiéger la ville de *Jabès* à l'orient du Jourdain. Les habitants hébreux offrent de se rendre, de payer tribut. Ce roi ne veut les recevoir à composition qu'en leur crevant à tous l'œil droit, pour les livrer, dit-il, à l'opprobre et au mépris d'Israël. Ces malheureux dépêchent à leurs frères d'Israël des députés que l'on conduit à Saül; on le trouve ramenant du labourage sa charrue attelée de deux bœufs (vive peinture des mœurs du temps); Saül est saisi de colère (le narrateur appelle cela l'esprit de Dieu), il coupe ses deux bœufs en morceaux qu'il envoie par tout Israël, avec ces paroles : « Quiconque ne viendra pas de suite re-
« joindre Saül, ses bœufs seront traités de la sorte. »

Le moyen fut efficace; tout Israël se rassembla, *comme un homme*, dit le texte; ici l'hebreu dit 30,000 hommes de Juda, et 300,000 des onze tribus; le grec au contraire: 70,000 de Juda, 600,000 du reste. De telles variantes, qui sont très-répétées, montrent le crédit que méritent ces livres au moral, quand le materiel est ainsi traité. D'après le grec, en comptant six têtes pour fournir un homme de guerre, ce serait plus de trois millions d'habitants sur un territoire de 900 lieues carrées au plus, par conséquent plus de 3000 ames par lieue carrée, ce qui est contre toute vraisemblance. Le plus raisonnable est, nombre moyen, peut-être 20,000 pris par élite pour un coup de main qui demandait surtout de la rapidité. Saül part comme un trait; il arrive à la pointe du jour (sans doute le sixième), et fond sur le camp des Ammonites, qui, habitués aux lenteurs fédérales des Juifs, n'attendaient rien de tel; il les surprend, les écrase et délivre la ville. Le peuple, charmé de ce début, le porte aux nues et propose à Samuel de *tuer ceux qui ne l'avaient point reconnu et salué roi.* Saül, brave, et par cette raison généreux, s'y oppose. Ce jour-là, Samuel satisfait, ordonne qu'il y ait une autre assemblée générale à Galgala, pour y renouveler l'installation; cela fut fait.

Pourquoi cette seconde cérémonie? Est-ce afin de donner aux opposants, aux mécontents, le moyen de se rallier à la majorité du peuple et d'étouffer un schisme qui eut plus de partisans qu'on ne l'indique; car nous en reverrons la trace, lors de la prochaine guerre des Philistins, dans le camp desquels se trouvèrent beaucoup d'émigrés hébreux, portant les armes contre le parti de Samuel et de Saül.

Voilà un premier motif apparent, déjà habile; mais nous allons découvrir que Samuel, toujours profond et plein d'embûches, en eut un autre *secret*, puisé dans son intérêt et son caractère.

Le texte nous dit, chap. XII, que l'assemblée étant formée, Samuel debout devant tout le peuple fit une harangue dont la substance est que, « il a géré les affaires avec une entière intégrité; « qu'il n'a pris le bœuf ni l'âne de personne; qu'il « n'a opprimé, persécuté aucun habitant; qu'il n'a « point reçu de présents de séduction, et cepen- « dant, laisse-t-il entendre, *vous m'avez forcé de* « *mettre un roi à ma place.* » Il attribue ce reproche à Dieu; mais *Dieu*, c'est lui. — Or, comme par la nature du régime royal tel qu'il l'a dépeint, Saül ne pouvait manquer de faire des vexations de ce genre, il en résulte à son détriment un contraste qui, en ce moment même, tend à diminuer le crédit qu'il venait d'acquérir, et qui met en évidence la jalousie qu'en avait conçue Samuel.

Ce prêtre insista sur l'idée que Dieu avait jusque-là gouverné la nation par des élus spéciaux tels que Moïse, Aaron, Sisara, Gédéon, Jephté, etc., et que le peuple, rebelle aujourd'hui, voulait se gouverner de lui-même par des hommes de son propre choix; or, comme ce nouveau système enlevait le pouvoir suprême et arbitraire à la caste des prêtres dont Samuel s'était rendu le chef, on voit d'où lui vient le profond dépit qu'il en conserve; en même temps que l'on voit l'arrogance sacrilége de ce caractère sacerdotal qui s'établit de son chef interprète et représentant de la Divinité sur la terre.

Ici le narrateur (prêtre aussi) a joint une circonstance remarquable : « Vous voyez, dit Sa-
« muel au peuple, que nous sommes dans le
« temps de la moisson (c'est-à-dire à la fin de
« juin et aux premiers jours de juillet); eh bien!
« j'invoquerai Dieu, et il me donnera réponse par la
« voix du tonnerre et par la pluie, et vous con-
« naîtrez votre péché de désobéissance. Or il sur-
« vint du tonnerre et de la pluie, et le peuple
« fut saisi d'effroi; il connut son péché, il de-
« manda pardon à Samuel qui (généreusement)
« répondit qu'il ne cesserait néanmoins jamais
« de prier Dieu pour eux, etc. »

C'est fort bien : mais, sur ce récit, nous avons droit de dire d'abord, où sont les témoins? Qui a vu cela? Qui nous le dit? Un narrateur de seconde main : fut-il témoin? il est le seul; il est partial ; et d'ailleurs une foule de faits ou de récits semblables se trouvent chez les Grecs, chez les Romains, chez tous les Barbares anciens, et alors il faut croire que leurs *voyants*, que leurs *devins* eurent aussi le don des prodiges ; mais admettons le récit et le fait : nous avons encore le droit de dire que Samuel, plus habile en toutes choses morales et physiques que son peuple de paysans superstitieux, avait vu les indices précurseurs d'un orage, qui d'ailleurs n'est pas chose rare à cette époque de l'année. Moi-même, voyageur, n'en ai-je pas vu aux derniers jours de décembre où le cas est bien plus singulier ?

En résultat, le peuple prit une nouvelle confiance dans la puissance de Samuel, et c'était là ce que voulait ce *roi eccclésiastique* pour ne pas perdre la tutelle de son *lieutenant royal*.

§ X.

Brouillerie et rupture de Samuel avec Saül. — Ses motifs probables.

A cette époque Saül devait être un homme âgé, pour le moins, de quarante ans ; car dans la guerre des Philistins qui va éclater tout à l'heure, son fils Jonathas se montre un guerrier déja capable de faits d'armes hardis et brillants. Comment se fait-il donc que le texte hébreu et toutes ses versions nous disent que Saül était âgé d'*un an* quand il régna? Les interprètes ont voulu corriger cela par diverses subtilités; il n'est à cette erreur qu'une bonne solution. Le texte hébreu ne porte point le mot *un*, il dit sèchement : *Saül était âgé de... an* ; il est clair que dans le manuscrit premier, source des autres, le nombre est resté en blanc, parce que l'auteur (présumé Esdras) oublia ou ne put établir le nombre, et la preuve ou l'indice de ce fait est que la version grecque présumée faite sur ce manuscrit a totalement supprimé l'article. Je reviens à Saül.

Il fut naturel à ce nouveau roi d'être enflé de son premier et brillant succès, de sa subite et haute fortune : aussi le voit-on très-peu de temps après cette assemblée, déclarer la guerre aux Philistins; divers incidents mentionnés donnent lieu de soupçonner que ce fut contre l'avis de Samuel, et que de là, naquit entre eux cette mésintelligence que nous allons voir éclater. Samuel put, avec raison, représenter à Saül « que les Philistins étaient puis-
« sants, aguerris, redoutables; que leur commerce
« maritime, rival de celui des Sidoniens et des Ty-
« riens (1), leur donnait des moyens d'industrie

---

(1) L'historien Justin remarque qu'à une époque qui dut être 11 ou 1,200 ans avant notre ère, les Philistins s'étaient emparés de Sidon, et que ce fut à cette occasion que des émigrés de cette ville bâtirent la ville de Tyr.

« supérieurs à ceux des Hébreux ; que ceux-ci,
« quoique laissés en paix sous sa judicature,
« n'étaient cependant pas en état complet d'indé-
« pendance ni de résistance puisqu'ils n'avaient
« pas même la liberté d'avoir des forgerons (chap.
« XIII, v. 19) pour fabriquer leurs faux, leurs
« socs de char et à plus forte raison des lances (1);
« que le mieux était de temporiser. »

Tout cela était vrai et sage : Saül passa outre ;
il était plein de confiance dans l'ardeur du peuple ; il put répondre aussi que Dieu bienveillant
y pourvoirait comme au temps de Gédéon et de
Jephté. — Il choisit trois mille hommes pour rester sur pied avec lui, il renvoie le reste : sur cette
élite, il donne mille hommes à son fils Jonathas;
bientôt ce jeune homme attaque un poste de
Philistins qui crient aux armes, et se rassemblent;
Saül les voyant nombreux appelle tous les Hébreux. Selon l'historien, les Philistins déploient
trente mille chars de guerre, six mille cavaliers
et une multitude de piétons pareille au sable de
la mer ; nous demandons qui a compté ces chars
et ces cavaliers ; en outre il y a ici une invraisemblance choquante, car tout le territoire des

---

(1) Lorsque Saül retourne de la maison de Samuel chez
son père, il est dit qu'il doit trouver sur sa route un corps-
de-garde philistin, et la ligne de cette route est tout-à-fait
dans l'intérieur du pays.

Philistins n'était pas de plus de cent lieues carrées, qui ne comportent pas plus de deux cent mille têtes d'habitans : l'on nous supposerait ici plus de cent mille guerriers ; c'est une chose tout-à-fait remarquable que les nombres soient généralement enflés dans les livres juifs à un degré hors de croyance et presque toujours en nombres ronds par décimales.

La peur saisit les Hébreux ; ces paysans (à la mode des Druzes) se dispersèrent et furent se cacher dans les montagnes et les cavernes : Saül se trouva dans un très-grand embarras ; il invoqua Samuel : celui-ci lui répondit d'attendre sept jours (il voulait voir comment cela tournerait) ; pendant ce temps le peuple continue de déserter. Saül, croyant que le succès dépendait surtout du sacrifice propitiatoire, en ordonna les préparatifs ; et parce qu'il vit l'ennemi prêt à l'attaquer sans que Samuel fût arrivé, il se décida à faire lui-même le sacrifice qui était l'attribut du prêtre. Enfin Samuel arrive : « Qu'avez-vous fait ! » dit-il à Saül. Ce roi lui explique ses motifs. Samuel lui répond : « Vous avez agi comme un insensé ; vous
« n'avez point observé les ordres que vous a don-
« nés Dieu ; il avait établi votre règne pour tou-
« jours : maintenant votre règne ne s'affermira
« point ; Dieu a cherché un homme selon son
« cœur ; il l'a établi chef sur son peuple, » et Samuel s'en alla.

Une telle conduite, un changement si brusque, n'ont pû avoir lieu sans de graves motifs; il faut nécessairement supposer qu'il s'était passé entre eux quelque dissentiment, quelque contestation grave du genre que j'ai indiqué, et cependant cela ne suffirait pas encore pour expliquer un parti si décidé, pour justifier tant d'orgueil et tant d'insolence : j'aperçois un autre motif : la suite des actions publiques et privées de Saül mettra en évidence qu'il fut attaqué d'une maladie nerveuse, dont les symptômes sont ceux de l'épilepsie : ne serait-ce pas que ce genre de maladie si fâcheux en lui-même, étant ordinairement tenu caché, Samuel n'en eut point connaissance quand il choisit Saül, mais que l'ayant ensuite connu, il se sentit pris en défaut devant l'opinion publique, devant ses propres ennemis, et qu'alors il chercha l'occasion et le moyen de se dédire pour se redresser ? Il n'en est pas moins vrai qu'ici sa conduite est méchante et blâmable en ce qu'elle détruit la confiance du peuple en son chef et l'encourage à le déserter pour ouvrir le pays à l'ennemi.

Ce prêtre a cru toute victoire impossible, et en immolant son protégé vaincu, il a voulu se ménager des capitulations personnelles avec ses ennemis intérieurs et étrangers.

Le sort trompa ses calculs : « Saül resté seul « avec six cents hommes déterminés comme lui,

« ne perd point courage; il prend poste devant
« le camp ennemi en prohibant toute attaque.
« Quelques jours se passent : son fils Jonathas se
« dérobe à son insu (probablement de nuit) suivi
« d'un seul écuyer (1); il se présente à un poste
« philistin, situé sur un roc escarpé; il est pris
« pour un transfuge hébreu tel qu'il en était ar-
« rivé un grand nombre depuis deux jours; il
« grimpe avec son écuyer; ils sont accueillis, et
« à l'instant tous deux frappent avec tant d'au-
« dace et de bonheur qu'ils étendent morts vingt
« guerriers sur un demi-arpent de terre : la con-
« fusion et la peur se répandent dans le camp,
« les Philistins se croient trahis, soit les uns par
« les autres, soit par les transfuges hébreux : on
« se bat d'homme à homme; Saül averti par le
« bruit, accourt avec son monde, la déroute de-
« vient complète : emporté par son bouillant cou-
« rage, ce roi proclame l'imprudente défense de
« rien manger avant d'avoir fini le jour à tuer et
« à poursuivre. Son fils, qui l'ignore, rafraîchit sa
« soif d'un peu de miel; le père veut l'immoler à
« son serment (comme Jephté), mais le peuple
« s'y oppose et sauve Jonathas. »

Voilà une seconde victoire du nouveau roi;
mais celle-ci arrivée contre toute attente, dut dé-

---

(1) Mot impropre : on ne fait jamais ici mention de cavaliers, tout est picton.

concerter Samuel ; aussi ne le voit-on point se montrer sur la scène ; les Philistins vaincus rentrèrent chez eux. Il paraît qu'une trève fut admise, puisque l'historien ne parle plus de guerre de ce côté ; il spécifie au contraire que Saül tourna ses armes contre d'autres peuples : « qu'il attaqua, l'un après l'autre, les Moabites, les Ammonites, les Iduméens, les rois syriens de Sobah (au Nord et par delà Damas), et que ce ne fut qu'ensuite qu'il revint contre les Philistins et les Amalekites : » partout il fut heureux et vainqueur.

On sent que ces diverses guerres prirent plusieurs années, et pour le moins, chacune d'elles une campagne : aussi, le narrateur semble-t-il terminer là son histoire en dénombrant et nommant les femmes qu'épousa Saül, les enfants qu'il eut de chacune d'elles, les hommes qu'il établit commandants de sa garde et généraux de ses troupes.

A la manière dont est terminé ce chapitre, un lecteur, habitué au style de ces livres, croirait que l'histoire de Saül est réellement finie, car leur formule ordinaire pour clore l'histoire des autres rois est également de recenser leurs femmes, leurs enfants et les personnages marquants de leur règne ; et cependant le chapitre 15 qui est le suivant, semble commencer une autre portion du règne de Saül contenant spécialement les détails de la consécration et substitution de David à dater d'une scène de rupture finale qui eut lieu entre le roi et Samuel.

Ne serait-ce pas que le rédacteur final présumé Esdras, en compilant les mémoires originaux écrits par *Samuel*, *Nathan* et *Gad* selon le témoignage des Paralipomènes, chapitre 29, aurait cousu leurs récits l'un à l'autre sans beaucoup de soins, comme ont fait, en général, les anciens? Nous verrons la preuve de cette idée se reproduire dans la *présentation de David à Saül.*

§ XI.

Destitution du roi Saül par le prêtre Samuel.

Quoi qu'il en soit, plusieurs années, peut-être huit ou dix se passent pendant les guerres de Saül, sans qu'il soit question de Samuel. Sans doute les succès et la popularité du roi en imposèrent au prophète. Enfin, il reparaît sur la scène; il a cherché une occasion favorable à ses vues : il vient trouver Saül; il débute par lui rappeler qu'il *l'a sacré roi:* c'est déja lui intimer l'obéissance à ce qu'il va lui dire, ne fût-ce que par un sentiment de gratitude : Puis voici, lui dit-il, ce qu'ordonne aujourd'hui Dieu qui m'ordonna autrefois de vous sacrer.

« Je me suis rappelé ce qu'a fait le peuple d'A-

« malek contre mon peuple à sa sortie d'Égypte. »
(Il y avait de cela quatre cents ans ; Amalek s'était
opposé au passage des Hébreux et en avait tué
plusieurs.) « Allez maintenant, frappez Amalek;
« détruisez tout ce qui lui appartient ; n'épargnez
« rien, vous tuerez hommes, femmes, enfants,
« bœufs, agneaux, chameaux, ânes. »

Qui ne frissonne à un tel récit ? faire parler Dieu
pour exterminer une nation à cause d'une querelle de *quatre cents ans* de date, dans laquelle
les Hébreux étaient agresseurs, car ils voulaient
forcer le passage sur le territoire d'Amaleck.

Mais ici quel est le but de Samuel ? Il a un dessein en vue ; il lui faut une occasion pour l'exécuter : quelque rapine récente des Bedouins amalekites aura aigri le peuple juif : Samuel y a vu un
motif de guerre populaire, il le saisit.

Saül forme une armée ; le texte hébreu y compte
dix mille hommes de Juda, deux cent mille piétons, sans doute des autres tribus, le texte grec
dit quatre cent mille hommes de l'un et trente
mille de l'autre (1). Pourquoi ces contradictions ?
pourquoi ces absurdités ? car c'en est une que deux
cent mille hommes pour faire un coup de main
de surprise contre une petite tribu de Bedouins.
« Saül part, il surprend les Amalekites dans le dé-

---

(1) Le manuscrit alexandrin porte seulement *dix mille* de
l'un, *dix mille* de l'autre, ce qui est le seul raisonnable.

« sert; il tue tout ce qui lui tombe sous la main,
« saisit leur roi vivant, le garde avec une élite de
« bestiaux et de butin; revient triomphant au
« *Mont-Carmel*, descend à Galgala, où est un au-
« tel, et se prépare à faire un sacrifice pour offrir
« à Dieu, dit le texte, ce qu'il y a de *meilleur*
« en son butin; c'est-à-dire les *dépouilles opimes*
« selon les rites grec et romain. Samuel arrive; or,
« nous dit l'historien, Dieu avait parlé à Samuel
« (pendant la nuit) et lui avait dit : Je me repens
« d'avoir fait Saül roi, car il s'est détourné de moi
« et n'a pas suivi mes ordres; et Samuel, effrayé,
« avait crié à Dieu toute la nuit. »

Encore une apparition, un colloque, un repentir de Dieu! Pensez-vous que nos nègres et nos sauvages pussent entendre de tels contes sans rire? Les Juifs digèrent tout; ils ne demandent à Samuel aucune preuve; lui seul pourtant est témoin; lui seul peut avoir écrit de tels détails; il est ici auteur, acteur, juge et partie; reste à savoir qui veut être juif pour le croire sur sa parole.

Il arrive, et s'avance vers Saül : « Quel est, lui
« dit-il, ce bruit de troupeaux que j'entends ici?
« Saül répond : Le peuple a épargné ce qu'il y a
« de meilleur dans les biens d'Amalek pour l'of-
« frir au Seigneur *votre Dieu*; nous avons détruit
« le reste. Permettez, reprit Samuel, que je vous
« récite ce que m'a dit Dieu cette nuit : Parlez, dit
« Saül. — Quand vous étiez petit à vos yeux, dit

« le Seigneur, ne vous ai-je pas fait roi d'Israël, et
« maintenant ne vous ai-je pas envoyé contre Ama-
« lek, en vous spécifiant de l'exterminer? pour-
« quoi n'avez-vous pas rempli mon commandement?
« pourquoi avez-vous péché et mis des dépouilles à
« part? — J'ai obéi, j'ai marché, j'ai détruit Ama-
« lek, j'amène son roi vivant, mais le peuple a
« gardé des dépouilles et des victimes de bestiaux
« pour les immoler à l'autel de Dieu à *Galgala*.
« Samuel répond : Sont-ce des offrandes et des
« victimes que Dieu demande, plutôt que l'obéis-
« sance à ses ordres? Ici l'on cherche à connaître
« *la bonne aventure* par la victime, en inspectant
« la graisse des beliers; (1) mais sachez que le
« péché de la divination est une révolte, une chi-
« mère, une idolâtrie; puisque vous avez rejeté
« l'ordre de Dieu, il rejette votre royauté. »

Saül, faible et superstitieux, s'avoue coupable,
il supplie l'ambassadeur de Dieu, de prier pour
effacer son péché; le *prêtre* repousse sa prière,
lui réitère sa destitution et s'écarte de lui pour
partir : Saül saisit le pan de son manteau pour le
retenir; le prêtre implacable fait un effort par
lequel le pan se déchire : « Dieu, répète-t-il, a
« *déchiré* votre royauté sur Israël, et l'a livré à un
« autre meilleur; il l'a ainsi décrété : *est-il un*
« *homme pour se repentir?* Saül insiste; j'ai péché,

---

(1) *Voyez* la note 4, à la fin de cette histoire.

« ne me déshonorez pas devant mon peuple et
« devant ses chefs; revenez vers moi, je me cour-
« berai devant *votre Dieu* (1); et Samuel revint,
« et Saül se courba devant *Iehouh;* et Samuel
« dit : Faites approcher de moi Agag, roi d'A-
« malek; et Agag étant venu, Samuel lui dit:
« Comme tu as fait aux enfants de nos mères, il
« va être fait au fils de la tienne; » et Samuel *le
coupa en morceaux* (2) (il semble, *avec une hache*); et Samuel s'en retourna à *Ramatah*, et plus
de son vivant ne revit Saül.

Quelle scène barbare ! elle est horrible, j'en
conviens; mais j'en connais de plus horribles encore qui de nos jours se passent sous nos yeux.
Supposons que Samuel eût emmené Agag à *Ramatah*, que là il l'eût enfermé dans un cachot,
au fond d'une citerne; que chaque jour il fût
venu avec quelques acolytes lui faire subir des
tortures variées, lui griller les pieds, les mains,
l'étendre sur un chevalet pour le disloquer, etc.,
tout cela avec des formules mielleuses, en lui di-

---

(1) Ce mot est remarquable : *votre Dieu!* il y avait donc chez les Hébreux d'autres dieux accrédités et *vivant au pair* du dieu *Jéhowh.*

(2) Tous les textes et anciens interprètes sont d'accord sur ce point : la Vulgate latine dit : *In frusta concidit;* le grec dit : *Jugulavit*; le syriaque et l'arabe portent: *Coupa en morceaux.* Le seul anglais *Walton*, auteur de la Polyglotte, a pris sur lui de traduire par *fit couper*, le mot hébreu qui ne pourrait avoir ce sens que par une *forme* arabe qui n'a pas lieu en hébreu: *Samuel coupa de ses propres mains.*

sant que c'était *pour son bien* ; est-ce que le sort de la victime n'eût pas été mille fois plus affreux ? Ah ! vive la franche cruauté du prêtre hébreu comparée à la charité des prêtres et moines que consacre Rome ! Et des gouvernements européens souffrent, autorisent de telles abominations !

Mais Samuel se porta-t-il à un tel acte sans motif, sans but médité ? Cela ne serait pas conforme à son caractère profond et calculateur : il me semble ici apercevoir des motifs plausibles.

Depuis dix à douze ans, Saül, par ses victoires, ne cessait d'accroître, d'affermir son crédit royal, sur l'esprit de toute la nation : Samuel se trouvait éclipsé ; ce prêtre prit une occasion de flatter la passion vindicative des Hébreux contre les Amalekites. La victoire de Saül lui fournit un moyen de prendre ce roi en faute, en désobéissance à *l'ordre de Dieu* donné par Moïse même, qui avait recommandé l'*extermination d'Amaleck* : c'était le moment où Samuel méditait le coup audacieux de nommer, d'*oindre* le substitut, le rival de Saül ; il regarda comme utile, comme nécessaire de frapper les esprits de terreur par un coup préliminaire plus audacieux, plus imposant, qui pût faire craindre à Saül même de voir tomber sur lui quelque nouvel anathème céleste : ce qu'il y a de certain, c'est que ce but de Samuel paraît avoir été rempli, puisque Saül n'osa jamais se porter contre lui par la suite à aucun acte de violence.

En considérant l'action de Samuel sous un point de vue général, politique et moral, elle présente dans son auteur une réunion étonnante de cruauté et d'orgueil, d'audace et d'hypocrisie : un petit orphelin parvenu, décréter, pour sa fantaisie, l'extermination d'un peuple entier jusqu'au dernier être vivant ! Insulter, avilir un roi couvert de lauriers, devenu légitime par ses victoires, par l'assentiment de la nation reconnaissante de la paix et du respect qu'il lui procure ! Un *prêtre* troubler toute cette nation par un changement de prince, par l'intrusion d'un nouvel élu de son choix unique, par le schisme qui en doit résulter, et qui en effet en résulta, au point que l'on peut dire que là s'est trouvé le premier germe de cette division politique des Hébreux qui, comprimée sous David et sous Salomon, éclata sous l'imprudent Roboam et prépara la perte de la nation en la déchirant en deux petits royaumes, celui d'Israël et celui de Juda.

Et voilà les fruits de ce pouvoir *divin* ou *visionnaire*, imprudemment consenti par un peuple abruti de superstition, par un roi, d'ailleurs digne d'estime, mais faible d'esprit, au profit d'un imposteur qui ose se dire l'envoyé de *Dieu*, le *représentant de Dieu*, enfin *Dieu* lui-même; (car telle est la transition d'idées qui ne manque jamais d'arriver quand on tolère la première.)

Le naïf historien achève, sans le savoir, de

15.

228 HISTOIRE

nous tracer le portrait du caractère de Samuel, en nous disant :

« Samuel ne revit plus Saül ; mais *il pleura son
« malheur* de ce que Dieu l'avait rejeté : »

Et quelque temps après, Dieu apparut au saint prophète, et lui dit : « Pourquoi continues-tu de « pleurer sur Saül ? Cesse de t'affliger ; il faut en « sacrer un autre. »

Ainsi Samuel, par ses cris nocturnes, se donnait la réputation de pleurer sur le roi qu'il assassinait ; l'Espagne et l'Italie, dans la science de leurs *saints offices*, ont-elles produit quelque inquisiteur plus tendre ou plus scélérat ?

§ XII.

Samuël, de sa seule autorité, et sans aucune participation du peuple, oint le berger David et le sacre roi en exclusion de Saül.

Par réflexion, Samuel répondit à son Dieu : « Si « Saül connaît que j'ai sacré un autre, il me fera « mourir. » Alors le Dieu *Jehowh* lui explique comment il faut feindre un sacrifice chez le nommé *Isaï*, au village de *Betléhem*, et comment, sur les huit enfants mâles de cet homme, il lui fera connaître celui qu'il a choisi pour nouveau roi.

Samuel donc remplit d'huile *une petite corne* (1), et il se rendit au village de *Betléhem :* les vieillards surpris et inquiets sortirent au-devant de lui et lui dirent : La paix avec vous (2) ; et il répondit : la paix (*sheloúm*). « Je suis venu *immoler* ; sancti-
« fiez-vous, vous viendrez avec moi manger la
« victime ; et il sanctifia Isaï et ses enfants, et les
« appela au repas de la victime ; et à mesure qu'ils
« entrèrent, voyant *Eliáb* l'aîné, un bel homme,
« il se dit : Voilà sûrement l'oint de Dieu ; mais
« Dieu lui dit (tout bas) : Non, ce n'est pas lui.
« L'homme juge par l'œil, je juge par le cœur. »

Samuel fit ainsi passer les sept fils d'Isaï et lui dit : « Dieu ne fait pas de choix ; est-ce que tu n'as
« pas d'autres enfants ? Isaï répondit : Il y a encore
« le plus jeune qui veille aux troupeaux. Fais-le
« venir, dit Samuel, car nous ne nous assiérons
« pas à table sans lui : on alla donc le chercher ;
« c'était un jeune homme *roux*, d'une bonne et
« belle physionomie ; et Dieu dit à Samuel : « Oins-
« le, c'est lui »; et Samuel prit la corne d'huile et
« l'oignit *à côté* de ses frères ; et de ce moment
« l'esprit de Dieu prospéra sur David ; et Samuel
« retourna à Ramah (chez lui). L'esprit de Dieu se
« retira de Saül et un *esprit méchant envoyé par*

---

(1) Meuble du pays, encore à ce jour où le verre est si commun : il était très-rare alors.

(2) *Shalam bouák....* la paix sur votre arrivée.

« *Dieu agita* ce roi, et ses serviteurs lui propo-
« sèrent de lui amener un homme sachant jouer
« de la lyre : il accepta, et l'un d'eux ajouta : J'ai
« vu un fils d'Isaï de Betléhem qui en sait jouer;
« c'est un jeune homme *fort*, un *homme de guerre*,
« prudent en ses discours, d'une belle mine; Dieu
« est avec lui : et Saül envoya vers Isaï demander
« David, et Isaï prit des pains, une outre de vin
« et un jeune chevreau qu'il mit sur un âne, et
« il envoya David (avec ce présent) à Saül. Saül
« l'ayant vu, le prit en affection et lui donna l'em-
« ploi de porter ses armes; et lorsque l'esprit de
« Dieu saisissait Saül, David prenait sa *lyre* et Saül
« respirait, se trouvait mieux, et le méchant es-
« prit se retirait de lui. »

Ce récit ne laisse pas de susciter plusieurs difficultés à résoudre. D'abord je ne concilie pas
cette *présentation* de David à Saül avec celle du
chap. 17, qui, à l'occasion du combat de Goliath,
postérieur à ceci, nous dit que lorsque le berger
David s'offrit pour combattre le géant, et qu'il
fut à ce titre présenté à Saül, ce prince lui fit
demander *qui il était*, *de qui il était fils* : il ne le
connaissait donc pas, il ne l'avait donc pas encore vu; la première version est donc fausse (1).

Pour expliquer cette contradiction, je ne vois

---

(1) *Voyez* la note n^e 5, à la fin de cette histoire.

que le moyen dont j'ai déja parlé, savoir : d'admettre que primitivement il y a eu deux ou trois mémoires d'auteurs contemporains ; que ces auteurs ont rapporté certains faits d'une manière différente ; et que le compilateur final, embarrassé de faire un choix, a cousu ces divers récits à la suite l'un de l'autre, soit par négligence et défaut de critique, soit parce qu'il n'a osé faire un choix entre des autorités qui lui en imposaient également. Cette solution conviendrait à beaucoup d'autres quiproquo.

En second lieu, comment Samuel, qui a semblé craindre la vengeance du roi, s'est-il déterminé à l'encourir, à la braver ? Il est clair qu'un homme de sa trempe ne s'est point aventuré sans avoir connu son terrain, sans avoir préparé ses voies, ses issues : voyez comment d'abord il a rempli son voisinage du *bruit* de ses pleurs nocturnes, de ses *cris* à Dieu sur le malheur de Saül, sur la disgrace céleste de son pupille chéri. Cette rumeur n'a pu manquer d'arriver aux oreilles de Saül, vivant paisible à quelques lieues de là, dans sa métairie de Gebaa : il a appris que Dieu persécute le prophète, pour lui faire *oindre* son successeur ; il connaît le caractère implacable de ce Dieu, qui ne veut jamais en vain, et qui peut-être menace Samuel de le tuer. Le saint homme, entre deux dangers, se trouve dans un grand embarras ; cependant il calcule que si Saül est violent, il est généreux et bon, que surtout il est *très-religieux*, c'est-à-dire très-persuadé de la mission divine de lui, Samuel; très-persuadé que si le Dieu *Jehowh* a résolu sa destitution, rien ne pourra l'empêcher. Les devins ont beaucoup de ressources; un homme comme Samuel a dû avoir quelque dévoué secret dans la maison et autour de Saül (1); il aura connu ses dispositions; il aura su que n'osant frapper le représentant de Dieu, le roi adresse plutôt ses menaces à son futur rival. Dans cette position, Samuel aura calculé que, le cas arrivant, ses devoirs seront remplis; qu'il sera encore temps pour lui de se retirer, en disant que Dieu a eu ses raisons pour élever et abaisser qui lui a plu, et que lui n'a plus qu'à se taire.

Il faut encore remarquer que depuis le sacrifice de *Maspha* et la scène de rupture, il s'est écoulé un laps de temps suffisant à tous ces préliminaires. Ainsi la démarche de Samuel, en sacrant David, n'est pas aussi imprudente qu'on le croirait d'abord. Néanmoins on a droit de penser qu'elle a dû se faire sans scandale; qu'elle a dû exiger le secret : et comment a-t-il pu être gardé ce secret, si l'onction a eu beaucoup de témoins? L'objection est juste, mais le texte n'est pas précis sur ce point : il dit bien que les vieil-

---

(1) *Voyez* la note n° 3, à la fin de cette histoire.

lards furent *invités au repas*; mais il ne fait aucune mention d'eux à l'onction; il n'est parlé que des *frères*; et notez bien qu'il n'est pas dit *en présence des frères*, selon l'expression ordinaire et propre; il est dit : *à côté*, au voisinage de ses frères (*be karb*). Ce mot oblique est remarquable : ne serait-ce pas que l'onction n'a réellement eu pour témoin qu'Isaï (celle de Saül n'en avait eu aucun, Samuel avait écarté le valet); et qu'ici le narrateur (qui doit être Samuel même), n'osant insérer le mot *en présence*, a mis l'équivoque *à côté*, au voisinage ? Mais supposons que les sept frères fussent présents, ils ont encore pu, malgré leur jalousie, garder le secret; d'abord, parce que la dissimulation, la discrétion en choses domestiques, sont un trait fondamental des mœurs arabes; ensuite, parce qu'il y a eu intérêt de crainte pour tous : car le roi, selon un usage asiatique que nous retrouvons en tout temps, pouvait prendre le parti d'exterminer toute la famille (très peu de temps après, le cas arriva à celle du grand-prêtre *Achimelek*, que Saül fit massacrer tout entière, par cela seul que le chef avait donné du pain à David). En résultat, il faut bien croire que le secret a été gardé, puisque, soit dans l'un, soit dans l'autre récit de présentation, l'on ne voit Saül commencer ses persécutions qu'un certain temps après l'onction.

Mais quelle raison Samuel a-t-il pu avoir de

faire le choix, si singulier en apparence, d'un simple berger pour le convertir en roi ? Sans doute ceci est bizarre dans nos mœurs modernes, dans notre état de civilisation, qui a produit tant de classes d'hommes instruits et cultivés au sein de chaque nation, en Europe et en Amérique ; mais dans les mœurs asiatiques, en général, dans les mœurs arabes même actuelles, un tel choix n'a rien d'étrange ni de déraisonnable : ne voit-on pas encore tous les jours chose semblable en Turkie, ou des boulangers, des chaudronniers, deviennent pachas, même vizirs ? Il faut se rappeler que la nation hébraïque n'était composée que de cultivateurs paysans, de quelques marchands peu riches, peu considérés, et d'une classe de prêtres très-peu cultivés. La condition du pasteur, d'administrateur de gros et menu bétail, qui forme une branche importante de la richesse et de la propriété d'une famille, cette condition n'était inférieure à aucune autre gestion rurale, et peut-être exige-t-elle plus de talents et d'habileté que la culture routinière des oliviers, des vignes et des blés ; du moins laissait-elle bien plus de temps pour la culture des facultés intellectuelles.

Ce soin de conduire et de gouverner des êtres animés, qui ont leur sphère d'intelligence, leurs passions, leurs volontés, est plus propre qu'on ne croit à exercer le raisonnement d'une tête humaine, et à le préparer à des fonctions semblables vis-à-vis d'êtres d'un ordre plus élevé; mais d'une nature peu dissemblable. Le hasard voulut ici que d'heureuses facultés se trouvassent réunies dans un simple berger; combien n'a-t-il pas existé d'autres paysans non moins bien organisés, à qui il n'a manqué que l'occasion de les développer, que les circonstances d'en faire usage? David, né sur une frontière ennemie, celle des Philistins, fut de bonne heure à l'école des alarmes, des vexations, des dangers de tout genre; il eut à lutter contre des voleurs hardis, contre des filous subtils, tels que le pays en nourrit encore : il y prit des leçons de ce courage et de cet esprit rusé qu'il montra dans la suite.

Les combats de lions et d'ours, dont il se glorifia devant Saül, n'ont point dû être une chimère en ce temps-là, puisqu'il est prouvé par divers passages qu'alors il existait, jusque sur la frontière du désert, des forêts et des bois qui, là comme partout ailleurs, ont disparu par l'effet de la population et le ravage des guerres. Un tel jeune homme put être remarquable dans tout le voisinage; surtout lorsqu'à ces moyens il joignit un talent d'agrément, celui de jouer d'un instrument de musique : ce goût fut toujours l'apanage des bergers, par la raison bien simple des longs loisirs dont il jouissent : leurs yeux seuls sont occupés à la surveillance du troupeau; toutes leurs autres facultés restent libres pour la méditation et la pensée. Nos savants de cabinet donnent une grande et lourde harpe à David, sans faire attention qu'il portait la sienne aux champs, et qu'avec elle il dansa légèrement devant l'arche : il est clair que ce fut la *lyre* ou le *luth* qu'à la même époque on retrouve usité ou cité en Grèce.

L'age de David, au temps dont nous parlons, ne dut pas être de moins de vingt ans, quoi qu'en disent les traducteurs, puisque les serviteurs de Saül le peignent comme un jeune homme vigoureux et propre à la guerre. Si sa réputation put parvenir jusqu'au séjour du roi, où l'on avait peu d'intérêt à y songer, combien n'a-t-elle pas dû parvenir à celui de Samuel, qui mettait tant d'intérêt à trouver un sujet capable de remplir ses vues? Ce *devin*, si répandu par ses relations de tout genre, aura ouï parler d'un tel jeune homme si *beau*, si *brave*, si *prudent en tous ses discours;* il l'aura suivi de l'œil et de la pensée pendant un temps suffisant à le bien connaître, à le bien apprécier; il n'arriva point chez Isaï sans bien savoir ce qu'il avait à faire; et quand lui ou son copiste nous conte les perpétuels colloques à voix basse du Dieu *Jehowh*, il suppose avoir toujours affaire à des lecteurs juifs.

§ XIII.

Origine de l'onction (à l'huile ou à la graisse) (1).

Mais une autre difficulté reste à expliquer. Comment un acte aussi insignifiant en lui-même, aussi trivial que celui de verser sur la tête, de frotter sur le front un peu d'huile ou de graisse, a-t-il eu l'effet prodigieux non-seulement de persuader à un simple pâtre qu'il était sérieusement appelé à être roi, mais encore d'étendre cette persuasion à l'immense majorité d'une nation, et jusqu'à Saül lui-même et à son fils Jonathas, qui en font la déclaration formelle au chap. xxiii, v. 17 et chap. xxiv, v. 21? Il faut convenir qu'au premier aspect, un tel fait semble singulier; mais quand on l'examine dans ses accessoires et ses antécédents, il redevient naturel et simple comme tous les autres de cette histoire, parce qu'il se trouve être l'effet d'une opinion et d'un préjugé qui, depuis long-temps, avaient préparé les esprits.

Il est bien vrai qu'avant cette époque aucun

---

(1) Le texte n'est pas clair à ce sujet, le mot hébreu *shamn*, signifiant *toute* matière *grasse*, *onctueuse*, *huileuse* ; et le mot *samn*, dans l'arabe, restant affecté au *beurre fondu*.

chef laïque et militaire n'avait reçu la cérémonie de l'onction et du frottement d'huile ; mais le rite n'en existait pas moins, dès long-temps public, solennel, entouré de circonstances les plus capables d'imposer respect, puisqu'il était le rite d'inauguration du grand-prêtre de Dieu, l'acte qui avait consacré le premier grand-prêtre Aaron par la main du législateur de l'état, du fondateur de la religion, par la main de Moïse : c'est ce que nous apprend le chap. XIX de l'Exode, avec des détails dignes d'attention. Écoutons le texte : Dieu dit à Moïse : « Voici ce que vous ferez pour con-
« sacrer Aaron et ses enfants aux fonctions de
« prêtres. Prenez un veau et deux beliers sans
« taches, du pain non levé, des galettes non fer-
« mentées, mouillées d'huile, faites de farine et
« de froment ; posez-les sur une corbeille, présen-
« tez-les avec le veau et les deux beliers ; faites
« approcher Aaron et ses enfants à la porte de la
« tente où est l'arche ; lavez-les avec de l'eau ;
« prenez les vêtements (appropriés), et vêtissez
« Aaron d'une tunique, d'une robe longue (la
« chape), etc. ; posez sur leurs têtes la tiare (ou
« mitre), et appliquez le diadème de sainteté sur la
« mitre ; et vous prendrez l'huile d'onction, vous
« la verserez sur la tête d'Aaron, et vous l'en frot-
« terez : vous ferez approcher aussi ses deux fils,
« et les vêtirez (sans les oindre d'huile), et ils se-
« ront consacrés à être mes prêtres pour toujours. »

On voit ici tout l'éclat et l'appareil de la cérémonie de l'onction faite en face de l'arche du Dieu *Jehowh*, en présence du peuple d'Israël ; et l'on conçoit comment il fut facile d'en faire passer le respect religieux sur la tête d'un roi. Si c'eût été une nouveauté de l'invention de Samuel, certainement il n'eût point eu le crédit de lui inoculer ce caractère ; il y a plus : si de la part de Moïse même, elle eût été une nouveauté, une chose inventée par lui, on peut assurer qu'elle n'eût point produit l'effet qu'il désirait ; mais Moïse, élève des prêtres égyptiens, et qui emprunta d'eux, sinon toutes, du moins la plupart de ses idées et de ses cérémonies, Moïse leur emprunta également celle-ci, qui chez eux dut tenir d'une haute antiquité son caractère saint et mystérieux.

Néanmoins, puisque dans cette antiquité quelconque elle eut, comme toutes choses, un commencement, un premier motif d'origine, quel a pu être ce motif, quelle idée a conduit son premier ou ses premiers inventeurs à imaginer cette singulière pratique ? Ce motif a dû être un besoin, une chose utile à la société qui la pratiqua. Or, je trouve ce besoin, cette chose utile dans la nature des choses de ce temps-là, dans les mœurs des nations encore demi-sauvages, commençant d'entrer en société régulière. Je me figure une peuplade d'Égyptiens de la Haute-Égypte, nus ou presque nus à raison du climat, voulant imprimer à un ou plusieurs d'entre eux un signe particulier de commandement, de fonctions quelconques ; comment établiront-ils ce signe ? Sera-ce une écharpe, un bonnet d'étoffe ou de plumes, un petit bâton-sceptre, un bandeau sur le front ? Tous ces objets mobiles, fragiles, peuvent s'arracher par la violence du premier venu, l'homme n'est plus rien ; ils auront remarqué que certains liquides, tels que la graisse et l'huile, s'attachaient, se fixaient à la peau d'une manière tenace, difficile à effacer ; l'eau ni pouvait rien ; la poussière rendait la marque plus visible ; ils auront trouvé cette marque propre à leur but ; l'effet de la poussière commune leur aura donné l'idée d'appliquer des poussières de couleur ; ils ont eu à leur disposition le rouge du corail, du minium, du cinabre, le jaune des ocres, le vert de cuivre, le bleu de certains coquillages et végétaux ; la marque colorée qui en est résultée sera devenue chez les premiers peuples un signe d'utilité et de beauté, que nous retrouvons ensuite à toutes les époques et dans tous les pays, chez la plupart des peuples même policés.

Ce genre de signe est frappant chez les Indiens, où il porte un caractère religieux, puisque les adorateurs des trois dieux se distinguent l'un de l'autre par les couleurs et la forme de ces marques sur le front. Il se retrouve dans toutes les îles de l'Océan indien et pacifique ; nous le voyons chez nos sauvages d'Amérique, comme chez leurs frères les Tartares d'Asie, et comme chez la plupart des noirs d'Afrique. Pour le rendre plus fixe, l'art perfectionné s'est avisé de faire pénétrer la couleur dans le tissu de la peau en la piquant avec de fines pointes d'arêtes de poisson ou d'aiguilles de métal, ce qui a constitué l'art de *tatouer*, que les relations des voyageurs modernes ont rendu si célèbre. Ainsi, dans son origine et dans son but, la cérémonie d'*onction sacerdotale et royale*, à laquelle les peuples et les cultes judaïsans attachent une si haute et si mystérieuse importance, n'a été et n'est tout simplement que le *tatouage* ou le *tatouement* d'un individu, afin de le rendre ineffaçablement reconnaissable.

Mais je dois terminer l'histoire de Samuel; et cependant je voudrais expliquer encore pourquoi il s'est obstiné à destituer le roi Saül, à lui donner un rival, un successeur qui ne peut être considéré que comme un intrus, un usurpateur. J'admets un peu pour premier motif le ressentiment du prêtre contre les prétentions de Saül à s'immiscer aux fonctions de *sacrificateur* et de *devin*; néanmoins ce motif semble ne pas suffire, lorsque l'on considère le repentir plus qu'expiatoire auquel le roi s'abaisse. Il faut qu'il y ait eu une autre cause plus radicale, et je la trouve dans l'infirmité physique de Saül, laquelle, examinée médicalement, n'a pu être que l'épilepsie. Le texte hébreu lui-même autorise cette idée; car, lorsqu'il dit qu'un méchant esprit *agita* ou *troubla* Saül, le mot *baat*, que l'on traduit par *agité* et *troublé*, signifie spécialement trouble avec *effroi*, avec *frisson* et *terreur*, précisément comme il arrive dans les convulsions épileptiques. Un tel mal, joint à l'idée d'un *méchant esprit* qui le cause, n'a pu que décréditer Saül dans les préjugés de son peuple; et ce prince a dû achever de se perdre, tant par les violents accès de colère auxquels on le voit livré de plus en plus, que par la médiocrité de ses moyens moraux et politiques. Samuel, qui a fait le choix erroné d'un tel chef, ne s'est point pardonné sa méprise, et c'est pour la réparer qu'il a imaginé les prétextes que nous avons vus: d'ailleurs, dans l'exécution finale de son dessein, il introduit un ménagement digne de remarque; car il ne choisit pas un homme âgé, capable d'être un compétiteur immédiat, il prend un jeune homme de vingt à vingt-quatre ans, qui, vis-à-vis de Saül, alors âgé d'environ cinquante-cinq, laisse à ce roi le temps d'achever sa carrière.

Depuis l'*onction* de David, l'on ne voit plus Samuel qu'une seule fois en scène, savoir, lorsque le *berger sacré*, devenu gendre de Saül, commence d'être persécuté par ce roi, et qu'il se réfugie à *Ramata*, d'où Samuel l'emmène chercher un abri commun dans la confrérie des prophètes, à *Niout*. Nous avons vu ci-devant que Saül irrité y accourut lui-même : le cas fut périlleux, parce qu'à cette époque il dut être bien informé de l'onction secrète de David; mais Samuel, toujours rusé, aura profité de cette entrevue pour calmer le roi, et faire avec lui sa paix; il lui aura remontré qu'il n'avait pu se soustraire aux ordres du terrible *Jehwh;* il lui aura déclaré que désormais c'était l'affaire de Dieu de diriger son nouvel élu, et que lui personnellement ne se mêlerait plus de rien. Ce même raisonnement l'aura débarrassé de la tutelle de David, qui devint de plus en plus dangereuse; car peu de temps après, David ayant reçu asile et secours du grand-prêtre Achimelek, toute la famille de ce prêtre fut massacrée sans pitié par l'ordre et en présence de Saül lui-même. On a droit de penser qu'un homme aussi fin que Samuel, et qui connaissait si bien le caractère de son premier pupille, avait depuis du temps apprécié le progrès de ses fureurs naturelles et maladives; et la preuve de la conduite réservée du prophète depuis cette entrevue, est qu'on le voit, deux ans après, mourir paisible, laissant dans l'esprit de Saül une si haute vénération de sa mémoire, que ce prince, la veille du combat où il périt, n'espéra de consolation et de secours que de la part de l'ombre de Samuel, qu'il fit évoquer par la magicienne de *Aïn-dor* (1). L'examen de

---

(1) *Voyez* la note n° 6, à la fin de cette histoire.

cette scène de fantasmagorie serait un nouveau morceau curieux et instructif des usages du temps; mais il me mènerait trop loin.

En résumé, vous voyez la conduite de Samuel s'expliquer dans tous ses détails par des causes naturelles, puisées dans les mœurs et les préjugés de sa nation; vous voyez toutes ses actions trouver leurs motifs palpables dans son caractère personnel toujours le même, toujours calculateur, astucieux, hypocrite, ambitieux de pouvoir, et louvoyant à travers les difficultés de sa position avec autant d'art que les circonstances le comportent. Je voudrais qu'après avoir lu mon commentaire, vous relussiez le texte qui me l'a fourni; vous sentiriez mieux combien est transparent le voile de *prodiges* et de merveilles qui l'enveloppe; vous vous convaincriez que ce merveilleux n'a existé que dans le cerveau visionnaire d'un peuple ignorant; et vous vous étonneriez avec moi de l'entêtement aveugle qui prétend soutenir encore aujourd'hui de si sauvages erreurs; mais le monde, qui à chaque génération redevient *enfant*, est toujours gouverné par la routine et par les vieilles habitudes. Il faut croire que chacun y trouve son compte; les uns dans les illusions voient une mine à exploiter, et ils l'exploitent à la manière de Samuel et de sa *confrérie;* les autres y trouvent un aliment, une autorité au besoin de *croire*, qui semble un des attributs de la nature humaine!

tel est le mécanisme de cette nature, que lorsqu'en notre enfance nos nerfs ont été frappés de certaines impressions, ont été pliés à certaines habitudes, toute la vie les sons même et les mots qui s'y sont liés ont le pouvoir magique d'exciter et ressusciter en nous les mêmes mouvements, les mêmes dispositions (1). On nous a imprégnés au berceau des récits de la Bible, on a lié les noms de ses personnages à certaines opinions, à certaines idées; et voilà que les jugements qui nous ont été infusés, s'incorporent avec nous, et persistent machinalement toute notre vie; j'ai souvent pensé, et j'en ai fait quelquefois l'expérience, que si à l'âge mûr on nous présentait ces mêmes récits, revêtus d'autres noms et comme venant de la Chine et des Indes, nous en porterions des jugements très-différents : là est la solution d'un

---

(1) Qu'est-ce que *croire*? je le demande au plus habile métaphysicien; n'est-ce pas *voir comme existant* ce qu'on nous dit exister? Mais ce tableau que l'on *voit* ou que l'on se figure *voir*, peut n'exister que dans notre *cerveau* : par exemple, d'anciens savants ont cru que le ciel était une voûte de cristal : il est clair que ce cristal, que cette voûte n'existaient que dans *leur cerveau* où ils la voyaient, et non dans le firmament. Toute la question des croyances est là. *Voir dans son cerveau* : cela ne dérange rien dans la nature. Josué ou son historien a-t-il vu autrement le soleil s'arrêter? Répondez-moi, biblistes.

(*Note de l'éditeur.*)

problème qui souvent étonne dans la société, et qui consiste à trouver en des personnes d'ailleurs bien organisées, un jugement sain et droit sur toutes les choses qu'elles ont apprises par elles-mêmes, mais constamment faux sur ce qu'elles ont appris par l'éducation du bas âge : dans le premier cas, leur ame ou principe intellectuel a opéré par lui-même, il a été conséquent en sensation et en jugement; dans le second cas, il n'a été qu'une machine à répétition, une horloge discordante, dont la sonnerie n'est pas d'accord avec le cadran que le soleil gouverne. (1) — Mais à propos d'horloge, voilà que je crois, comme dans les *Contes arabes*, entendre l'heure m'avertir de

---

(1) C'est encore par ce mécanisme, que l'on voit souvent dans la veillesse reparaître les impressions de l'enfance, qui avaient dormi pendant tout l'âge mûr. Par exemple, le physicien Brisson, élevé dans le patois poitevin, l'avait perdu de vue dans sa très-longue résidence à Paris..... Devenu vieux, il eut une attaque d'apoplexie, qui, en lui laissant d'ailleurs ses facultés physiques, effaça toutes ses idées et connaissances acquises par l'étude, même le souvenir de la langue française : mais les impressions premières du *patois* de l'enfance reparurent et continuèrent jusqu'à sa mort, arrivée quelques mois après. Dans l'âge mûr, notre raison *tendue*, repousse avec mépris les *loups-garous* et les *esprits-revenants*. Dans la vieillesse, nos nerfs retombés dans l'état de végétation purement animale, reprennent les *terreurs* de l'enfance : que d'exemples dans ce fameux siècle de Louis XIV, riche en arts d'imagination, pauvre en sciences exactes et physiques!

(*Note de l'éditeur.*)

clorre ma *veillée* ou *nuit* : heureux si, ne l'ayant pas trouvée si amusante que ses *mille et une sœurs*, vous la jugez du moins plus utile en ses résultats !

Je suis, etc.

CONCLUSIONS

DE L'ÉDITEUR.

Questions de droit public sur la cérémonie de l'onction royale.

Notre voyageur a rempli ses fonctions d'historien critique; nous sera-t-il permis de remplir celles de jurisconsulte scrutant les conséquences des faits présentés? Nous n'entendons pas nous prévaloir du commentaire qui vient d'être lu; nous acceptons l'état des choses tel que le donne l'auteur original, encore qu'il ne soit point fondé en titre légal; et, nous bornant à raisonner sur le seul fait de l'onction conferée par Samuel, nous soumettons à nos lecteurs les questions suivantes :

1° Le Dieu que les Juifs peignent comme *endurcissant les hommes, afin de les perdre;* comme leur envoyant de *méchants esprits,* afin d'égarer leur raison; comme *exterminant* tout un peuple, et *faisant hacher un roi* en pièces pour un fait arrivé 400 ans auparavant; ce Dieu peut-il être considéré comme le même qu'adorent les chrétiens;

les Européens du XIXe siècle de l'ère appelée de *grace*, de charité et de lumières? — (En d'autres termes :) Les anciens Hébreux ou Juifs se sont-ils fait de la Divinité les mêmes idées que s'en font les Européens actuels?

2° Peut-on regarder les opinions des anciens peuples, sur n'importe quel sujet, comme obligatoires pour les peuples modernes? Et, si dans le droit public un particulier ne peut en lier un autre ni dans ses actions ni dans ses pensées, peut-on admettre qu'une génération qui n'était pas née, ait été liée d'esprit et de sensations par le fait d'une génération passée et dont la langue même lui est une énigme?

3° Si dans aucun pays, si dans aucun code de justice, le fait le plus simple n'est admis comme *vrai* ou comme *apparent*, à moins de deux témoins, peut-on admettre des faits incroyables, sans aucun témoin autre que leur acteur et narrateur nécessairement partial?

4° Si dans aucun pays, si dans aucun code de justice, il n'est permis à un individu de se constituer, pour le moindre acte civil, le représentant d'une autre personne, sans exhiber un titre positif d'autorisation de cette personne, peut-on admettre, sans la plus stricte enquête, la prétention du premier venu qui se dit et se constitue représentant de *Dieu*, porteur de sa parole?

5° Peut-on espérer aucune paix parmi les hommes, aucune pratique de justice dans les sociétés, tant qu'il sera permis à des individus quelconques de s'arroger à eux-mêmes, de se conférer, de se garantir les uns aux autres la faculté de représenter Dieu, de lui donner des volontés, de lui interpréter des intentions? — Toute action de ce genre n'est-elle pas l'affectation du pouvoir absolu, le premier pas au despotisme et à la tyrannie?

6° Toute *corporation* fondée sur ce principe de représentation ou d'autorisation divine, n'est-elle pas une *conjuration* permanente contre les droits naturels de tous les hommes, contre l'égalité et la liberté des citoyens, contre l'autorité des gouvernements?

7° Si, chez les Juifs, l'établissement d'une royauté et d'un roi fut, comme le dit l'historien, une chose *contraire* à la volonté de *Dieu*, ne s'ensuit-il pas directement qu'au lieu d'être de droit divin, la royauté n'est qu'une invention de l'homme, une *rébellion* du peuple contre Dieu, et que le seul gouvernement saint et sacré est le *gouvernement de Dieu par les prêtres*, c'est-à-dire, des prêtres au nom de Dieu?

8° Si Dieu, qui par sa toute-puissance pouvait d'un souffle exterminer le petit peuple hébreu ou changer leurs cœurs par l'envoi d'un *bon esprit;* si Dieu a préféré de se laisser forcer la main et de condescendre à leurs volontés, n'a-t-on pas droit d'en conclure que la Divinité même compte pour quelque chose la volonté du peuple, et qu'aucun pouvoir n'a le droit de la mépriser?

9° En admettant que Samuel n'ait pas été un usurpateur par fourberie; en admettant que l'installation de Saül par lui soit devenue légale à raison de l'assentiment du peuple, ne s'ensuit-il pas que le choix clandestin de David, fait sans aucune autorisation ni notion de ce même peuple, a été un acte illégal, contraire à tout droit public, et que le règne de toute la dynastie davidique est par cela même entaché d'*usurpation?*

10° Si dans le système des Juifs, l'onction conférée à David par Samuel eut un caractère indélébile à titre de divin, pourquoi, après la mort de ce prêtre et celle de Saül, le fils d'Isaï, qui fut un grand prophète théologien, trouva-t-il nécessaire d'assembler les anciens (*seniores et senatores*) d'abord de Juda, puis de tout Israël, pour se faire oindre publiquement et solennellement par eux (1)?

11° Si, comme il résulte des documents historiques, le sacre des rois de France a été institué à l'imitation de celui des rois juifs, n'est-il pas de stricte obligation d'y observer scrupuleusement les rites anciens et les *usages de nos pères?* Alors, puisque l'onction de Saül et de David par Samuel fut faite en *secret* et nullement en présence du

---

(1) Liv. II de *Samuel* ou des *Rois*, chap. v.

peuple, quel droit le grand-aumônier, ou tout prêtre chrétien, a-t-il de la rendre publique?

12° Si chez les Juifs le sacre par l'onction fut le transport du caractère sacerdotal sur la tête du roi, chez les Français un roi qui se fait sacrer entend-il participer à la prêtrise?

13° Si un roi de France reconnaît à un prêtre quelconque le droit de le sacrer aujourd'hui, n'est-ce pas lui reconnaître aussi le droit d'en sacrer un autre demain, à l'imitation du prophète Samuel?

14° De quel droit un individu quelconque peut-il sacrer un roi de France? Ce droit vient-il de l'évêque de Rome? Le roi de France est donc le vassal d'un prince étranger. Ce droit est-il *octroyé* au prêtre par le roi lui-même? Le roi se donne donc des droits. Où les puise-t-il? Est-ce dans la loi? Par qui a-t-elle été faite? Est-ce par lui? est-ce par le peuple? La *loi* est-elle un consentement mutuel de ces deux pouvoirs? N'est-elle que la force militaire? — Prenez-y garde; hors la *Charte*, tout est remis en question; tout redevient précaire et danger.

15° Si un sacre est une affaire d'état, pourquoi cette affaire est-elle de pur arbitre? Si c'est une cérémonie d'amusement, pourquoi la faire payer au peuple plus qu'une partie de chasse? Si c'est une cérémonie de piété, pourquoi en faire plus de bruit que de laver les pieds des pauvres et de toucher les écrouelles? — Quand toute la morale de l'Évangile n'est qu'*humilité* et *simplicité*, pourquoi sa pratique n'est-elle que faste et dissipation?

Un digne et curieux appendice à cette histoire du prêtre Samuel, serait celle de son pupille le berger David devenu roi. Il y a quelques années qu'un essai de ce genre fut publié à Londres sous le titre de *History of man according to God's own heart*, « Histoire de l'homme selon le cœur de Dieu. » L'auteur a bien saisi le caractère de cet homme, et il ne faut que savoir lire sans préjugé le livre juif pour le bien connaître par le récit de ses actions; mais cet auteur anonyme n'a pas su, comme le nôtre ici, analyser et faire ressortir les motifs qui ont dirigé David dans la plupart de ses actions; c'est là le plus piquant intérêt de la chose : l'on y verrait l'un des plus rusés, des plus subtils *machiavélistes* de l'antiquité : l'on y verrait que l'ancienne Asie a connu et pratique l'art raffiné de la tyrannie, long-temps avant que la perverse Italie moderne en eût rédigé les préceptes. En fait de talents militaires, en astuce politique, il y a une ressemblance frappante entre l'Hébreu David et le Carthaginois Annibal, qui tous deux parlèrent la même langue, furent élevés dans les mêmes usages nationaux, et dans les mêmes principes de morale. Parmi les modernes, la meilleure copie du roi hébreu est le premier roi chrétien des Francs, Clovis, tel que vient de le peindre un poète dans une tragédie qui est un portrait historique.

Un autre tableau serait celui du fils adultérin de David, ce Salomon de si célèbre sagesse. Il est à remarquer que tout ce que des voyageurs dignes de foi nous ont fait connaître depuis quelque temps de l'administration du pacha d'Égypte *Mehemed-Ali*, se rapporte trait pour trait à ce que l'on nous raconte de celle de Salomon. Comme ce roi, le pacha turc a concentré en lui seul le commerce intérieur et extérieur de tout son peuple ; lui seul achète et vend les blés, les riz, les sucres, toutes les denrées que produit l'Égypte ; lui seul reçoit de l'étranger les cafés, les draps, les marchandises de tout genre, qu'il revend à son peuple. Il a, comme Salomon, un harem de plusieurs centaines de femmes, des écuries de plusieurs milliers de chevaux ; de manière que, tout bien comparé, le pacha *Mehemed-Ali* est un Salomon, ou *Salomon* fut un pacha Mehemed-Ali. Nos voyageurs ajoutent que depuis long-temps le peuple d'Égypte n'avait été plus malheureux, vexé, pressuré avec plus d'*habileté* et de perversité. Les historiens juifs ne nous cachent pas qu'après la mort de Salomon, le peuple se trouva si mécontent, si irrité, que, ne pouvant obtenir de son fils les soulagements demandés, il éclata en révolte et rejeta sa dynastie pour prendre des rois plus modérés. *La sagesse* de Salomon porte en hébreu le même nom que celle dont le Pharaon d'Égypte déclara vouloir se servir pour mieux accabler les Hébreux : *Opprimons-les*, dit-il, avec *sagesse*, Be Hekmah. Nos docteurs déraisonnent sur ce mot ; le fait est que son vrai sens est *habileté, emploi adroit et rusé de la puissance*. Mais Salomon bâtit un magnifique temple où furent logés et richement dotés de nombreux prêtres ; et ces prêtres ont été ses historiens. N'est-ce pas ainsi qu'a été écrite par des moines l'histoire des rois francs de la première et même de la seconde race ?

NOTES.

N° Ier.

Page 169. — *Un homme de Dieu (Elahim), au nom de Jehovah ou Jehwh.*

Le mot *Jehovah* n'est connu d'aucun indigène arabe, d'aucun Juif purement asiatique; son origine même chez les Européens qui le consacrent, n'est ni claire ni authentique : lorsque l'on présente aux Arabes, transcrites en leur alphabet, les quatre lettres hébraïques qui le composent, ils lisent *iahouah* ou *ihwh;* ils ne peuvent même prononcer à l'anglaise ou à la française le mot *Jehovah*, parce qu'en leur langue ils n'ont ni *jé* ni *vé*. Le célèbre auteur de la Polyglotte anglaise, le docteur *Robert Walton*, l'un des plus savants et des plus sensés biblistes qui aient écrit sur ces matières, blâme expressément la prononciation *jehova* comme inouïe aux anciens (*Prolegom.*, pag. 49). « Il observe que les éditeurs des bibles
« ont eu l'audace de falsifier à cet égard les manuscrits mêmes;
« par exemple, à l'occasion du psaume 8, lorsque *Jérôme* ob-
« serve qu'il faut lire le nom de Dieu de *telle manière*, les
« éditeurs ont mis qu'il faut lire *Jehova*, tandis que le manu-
« scrit compulsé par Frobenius, porte *Jao*. »

Le premier auteur, ajoute *Walton*, qui ait lu *Jehova*, fut Pierre Galatin, en 1520, dans son traité *de Arcanis catholicæ veritatis*, tome 1er, liv. 2.

Nous avons vérifié cette citation sur l'original, qui dit seulement que, selon les docteurs juifs, il faut lire les quatre lettres par quatre syllabes *iah-hu-ve-hu* (et cela par des raisons cabalistiques qui nous sont la preuve de leur ignorance en tout genre, etc.)

Il paraît que ce sont les théologiens allemands qui, les premiers s'étant faits disciples des rabbins, ont donné *involontairement* lieu à cette lecture; nous disons *involontairement*, parce que chez eux, le grand *j* ne vaut que notre petit *i* commun, et leur *u* ne vaut que le français *ou*, de manière qu'en écrivant *jehuah*, ils prononcent *iehouah*, et non *Jehovah;* mais les Français et les Anglais lisant à leur manière cette écriture, ont introduit l'usage de *Jehovah*, auquel leur imagination a ensuite attaché des idées mystérieuses et emphatiques qui rappellent celles des anciens Juifs, chez lesquels la prononciation des quatre lettres *ihwh* était censée évoquer les esprits et troubler toute la nature; par suite de cette folle idée, il était défendu de jamais prononcer ce nom : aussi les premiers chrétiens grecs et latins, tels qu'*Origène*, *Aquila, Jérôme*, l'ont-ils toujours traduit par les noms de *Kyrios* et *Adonaï;* c'est-à-dire *maître* ou *seigneur*. Ce n'est que dans des cas particuliers, que quelques anciens chrétiens se sont permis d'entrer en explication à cet égard : ce qu'ils en disent, s'accorde parfaitement avec la lecture actuelle des Arabes et des Juifs d'Asie; par exemple : *Irénée*, l'un des premiers écrivains dits *ecclésiastiques*, observe (liv. 2, contre les hérétiques, chap. dernier) « que les Grecs écrivent *iaô*, ce qui « se dit en hébreu *iaoth*. » (Le *t* seul est de trop.)

Théodoret, question 15 *sur l'Exode*, dit: « Le nom prononcé « *iaô* par les Juifs, se prononce *iabè* par les Samaritains (ici *b* « est pour *v, iavë*). »

Diodore de Sicile, liv. 2, avait déjà résolu la difficulté, en disant que Moïse avait feint (comme Lycurgue) de recevoir ses lois du Dieu *iaw*. Avant Diodore, Strabon avait dit la même chose d'une manière encore plus explicative en ce passage digne d'être cité : « Moïse, l'un des prêtres égyptiens, en« seigna que cela seul était *la Divinité*, qui compose le ciel, la « terre, tous les êtres, enfin ce que nous appelons le *monde;* « *l'universalité* des choses, la *nature*. » (*Voy*. Géograph. lib. xvi, pag. 1104, édit. de 1707.)

Le grec *Philon*, traducteur du Phénicien Sanchoniathon, se joint à toutes ces autorités, quand il dit que le dieu des Hébreux s'appelait *ieuô*, ainsi que nous l'apprend Eusèbe en sa

Préparation évangélique. Il est donc certain que jamais les Hébreux n'ont connu ce prétendu nom, si emphatiquement déclamé *Jehovah* par nos poëtes et nos théologiens, et ils ont dû le prononcer comme les Arabes actuels, *iehouh*, signifiant *l'être, l'essence, l'existence, la nature des choses*, ainsi que l'a très-bien dit Strabon, qui en cette affaire n'a dû être que l'interprète des savants *syriens* de son temps, puisque très-probablement il n'a point su ces langues.

Si de ce mot *ihouh* l'on ôte les deux *h*, selon le génie de la langue grecque, il reste *iou*, base de *Jupiter*, ou *iu-pater* (*iou générateur*, l'essence de la vie), qui paraît avoir été connu très-anciennement des *Latins, enfants des Pelasgues*. Cette branche de théologie est plus profonde et bien *moins juive* qu'on ne le pense : elle paraît venir des *Égyptiens* ou des *Chaldéens*, qui, sous le nom de *Barbares*, sont pourtant reconnus par les Grecs pour les auteurs de toute *science astronomique* et *physique*, base primitive et directe de la théologie...

Pour épuiser ce sujet, ajoutons que chez les premiers chrétiens, la secte des *gnostiques* ou *savants* en *traditions*, avait recueilli celle qui donnait le nom de *iaô* au premier et au plus grand des *trois cent soixante-cinq dieux* qui gouvernaient le monde; ce *plus grand* résidait dans le premier et le plus grand de *tous* les *cieux* (*voy.* Epiph. contr. hær. c. 26); or, selon Aristote, ce *premier ciel* est le siége et principe de tout *mouvement*, de toute *existence*, de *toute vie*, le vrai *iehouh* de Moïse.

Quant au nom d'*Elahim* ou *Eloïm*, traduit *Dieu*, au singulier, il est incontestable qu'en hébreu, il est pluriel et signifie *les Dieux*. Cette *pluralité* fut la doctrine première; mais depuis que Moïse eut *constitué* chez eux le dogme de l'*unité*, le nom d'*Elahim*, les *Dieux*, ne gouverna plus que le singulier. La diversité d'emploi dans ces deux noms *Elahim* et *iehouh*, est digne d'attention en nombre d'endroits.

N° II.

Page 171. — *Parle, Jehwh, ton serviteur écoute.*

Dans l'hébreu comme dans tous les idiomes anciens et dans l'arabe actuel, le *tutoiement* est toujours usité envers la seconde personne *singulière*, jamais le pluriel *vous* : cette dernière formule est une invention de notre Europe, dont l'origine ne serait pas indigne de recherches ; le *tu* et *toi* porte un caractère d'égalité entre les personnes, qui semble appartenir spécialement à un état de *société sauvage*, dans lequel chaque individu se sent *isolé*, et considère comme tel son semblable ; le *vous*, au contraire, semble indiquer un état de société *civilisé* et compliqué dans lequel chaque individu se sent soutenu d'une *famille* ou d'une *faction* dont il fait partie : le sauvage dit *moi tout seul*, et *toi de même* ; l'homme civilisé dit : *moi et les miens, nous : toi et les tiens, vous :* l'homme en pouvoir, a dû commencer ce régime : moi et mes gens, *nous* voulons, *nous* ordonnons : en agissant contre l'homme faible, isolé, il lui a dit, *toi* qui es seul. Le *vous* est devenu un signe de puissance, de supériorité, un terme de respect... Le *toi* est resté un terme d'égalité non révérencieuse : voilà sans doute pourquoi le traducteur français *catholique* l'a banni comme un indice de *mœurs grossières* ; mais parce que cette grossièreté est un trait essentiel du tableau, c'est commettre un faux matériel que de le dissimuler. — Il en est de même de plusieurs expressions ordurières et obscènes que dissimulent toutes les traductions. On a honte de la grossièreté des mots et des mœurs ; et l'on n'a pas honte de la grossière absurdité des idées et des opinions que l'on nous fait digérer ! Voilà ce peuple chéri que l'on veut avoir été *élu*, pour attirer sur soi son manteau !

N° III.

Page 187. — *Les devins consultés par les riches comme par les pauvres,* etc.

A l'appui de notre voyageur, et au sujet des ruses des *devins* et de la crédulité du *peuple*, même *galonné*, nous voulons consigner ici une anecdote dont nous garantissons la vérité.

En 1781, l'éditeur du présent ouvrage résidant à Paris, eut occasion de connaître un particulier qui avait exercé et qui exerçait encore quelquefois la profession de *devin*; le hasard de quelques intérêts réciproques amena entre eux assez d'intimité pour que ce *particulier* s'ouvrît sur les mystères de son art, en y mettant seulement la condition de n'être jamais compromis : cette condition a été fidèlement remplie, et aujourd'hui même pour ne point l'enfreindre, nous taisons les noms en citant les faits que voici.

Vers 1765, M***, employé dans les bureaux de police de M. de *Sartines*, se trouva réformé et par suite assez embarrassé comment vivre : tandis qu'il était à la police, il avait dû suivre entre autres affaires une sorte de procès que des plaignants, escroqués, avaient intenté à une femme *tireuse de cartes*. Les interrogatoires lui avaient procuré des détails instructifs et curieux sur certains principes généraux établis comme bases de l'art : il avait trouvé qu'au total, cet art était un calcul de probabilité qui, manié avec adresse, devenait susceptible d'applications heureuses ; l'idée lui vint d'en faire une étude régulière, et d'en tirer le meilleur parti possible pour sa situation ; il commença par diviser et classer la *matière exploitable*, c'est-à-dire la *crédulité publique*, 1° en ses deux sexes, hommes et femmes ; 2° en ses quatre âges, savoir, enfance, puberté, âge mûr et vieillesse ; 3° en mariés et non mariés, en maîtres et en serviteurs ; 4° en clercs et laïques, nobles et roturiers, gens de métier et riches, etc. ; ensuite ayant établi les accidents généraux qui sont communs à toutes les classes, il distribua les accidents spéciaux plus habituels à chacune, et finalement les accidents plus rares et plus individuels. De ce travail, résulta une masse d'environ quatre mille articles des accidents de la vie humaine qui se rencontrent le plus ordinairement. Tandis que M*** exécutait ce travail de cabinet et de *théorie*, il se livrait à un autre de *pratique* non moins important; il employait tous ses loisirs à courir le monde et les réunions publiques pour connaître de figure et de nom les personnes marquantes, et pour apprendre tout ce qui concernait les affaires de famille et celles d'état; il fréquentait surtout les auberges où mangeaient les valets des grandes maisons, et celles où se réunissaient les mendiants. Il prenait divers déguisements, même de femme; la nature l'avait favorisé d'une figure propre à jouer tous les rôles : sous un visage bénin et presque niais, il cachait un esprit vraiment subtil, plein de sagacité et de pénétration. Lorsqu'il se vit fort de matériaux et de moyens, il s'établit dans le quartier de *la Place des Victoires*, où il fut bientôt consulté par les *filles* qui lui firent connaître les *entretenues*, qui, elles-mêmes, lui adressèrent leurs amants de haut rang, etc., de manière qu'en quelques années il acquit une somme assez considérable pour assurer son indépendance; ses succès furent tels, que parmi ses cliens il compta des personnes de haut rang, des gens de cour et de barreau, des ecclésiastiques, et même deux prélats qu'il reconnut très-bien : la plus curieuse de toutes ces histoires, fut celle de M. le duc d'O***.

En 1779, vers les onze heures du soir, notre devin entend frapper à la porte de sa chambre trois coups en *maître* : il venait de se coucher; il saute du lit, allume sa chandelle à sa *veilleuse*, ouvre la porte, et voit entrer un homme bien vêtu, de bonne taille, et portant un chapeau rond si enfoncé sur les yeux, qu'il était difficile de voir la figure. — Puisque vous êtes *devin*, dit cet homme, pourquoi ne deviniez-vous pas ma venue? — Je ne devine pas, répondit M***; je consulte le sort au besoin, et le sort m'éclaire. — Eh bien, consultez-le sur ce que je viens vous demander. Notre devin prend ses cartes, assez inquiet de ce qui allait arriver, son chagrin était de ne pas voir la figure : il jette des mots insignifiants pour entamer conversation; il fait tomber les mouchettes, se baisse pour les ramasser; et dans ce mouvement, il saisit les traits du personnage qu'il reconnaît pour M. le duc d'O***. Ce fut partie gagnée : notre homme offre un siége d'un air indifférent, lui-même s'assied sans façon, avec recueillement; il bat les cartes, en tire une première qui annonce une affaire de famille; à la seconde, il jette un cri d'effroi : — *Ah! Dieu, je suis perdu!* — Comment cela? dit le duc. — Un piége m'est tendu par un homme puissant; je ne puis continuer mon opération. — Le duc le rassure; le devin tire une autre carte qui désigne plus spécialement le consultant; le duc avoue qu'il vient *pour sa femme;* le devin savait comme tout le monde, que madame la duchesse était grosse, et même à peu près de combien de mois : il se doute que le consultant veut savoir si l'enfant sera mâle ou femelle; il tire une carte en conséquence; le sort déclare un enfant mâle après un *accouchement un peu laborieux;* le duc se lève sans dire mot, et après avoir ouvert la porte : *Cent louis,* dit-il, *si c'est vrai; cent coups de canne, si c'est faux,* et il part en poussant la porte.

Voilà notre devin sur le qui-vive : pendant plusieurs jours, il rôde autour de *l'hôtel* ou *palais;* il tâche d'accoster les gens de service ; il capte un jeune homme qu'il régale plusieurs fois au café voisin; il apprend le terme supposé pour l'accouchement; il prétexte un intérêt de l'annoncer à une personne qui a fait une forte gageure que ce sera une fille, il y aura quelque chose à partager; le jeune homme promet d'informer à l'heure; le terme arrive; le devin ne quitte plus le café; l'accouchement se fait; il est averti à l'instant; c'est un garçon (qui a été feu M. le comte de B...). Notre homme part à la course, monte à sa chambre, allume vite sa veilleuse et se couche. A peine une demi-heure s'était écoulée, il entend monter à pas de loup; il feint un sommeil profond; les trois mêmes coups l'éveillent : il sollicite un peu de patience, fait de la lumière; et ouvre. Le monsieur au chapeau enfoncé entre et dit simplement *bonsoir*, jette sur la table une bourse qui sonne, se retourne et part; le devin compte les louis, il y en avait juste *cent;* ce fut une indemnité pour quelques autres aventures. Elles n'étaient pas toutes aussi heureuses; l'une d'elles l'avait brouillé avec la police. Un homme, qu'elle poursuivait, l'avait consulté pour sortir de Paris : le sort avait répondu, *sortez par la porte haute;* l'homme avait réussi par la barrière d'Enfer; mais il avait été repris; il fallut, pour calmer cette affaire, employer des amis et de l'argent.

C'eût été un recueil curieux que celui de toutes les anecdotes qui lui étaient arrivées dans ce genre de profession; il en avait retiré des résultats philosophiques très-piquants sur les divers degrés et dispositions de crédulité des divers âges, sexes, tempéraments et professions. Le plus fort de sa clientelle avait été en femmes, surtout de l'âge moyen, en joueurs, en plaideurs, en militaires, en entrepreneurs de commerce; il avait remarqué que cette vivacité d'idées que l'on appelle de *l'esprit,* loin d'empêcher la crédulité, y était plutôt favorable; que l'ignorance en choses physiques en était surtout la cause essentielle; que les plus rares de tous ses consultants avaient été des physiciens, des médecins et des mathématiciens; néanmoins il en citait quelques exemples, avec cette circonstance que les individus étaient ce qu'on appelle *dévots*; du reste, il convenait que l'art n'était qu'habileté et ruse; il était persuadé que les anciens ministres des temples et des oracles y étaient très-versés, et qu'ils en avaient fait des études profondes au moyen desquelles ils avaient pu pratiquer des tours de fantasmagorie dont aujourd'hui l'on n'a plus d'idée. (Il n'avait pas vu ceux dont les *Robertson* et les *Comte* nous ont étonné et instruit depuis quelques années.)

N° IV.

Pag. 224. L'obscur laconisme de l'hébreu dans ce passage n'a été compris d'aucun traducteur : le grec ne présente pas de sens raisonnable; le latin qui a voulu en faire un, et qui a été copié par le français, l'anglais, etc., s'exprime ainsi : —
« Sont-ce des holocaustes et des victimes que le Seigneur de-
« mande? n'est-ce pas plutôt que l'on obéisse à sa voix? L'obéis-
« sance est meilleure que les victimes; il vaut mieux lui obéir
« que de lui offrir les béliers les plus gras, car c'est une espèce

« de magie de ne vouloir pas se soumettre ; et ne pas se rendre
« à sa volonté, c'est le crime de l'idolâtrie. »

L'on voit que ceci est un pur radotage privé de sens. Voici
le texte :

An voluntas Domino in ascensionibus et victimis, sicut audiens
Hé Hafs l'iehouh bé aloût oua zabahim ke somâ
in verbo Dei? Hic audiens ex victimâ bonum (ou *boni*) *in inspec-*
be qôl iehouh heneh semâ me zabah toub le heq-
tione adipis arietum; quia peccatum divination rebellio et vacuitas
sib mahleb aïlim ki Hâtat quesm meri ou âoun
et idolis fiducia.
ou tarafim he fasr.

Le latin ne rend pas parfaitement le texte, parce que dans
l'hébreu les genres manquent de signes comme dans l'anglais ;
par exemple, *toub* est comme *good*, et peut signifier bon,
bonne, bonté. L'on voit la difficulté de saisir le sens d'un style
si oraculaire ; mais quelle est ici la pensée de Samuël ? il se dit
interprète de Dieu, recevant sa parole tête à tête comme Moïse ;
si d'autres que lui parvenaient à connaître cette parole ou cette
volonté par le moyen des victimes, son privilége serait perdu :
il a donc intérêt de décréditer ce moyen, et comme il en connaît la fausseté, en le décréditant, il met les prêtres hors de
pair avec lui sans qu'ils osent s'en plaindre ; ce doit être là le
sens de ses paroles à Saül. Le français littéral peut se dire ainsi :

« *Dieu veut-il des victimes et des (fumées) montantes (de*
« *grillades;* (car c'est le vrai sens d'holocaustes), *autant que*
« *l'audition (obéissante) à sa parole ? Ici l'on écoute* (on veut
« connaître) *le bon (succès) par la victime en regardant avec at-*
« *tention la graisse des béliers.* »

Or, ou *mais* (le mot hébreu *ki* a une multitude de sens,
même le disjonctif), *or,* ou *mais, le péché de devination est
révolte, chimère, confiance aux idoles, etc.*

Du moins ici il y a un sens raisonnable et non pas forcé ou
nul, comme lorsque le mot *toub* est traduit par *meilleur* et
que l'on renverse la phrase pour le placer. On ne saurait le
nier, les livres hébreux sont encore à traduire. On a beau nous
vanter nos *pères* en *doctrines*; les anciens ont manqué totalement de critique, et de plus, ils ont manqué des moyens scien-

tifiques que le temps a cumulés en faveur des modernes : il est démontré que les prétendus septante n'ont point entendu l'hébreu, malgré toute la *fable d'inspiration* dont on a voulu les entourer, et dont la fourberie est démontrée par le savant bénédictin Montfaucon, dans les Hexaples d'Origène, tom. 1er.

N° V.

,Pag. 230. — *Je ne concilie pas cette présentation avec celle du chapitre suivant, qui est le XVII.*

Pour mettre le lecteur plus en état de prononcer lui-même à cet égard, nous lui soumettons la substance fidèle de ce chapitre 17, un peu trop long pour être cité mot à mot. — Il débute par mettre en présence les deux armées et camps des Philistins et des Hébreux sans avoir dit un mot des causes ni des antécédents de cette guerre, ce qui déja indique qu'il n'est pas la suite positive du chapitre 16, qui finit par le récit de la première présentation.

« Un Philistin de taille gigantesque, né bâtard, et nommé
« *Goliath*, s'avance entre les deux camps, et défie au combat
« le plus vaillant des Juifs. (Le narrateur décrit d'une manière
« instructive et curieuse les détails de son armure.) Pendant
« quarante jours, soir et matin, Goliath recommence son défi
« en posant pour condition que les compatriotes du vaincu de-
« viendront les esclaves des compatriotes du vainqueur. Les
« Hébreux restent stupéfiés de frayeur; or, un homme de Be-
« thléem avait huit enfants dont trois étaient au camp, et Da-
« vid, le plus jeune, allait et venait de la maison au camp
« leur porter des vivres : et un matin qu'il en apportait, il vit
« Goliath, le géant, qui, à son ordinaire, défiait les Hébreux.
« Il s'informa de ce que cela signifiait, et un Hébreu lui dit :
« Vous voyez cet homme qui insulte Israël; si quelqu'un peut
« le vaincre, le roi l'enrichira, il lui donnera sa fille, il *affran-*
« *chira* la maison de son père, et la rendra *libre* (les Hébreux
« étaient donc serfs). Et le frère aîné de David l'entendant par-
« ler lui dit : Que fais-tu ici? et pourquoi as-tu quitté ce peu
« de troupeaux que nous avons? Je connais ton *orgueil* et la

« *malice* de ton cœur. » (Ces derniers mots semblent faire allusion aux prétentions que l'onction royale aurait déja données à David.) « Tu viens voir le combat, retourne à la maison. Et « David alla d'un autre côté, continuant de questionner les « uns et les autres, tellement que ses discours parvinrent aux « oreilles du roi : et il fut conduit devant Saül, à qui il dit avec « assurance qu'il combattrait le géant, et qu'il le vaincrait. « Saül lui fit essayer les armes d'usage, savoir la cuirasse, le « casque, le bouclier; David dit que tout cela le gênait, et « qu'il ne voulait que sa fronde, son bâton et *cinq pierres* po-« lies qu'il choisit dans le torrent : ainsi armé, il s'avance vers « le géant: entre eux deux se passe un dialogue selon les mœurs « du temps, dans le style des guerriers d'Homère. David prend « son temps, et de sa fronde lance une pierre qui frappe le « Philistin au front et le renverse à terre (le texte dit qu'elle « entra dans le front; cela ne se conçoit pas; une petite pierre « a eu trop peu de poids pour cet effet; une grosse pierre a « eu trop de volume); il se précipite sur le géant vaincu, saisit « son épée (ou plutôt son coutelas), et lui coupe la tête *qu'il* « *apporta à Jérusalem*, et il mit les armes du Philistin dans *le* « *Tabernacle*. » (Cette mention de *Jérusalem* est étonnante; le tabernacle n'y fut posé que dans la suite par David même.) L'historien continue et dit, « qu'au moment où David marcha « contre le Philistin, Saül dit au chef de sa garde, *Abner*, de « qui est fils ce *jeune homme* (nar)? *Abner* répond : Sur ma vie « je l'ignore. Demandez-le-lui, dit le roi; et quand David re-« vint, Abner le prit et le mena au roi, tenant la tête du géant; « et Saül lui dit: De qui es-tu fils? — D'Isaï de Bethléem, ré-« pondit David; et de ce moment le cœur de Jonathas, fils de « Saül, s'attacha à David, et il ne cessa de l'aimer. Or, Saül, « ce jour-là, prit David à son service et il ne le laissa plus re-« tourner chez son père » (ceci diffère entièrement du chap. 16, où Saül envoie prendre David chez son père); « et il lui donna « un commandement, puis diverses entreprises périlleuses, où « David réussit toujours : or, quand Saül, de retour de cette « expédition (qui avait fini par une déroute complète des Phi-« listins), passa dans les villes et villages des Hébreux, les « femmes et les filles sortirent au-devant de lui, chantant :

« Saül en a tué *mille*, David en a tué *dix mille*; et Saül blessé
« de ce chant, dit en lui-même : Ils m'en donnent *mille*, ils lui
« en donnent *dix mille*; bientôt ils lui donneront *le royaume*,
« et dès lors il voulut le perdre. — Et un jour qu'il fut saisi
« du *malin esprit* de Dieu, et que David jouait de la lyre en
« dansant devant lui, Saül tenta deux fois de le percer de sa
« lance, mais David l'évita, et le fer frappa dans la muraille :
« David continua de prospérer, et Saül lui promit une de ses
« filles s'il tuait cent Philistins, etc. »

Assurément le récit de ce chapitre, quant à la *présentation*, diffère matériellement du précédent : dans le chap. 16, après l'onction clandestine de David, en la maison de son père, à Bethléem, Saül l'envoie chercher pour jouer de la harpe, et il le retient à son service ; aucune mention n'est faite du combat, ni de la guerre philistine, ce qui exige un laps de temps. Dans ce chapitre 17, où il devrait à ce titre déja le bien connaître, il le voit pour la première fois, il s'enquiert de sa famille et de son nom ; cela n'est pas conciliable et ne peut s'expliquer qu'autant que l'on admet ici deux récits originaux, venant de deux mains différentes, que le compilateur a cousus l'un à l'autre sans raccord, n'osant probablement rien changer à deux autorités qui lui ont imposé respect. Ce compilateur a dû être Esdras, et les narrateurs premiers ont pu être Samuel, Gad ou Nathan, comme l'ont dit les Paralipomènes.

N° VI.

Pag. 243. — *L'ombre de Samuel évoquée par la magicienne de Aïn-dor.* Sam. liv. 1er, chap. 28.

Cette scène est si curieuse, que le lecteur nous saura gré de lui en donner le récit textuel.

« Samuel était mort, Saül avait chassé les devins et les ma-
« giciens ; or, les Philistins s'étant assemblés en armes, vinrent
« camper à Sunam ; Saül rassembla Israël, et campa à *Gelba*,
« et voyant les dispositions des Philistins, il conçut de grandes
« craintes, et il interrogea Dieu (Iehouh) : et Dieu ne répondit
« ni par songes, ni par *urim* ou oracles de prêtres, ni par pro-

« phètes. » (Voyez à ce sujet le Dictionnaire de la Bible, par
dom *Calmet*, tom IV, art. *urim* et *thumim*, où l'on voit que le
prêtre rendait l'oracle par l'inspection des pierres précieuses
qui, à ses yeux, jetaient ou ne jetaient pas d'éclat.) « Et Saül
« dit à ses serviteurs : Cherchez-moi une femme *maîtresse* des
« *évocations*, que je l'interroge ; ils lui répondirent : Il y en a
« une à *Aïn-dor* (la fontaine de Dor) ; Saül changea ses vête-
« ments, en prit d'autres, et s'y achemina avec deux hommes ;
« ils arrivèrent de nuit chez cette femme, et il lui dit : Devinez-
« moi, je vous prie, par les *esprits* ou *revenants*, et faites-moi
« *monter* qui je vais vous dire ; la femme répondit : Vous savez
« ce qu'a fait Saül qui a détruit les devins et gens de mon art,
« pourquoi me tendez-vous un piége pour me faire mourir ? et
« Saül lui jura par *Iehouh* en lui disant : Vive Dieu, il ne vous
« arrivera pas de mal : la femme reprit : Qui vous ferais-je
« monter ? Saül dit : Faites monter Samuel ; et (bientôt) la
« femme *vit Samuel*, et elle s'écria : Pourquoi m'avez-vous
« trompée ? Vous êtes *Saül ;* et le roi dit : Ne craignez point,
« qui avez-vous vu ? — J'ai vu *Élahim* (les Dieux) *montants*
« (du sein) de la terre. (Notez bien qu'ici le mot *Élahim* gou-
« verne le pluriel *montants*.) Saül dit : Quelle est sa forme ?
« elle reprit : Un vieillard couvert d'un manteau ; et Saül re-
« connut que c'était Samuel, et il s'inclina vers la terre ; et
« Samuel dit à Saül : Pourquoi m'avez-vous troublé en me fai-
« sant monter ? Saül répondit : Je suis dans les angoisses, les
« Philistins me combattent ; Dieu (*Élahim*) s'est retiré de moi,
« il ne me répond ni par les prophètes, ni par les songes ; je
« vous ai invoqué pour m'éclairer sur ce que je dois faire ; et
« Samuel répondit : Pourquoi m'interrogez-vous quand Dieu
« s'est retiré de vous et qu'il s'est fait votre rival comme je vous
« l'ai dit ? Il a rompu le pouvoir de votre main et l'a donné à
« David, parce que vous n'avez point écouté sa voix, et que
« vous l'avez irrité pour Amalek (le texte dit *irrité son nez*) ;
« Dieu vous livrera aujourd'hui avec Israël, aux Philistins ;
« demain vous et vos fils vous serez avec moi. A ces mots Saül
« de sa haute taille tomba subitement par terre, saisi de ter-
« reur ; il fut sans force, il n'avait pas mangé de pain, ni ce
« jour, ni la nuit (précédente) ; et la femme vint à lui, et

« comme elle le vit épouvanté, elle lui dit : Votre servante vous
« a entendu, elle a mis son ame dans sa main; elle vous prie
« d'entendre ses paroles, elle vous offre une bouchée de pain,
« afin que vous mangiez; vous reprendrez des forces, et vous
« retournerez (chez vous.) Saül refusa et dit : Je ne mangerai
« point; et ses serviteurs et cette femme le contraignirent : il
« se rendit à leurs prières; il se releva de terre et s'assit sur le
« lit (matelas posé par terre); et la femme avait un veau qu'elle
« engraissait, elle se hâta de l'égorger; elle prit de la farine, fit
« cuire des gâteaux ou galettes (non levées faute de temps),
« elle présenta ces aliments à Saül et à ses serviteurs; ils man-
« gèrent, ils se levèrent et s'en allèrent pendant cette nuit. » —
(Le chapitre finit.)

Cette scène a été le sujet de beaucoup de raisonnements de la part de divers écrivains chrétiens, anciens et modernes; presque tous y ont vu l'opération du *diable* au moyen duquel ils expliquent tout ce qui n'est pas *divin* dans leur ligne. Le hollandais *Van Dale* et le philosophe français *Fontenelle*, s'en sont particulièrement occupés; mais à leur époque, il n'y a eu ni assez de connaissances physiques, ni assez de liberté d'écrire pour qu'ils pussent clairement s'expliquer; il est bien clair aujourd'hui que cette femme n'a usé que des prestiges naturels dont nos physiciens modernes ont retrouvé la science secrète: elle n'a pas eu besoin d'une grande magie pour reconnaître le roi Saül *si connu* de tout Israël, pour sa taille qui *dominait* le vulgaire *de toute la tête*; ni pour faire apparaître une ombre au moyen de ces *lanternes sourdes* placées dans un réduit caché, d'où elles projettent sur un mur ou sur une toile tendue, un spectre lumineux dessiné par une feuille de métal ou de bois accolée à la lampe; l'antiquité de ce meuble est attestée par les ruines d'Herculanum, où on l'a trouvé comme une leçon pour nous de ne pas dénier aux anciens la connaissance de tout ce que nous ne voyons pas. Que de choses les *jongleurs* de toute robe ont eu intérêt de cacher! Cette femme n'a pas eu besoin d'une grande magie pour cacher quelque complice qui a fait le dialogue (si elle ne l'a pas fait elle-même), ni pour subjuguer l'esprit de trois hommes dépeints si superstitieux, si crédules, si épouvantés; et comment ces tours de gobelet n'auraient-ils pas réussi à cette époque de profonde ignorance, lorsqu'au milieu de nous, au dix-huitième siècle, l'on a vu sous le nom de *loge égyptienne*, des associations ou *confréries* d'hommes de haute qualité, des *comtes*, des *marquis*, des *princes*, en France, en Italie, en Allemagne, se laisser illuminer par les fourberies de quelques imposteurs (de Cagliostro par exemple), et cela, au point de croire que l'ombre de *Sésostris* ou de *Nekepsos*, ou de *Sémiramis*, pouvait venir assister à leurs banquets nocturnes ? On parle beaucoup de la crédulité du *peuple*, on devrait dire de *l'homme ignorant*, qui, pour être vêtu d'habits divers, tantôt de haillons, tantôt de galons, de percale ou de bure, n'en est pas moins toujours le même animal ridicule par ses prétentions, pitoyable par sa faiblesse; heureux quand ses passions irritées n'en font pas une bête féroce, dangereuse surtout lorsqu'elle cache la griffe du tigre sous le velours des formes religieuses.

NOUVEAUX ÉCLAIRCISSEMENTS SUR LES PROPHÈTES MENTIONNÉS AU § VIII, page 192.

Les usages et les mœurs des peuples asiatiques, et spécialement des races arabes au temps ancien et même actuel sont si peu connus en général de nous autres occidentaux, que beaucoup de lecteurs ont pu ou pourront croire que notre voyageur historien s'est livré à quelques idées systématiques dans ce qu'il a dit, §.VIII, de la Confrérie des Prophètes. Nous regardons comme un devoir de confirmer la justesse de ses vues à cet égard, en joignant ici le témoignage d'un autre voyageur récent qui, dans une brochure intitulée : *Notice sur la cour du grand-seigneur, suivie d'un Essai historique sur la religion mahométane* (1), a publié des faits notoires déjà cités

(1) Un volume in-8°, publié en 1809, à Paris, par Joseph-Eugène Beauvoisins, chef d'escadron, et juge militaire au tribunal spécial de Naples.

par d'autres historiens, tels que Paul Rica, qui démontrent, dans l'état présent, le miroir authentique et fidèle de l'état passé. Nous allons copier quelques articles de la page 148.

DES SANTONS, AIFAQUIS, SCHEIKS, HOGIS ET TALISMANS.

« Les trois premiers ordres sont parmi les Turks les plus » éminents dans le sacerdoce, et ils l'exercent avec beaucoup » d'autorité; les hogis et talismans tiennent le rang de diacres » et sous-diacres. » Les santons assistent à l'office (de la mosquée), récitent les prières, expliquent des textes du Koran, et sont quelquefois d'une telle véhémence, qu'ils manient les esprits au gré de leurs passions. On en vit un grand exemple en 1564, lorsque Soliman II hésitait d'aller assiéger Malte. Un de ces santons, prêchant un vendredi devant le sultan, parla avec tant de force, que le peuple, transporté de haine contre les chrétiens, demanda la guerre à grands cris, et contraignit Soliman de la promettre sur-le-champ. On sait combien de milliers de soldats y périrent, et combien fut honteuse la retraite de Soliman.

En 1600, vivait dans la ville d'Alep un vieillard septuagénaire de l'ordre des santons, qui s'était acquis une telle réputation de sainteté, qu'elle attirait un grand concours de peuple dans sa maison, quoique son humeur sauvage en rendît l'accès difficile. Les grands de l'empire en avaient seuls l'entrée; mais croyant en recevoir des bénédictions, ils n'en recevaient que de fortes réprimandes.

Ce vieillard avait passé douze années entières dans sa maison sans en sortir, et depuis trois ans il n'avait pas seulement dépassé le seuil de la porte de sa chambre, quand un vœu qu'il avait fait interrompit sa solitude, et le força à faire un voyage à Jérusalem. Le bruit s'en répand bientôt dans les environs d'Alep; le peuple accourt pour le voir partir, et se rend en foule sur son passage, aux portes de la ville, dans les rues, devant sa maison : il parut, monté sur une mule que son fils menait par la bride, et tenant les yeux fermés pour être plus recueilli dans ses méditations; il s'éleva un cri universel d'admiration. Les spectateurs, se séparant ensuite en trois bandes, marchèrent devant lui, et l'accompagnèrent par honneur à trois lieues de la ville. Le pacha d'Alep était de cette troupe, suivi de deux cents chevaux; et celui du Caire vint au-devant de lui avec un appareil pompeux. Ces deux pachas abordèrent notre santon au milieu de la campagne, et lui soutinrent les bras, jusqu'à ce qu'il les eût priés de se retirer. Les lieux par où il passait étaient couverts d'hommes accourus de tous côtés pour voir un saint.

DES MOINES TURKS.

Les moines turks se partagent en quatre classes; les géomailers, les dervis, les calenders et les torlaquis.

Les géomailers sont des jeunes gens de bonne maison, polis, formés aux usages du monde : ils voyagent en Barbarie, en Égypte, en Arabie, en Perse et même dans les Indes orientales. Ils sont vêtus d'une saye de pourpre violette qui leur descend jusqu'aux genoux, et portent une longue ceinture d'or et de soie, au bout de laquelle sont suspendues des cymbales d'argent, dont le son joint à leur voix, forme une agréable harmonie. Une peau de lion ou de léopard, nouée avec les deux pattes de devant sur leur poitrine, leur sert de manteau. Ils ont pour chaussure des sandales de corde; ils vont tête nue, et laissent croître leurs cheveux qu'ils ont soin de parfumer. Un livre d'amour plein de chansons qu'ils ont composées en langue arabe ou persane, est le seul qu'ils lisent. Par les chansons et la musique de leurs cymbales, ils amusent les artisans qu'ils obligent ainsi de leur donner de l'argent. Ils sont tous aussi savants qu'il est possible aux Turcs de l'être. Aussi écrivent-ils les relations de leurs voyages, et leurs discours sont-ils propres à séduire les jolies femmes, qui d'ailleurs ont beaucoup d'inclination pour eux.

Les dervis sont vêtus de deux peaux de mouton ou de chèvre, séchées au soleil; ils vont tête et pieds nus, se rasent les cheveux, la barbe et tout le poil du reste du corps, et se brûlent les tempes avec un fer chaud, ou un morceau de jaspe de diverses couleurs. Ils habitent hors des villes, dans les faubourgs et dans les villages. Ils voyagent au retour du printemps ou pendant l'automne; et partout où ils passent, ils laissent des marques de leur lubricité. S'ils rencontrent en leur chemin un passant qu'ils jugent un peu aisé, ils lui demandent l'aumône en l'honneur d'Hali, gendre de Mahomet; s'il refuse, ils lui coupent la gorge, en l'assommant avec une petite hache qu'ils portent à la ceinture. Ils violent les femmes qu'ils trouvent à l'écart, et se livrent entre eux aux excès les plus monstrueux.

Le chef lieu de leur ordre est dans l'Asie mineure. Il est bâti tout près de la tombe d'un personnage de leur secte, dont ils célèbrent la mémoire et révèrent les ossements. Leur général loge dans ce monastère, qui contient cinq cents religieux: ils l'appellent Assambaba, c'est-à-dire père des pères. Le vendredi est leur jour de fête. Après l'office, ils se rendent dans les prairies qui environnent leur monastère; ils y dressent des tables, et se livrent aux plaisirs de la bonne chère. Le général est assis au milieu d'eux. Après le repas, ils se lèvent et font leur prière d'actions de graces. Ensuite deux jeunes garçons leur apportent d'une certaine poudre enivrante, et des feuilles d'une plante qu'ils nomment *mastach*. Après en avoir pris, ils passent bientôt de la joie à la fureur. Dans cet état, ils allument un grand feu, et, se tenant par la main, ils dansent autour, et parviennent à un tel degré d'exaltation, qu'ils se déchirent la peau de mille manières et y tracent avec leurs couteaux diverses figures, comme des fleurs ou la figure d'un cœur, ou des paroles analogues à leurs amours.

A ces extravagances, ils ajoutent une certaine danse qu'ils exécutent en tournoyant avec une incroyable vitesse. Ils se forment en cercle; un de la troupe commence à battre un tambourin et à se mettre à tourner. Les autres le suivent, et tournent si rapidement qu'il est impossible de discerner leurs traits. Tant que dure ce mouvement, ils récitent lentement certaines prières, jusqu'à ce que les forces venant à leur manquer, ils tombent à terre comme morts. Quand ils se sont relevés, ils recueillent les aumônes des assistants.

Malgré tous leurs exercices religieux, les dervis sont méprisés à Constantinople; on les regarde même comme des hommes dangereux. Néanmoins, les habitants de cette ville ne refusant l'aumône à personne, ils y trouvent de quoi remplir leurs besaces aussi bien qu'ailleurs.

Les calenders sont moins vicieux que les dervis. Ils sont vêtus d'une petite robe courte, sans manches, peu différente d'un cilice, étant tissue de poil de cheval ou de chameau, mêlé avec de la laine. Ils se rasent le poil et se couvrent la tête d'un bonnet de feutre à la grecque, bordé à l'entour de franges longues de quatre doigts, faites de crin de cheval. Ils portent au cou un gros anneau de fer, en signe de l'obéissance qu'il rendent à leurs supérieurs. Leurs oreilles sont ornées d'anneaux du même métal. Ils font gloire du célibat, et portent d'énormes anneaux de fer qui les mettent dans l'impossibilité d'en enfreindre les lois. Ils demeurent dans de petites chapelles nommées *techie*.

Ces moines ne sont pas plus exempts d'ambition que les autres hommes; et leurs anneaux de fer, et leur cilice, et leur grand bonnet, n'empêchent pas qu'ils n'entrent dans les révoltes contre l'autorité du souverain. En 1526, l'empereur Soliman étant occupé à la guerre de Hongrie, les calenders se prévalurent de son absence pour se joindre aux dervis, et sous la conduite d'un nommé Zélébis, s'emparèrent de plusieurs places de l'Asie mineure. Le peuple entra avec une sorte de fureur dans leur révolte, et nombre de soldats s'enrôlèrent sous leurs drapeaux. Au retour de son expédition, Soliman, pour éteindre ce feu qui menaçait le reste de l'Asie d'un embrasement général, envoya en diligence contre les rebelles, le pacha Ibrahim, avec une partie de l'armée qui avait triomphé de la Hongrie. Les moines attendirent ce général avec toutes leurs forces et lui présentèrent la bataille. Quoiqu'ils ne fussent pas accoutumés aux exercices militaires, ils combattirent avec tant de courage, qu'ils arrêtèrent tout court les braves et vieux soldats de Soliman, et que la victoire resta indécise jusqu'à ce que le pacha, outré de la résistance de cette canaille, s'empara de l'enseigne la plus remarquable de son armée, et la jeta au milieu des ennemis, en criant à ses soldats : *Laissez ces moines vous ravir l'honneur de vos victoires, et qu'ils se glorifient maintenant d'avoir vaincu les vainqueurs des Hongrois.* A peine eut-il achevé, que les troupes, animées d'une ardeur incroyable, se précipitent sur les moines, les enfoncent, leur arrachent l'enseigne que le pacha leur avait jetée, et les taillent en pièces. Le chef de la révolte fut tué ; et au lieu de retourner dans leur monastère, les moines qui échappèrent au carnage cherchèrent un asile dans les cavernes et les déserts.

Les torlaquis s'habillent à peu de chose près comme les dervis; ils portent un bonnet de feutre sans bord, de la forme d'un pain de sucre cannelé ; le reste de leur corps est nu : ils ne savent ni lire, ni écrire, sont grossiers, fainéants, et passent leur vie dans une honteuse mendicité. Ils fréquentent les bains, les cabarets et les maisons de débauche pour y trouver un dîner ou attraper quelques pièces d'argent, tout en marmottant des prières. A la campagne ou dans les bois, s'ils rencontrent un passant bien vêtu, ils le dépouillent, ils lui enlèvent son argent, et lui assurent que la volonté de Dieu est qu'il aille nu comme eux. Ils se mêlent aussi de prédire l'avenir ; et, pour tromper le bas peuple, ils regardent dans les mains, comme font nos diseuses de bonne aventure. Ils mènent ordinairement avec eux un vieillard de leur ordre, fourbe habile, à qui ils affectent de rendre des honneurs presque divins. Quand ils arrivent dans un village, ils le logent dans la meilleure maison, et se rangent autour de lui, observant ses gestes et ses paroles. Le vieillard, après avoir affecté un grand air de sainteté et marmotté quelques prières, se lève tout à coup, et, jetant de profonds soupirs, invite ses collègues à sortir promptement du village qui, dit-il, va être détruit, en punition des péchés de ceux qui l'habitent ; le peuple épouvanté, accourt de toutes parts, et comble les torlaquis d'aumônes, pour qu'ils obtiennent la miséricorde divine.

AUTRES RELIGIEUX TURKS.

Outre les religieux dont nous venons de parler, les Turks

ont encore certains solitaires qui ne sont sujets aux lois d'aucun iman ni général d'ordre, mais qui vivent en leur particulier, se logent dans des espèces de boutiques, en couvrent le pavé de peaux de bêtes sauvages, et tapissent les murailles de différentes espèces de cornes. Au milieu de cette loge ils placent un escabeau, le couvrent d'un tapis vert, et mettent dessus un chandelier de laiton sans lumière : ils traînent avec eux un cerf, un loup, un ours ou un aigle, symboles de leur renonciation au monde. Cependant ils vivent au milieu des grandes villes et des villages les plus peuplés ; on en voit beaucoup à Andrinople. Dans cette boutique, où ils ont pris leur logement, ils reçoivent de l'argent et des vivres que la charité turke leur envoie : s'ils n'y font pas leurs affaires, ils se promènent dans les rues avec un des animaux dont on a parlé plus haut, au cou duquel ils ont suspendu une clochette pour avertir les habitants de leur donner l'aumône.

Il ne faut pas oublier les pèlerins de la Mecque, qui, après un si saint voyage, se dévouent le reste de leur vie à porter de l'eau par les carrefours, et à donner à boire à qui le désire. A cet effet, ils portent, pendue en écharpe, une outre de cuir couverte d'un drap de couleur, où sont brodées des feuilles de plusieurs sortes ; ils ont à la main une tasse de laiton dorée et damasquinée, dont le fond est orné de jaspe ou de calcédoine, pour rendre l'eau plus agréable à la vue. Tandis qu'ils la versent, ils exhortent ceux qui la reçoivent à mépriser les vanités de la vie, à penser à la mort ; ils ne demandent aucune récompense pour ce service, mais ils reçoivent l'argent qu'on leur donne, et répandent de l'eau de senteur sur la barbe de celui qui le leur offre. Il ne faut pas croire néanmoins à leur parfait désintéressement ; car on les voit quelquefois attroupés en grand nombre et demandant une rétribution à tous ceux qu'ils rencontrent, en l'honneur de quelque saint dont ils célèbrent la fête ce jour-là.

On voit par ces tableaux comment de tout temps un esprit d'astuce et de fourberie a suscité dans les états mal policés, chez les peuples crédules et superstitieux, des associations de fripons et d'escrocs qui, sous le manteau de la religion et les grimaces de la piété, ont su s'affranchir de la morale commune, et lever sur la multitude et même sur l'autorité militaire et civile, des contributions arbitraires au profit de leur passions et de leurs vices. Comme les hommes placés dans les mêmes circonstances, prennent presque toujours des habitudes semblables, on ne peut douter que chez les Hébreux il n'y ait eu des confréries d'un genre analogue, et que ces prédiseurs ou prophètes qui se montraient nus en public, même par les processions, comme le fit si notoirement David, n'aient eu beaucoup d'analogie avec les moines musulmans que nous venons de citer; surtout lorsque la religion et les rites musulmans ne sont, pour ainsi dire, que le judaïsme modifié.

NOTE relative à la page 229. (*Les Hébreux s'étaient éclairés par quelques progrès de civilisation.*)

Chez tous les peuples anciens, les erreurs nécessaires que commirent les prêtres dans les prédictions ou oracles qu'ils étaient obligés de faire très-souvent, ne purent manquer, par leur répétition, d'atténuer la confiance en leur véracité. Hérodote, en parlant des oracles divers consultés par Crésus, nous rend sensible cet état de choses, d'ailleurs très-naturel: il eut lieu chez les Hébreux comme chez les autres. Le livre des Juges nous offre un exemple frappant de l'une de ces erreurs sacerdotales. Toutes les tribus s'étant armées contre celle de Benjamin, pour la punir du crime atroce commis envers le lévite dont la femme avait été publiquement violée dans la ville de Gabaa, les chefs d'Israël, après une première défaite, allèrent pleurer devant l'arche et consultèrent l'oracle, en disant: « Devons-nous combattre encore les enfants « de Benjamin qui sont nos frères? (chap. xx, vers. 23) et l'o« racle répondit: Marchez contre eux et leur livrez bataille. »

Il est évident que le prêtre a entendu qu'ils seraient vainqueurs: il devait le croire, vu leur immense supériorité de nombre; cependant ils furent battus avec beaucoup de perte; le prêtre leur aura dit: « C'est que vous aviez péché, et que « Dieu aura voulu vous purifier. » Mais ceci impliquerait une extrême injustice de Dieu, puisque le châtiment eût tombé sur beaucoup d'innocents. On sent que ce ne sont là que des raisons évasives. — Les chefs revinrent encore pleurer et consulter : alors l'oracle leur assura la victoire, qui cette fois eut lieu ; mais la leçon avait rendu le prêtre et les chefs plus prudents ; ils avaient concerté un stratagème auquel ils la durent. Dans la guerre du prêtre babylonien Bélésys contre Sardanapale, nous voyons le même cas arriver.

ÉTAT PHYSIQUE

DE

LA CORSE.

ÉTAT PHYSIQUE

DE

LA CORSE.

La Corse est une île de la Méditerranée, située obliquement entre l'Italie, qui l'avoisine au levant, et la France qu'elle regarde au nord et nord-ouest : au sud, elle n'est séparée de la Sardaigne, que par un détroit de trois lieues, tandis qu'à l'ouest sa côte est baignée par une vaste mer qui ne trouve de limites qu'aux rivages de l'Espagne. Sa latitude, selon des observations récentes et précises des ingénieurs du cadastre de cette île, est entre les 41° 21′ 04″, et 43° 00′ 04″ nord; ce qui détermine sa longueur à 1° 39′ 04″; sa longitude entre les 6° 11′ 47″, et 7° 13′ 03″, pris du méridien de Paris, fixe sa plus grande largeur à 1° 01′ 16″. Mais comme sa forme est ovale, abstraction faite de la longue saillie du cap Corse, il s'en faut beaucoup que le carré résultant de ces dimensions soit plein. Les incertitudes et les variantes des auteurs sur son évaluation, viennent d'être résolues par les ingénieurs du cadastre ; et désormais, l'on devra, sur leur autorité, porter la superficie de la Corse à 442 lieues $\frac{84}{100}$, faisant 2,072,441 arpents 25 perches (l'arpent de 20 pieds pour perche), ou 874,741 hectares 19 ares 26 centiares. Cette superficie, qui maintient la Corse au cinquième rang de grandeur des îles de la Méditerranée, la place au premier des départements de France ; mais lorsque nous ferons le calcul de ses rocs arides et incultivables, elle ne sera pas tentée de se prévaloir de ce mérite, puisqu'elle se trouve au dernier rang des valeurs.

A proprement parler, la Corse n'est qu'un entassement de rochers, dont les nombreux chaînons s'élèvent brusquement des bords de la mer, pour aller vers le centre de l'île, se joindre à une ligne dominante qui court du midi au nord ; on la suit sans interruption depuis les croupes arides du *Cagna* en face de Bonifacio, jusqu'aux sommets nuageux de Monte-Grosso sur Calvi ; dans tout cet espace, elle marche sur une hauteur de 800 à 1400 toises, marquant au loin sa route par les pointes élevées de Coscione, la Cappella, Denoso, d'Oro-Rotondo, Paglia-Orba, et Monte-

Grosso (1); là même elle se replie à l'est, jusqu'aux montagnes de Tenda et d'Asto, où elle tombe sur une branche inférieure de 6 à 700 toises de hauteur, qui vient du cap Corse, et va se terminer par les sommets du San-Pietro et Sant-Angelo, à la vallée du Tavignano ; de ces deux lignes de sommets, mais principalement de la première, les eaux des neiges et des pluies se versant à droite et à gauche, plongent dans des vallons qui vont en forme de conques se perdre à la mer ; et si l'on remarque que de ses rivages

---

(1) On trouvera, dans le tableau suivant, les principaux sommets de cette chaine avec leurs positions géographiques, leurs hauteurs au-dessus du niveau de la mer, et leurs distances du rivage le plus près.

Noms des sommets.	Latitude.	Longitude prise du méridien de Paris.	Hauteur au-dessus du niveau de la mer.	Distances du rivage le plus près.	Indication du rivage.
	° ′ ″	° ′ ″	to.	to.	
Monte-Stello au cap Corse.	42 47 21	7 04 26	710	2500	Est.
Monte-Asto	42 34 56	6 51 57	719	6300	Nord.
Monte-Grosso	42 30 08	6 34 42	954	6400	Ouest.
Monte-Paglia-Orba	42 20 34	6 32 08	1360	8800	Ouest.
Monte-Rotondo	42 13 00	6 42 55	1418	15700	Ouest.
Monte-Renoso	42 03 37	6 47 30	1158	13300	Est.
Punta la Cappella	41 59 49	6 52 29	1051	8600	Est.
Monte-l'Inardine du Coscione	41 51 01	6 51 58	1055	8100	Est.
Punta della Calva	41 43 16	6 53 01	803	6400	Est.
Punta d'Ovace, sommet le plus élevé des montagnes de Cagna	41 34 59	6 44 26	766	6000	Sud.
Monte-Sant'Angelo de Casinca	42 27 52	7 03 53	573	5300	Est.
Monte-San-Pietro	42 23 51	6 59 ″	851	8700	Est.

au comble des monts, il n'y a pas quelquefois quatre lieues de ligne droite, et jamais plus de douze; que par conséquent, la pente du terrain est excessivement inclinée, l'on concevra que les eaux s'y précipitent plutôt qu'elles n'y coulent; que leur marche s'y fait par sauts et par bonds; que, tantôt par les fontes des neiges et les grandes pluies, elles forment des torrents qui debordent à pleines vallées; et que tantôt épuisées, elles laissent à sec un lit de pierres et de cailloux : que par ce jeu, les terres légères sont emportées, les pentes déchirées, les cimes dénudées, les rochers minés, renversés; et que la nature y présente partout une scène à grands mouvements violents; ajoutez à ce tableau, le coloris d'une bande supérieure de sommets neigeux durant l'hiver, grisâtres l'été; d'une moyenne région de pentes, tapissée d'arbres et arbustes toujours verts; et d'une plage maritime, souvent marécageuse, où les eaux s'égarent dans des sables qu'elles n'ont plus la force de rouler; jetez sur ce paysage des blocs de granit, de marbres, de jaspes roux et gris; des cascades, des sapins, des châtaigniers, des chênes verts, des lentisques, des azeroliers, des myrtes, des bruyères, et vous aurez de la Corse une idée pittoresque aussi juste qu'en puisse procurer le souvenir des objets passés.

Revenons aux idées géographiques : en traversant l'île dans sa longueur, la haute chaîne dont j'ai parlé, la partage en deux portions très-distinctes, surtout à raison de la difficulté de leurs communications réciproques : l'on ne peut passer de la côte d'Ajaccio à celle de Bastia, qu'en franchissant la barrière des Monts, par des gorges appelées à juste titre dans le pays des *Escaliers* (Scale). Une des plus célèbres et la plus pratiquée de ces gorges, celle dite de *Bogognano*, ou de *Vizzavona*, est un canal d'environ 500 toises de largeur, et de 4000 de longueur, sur une élévation de 1000 au-dessus du niveau de la mer. Dans ce canal tapissé d'une forêt de sapins, de hêtres, et de quelques châtaigniers; les neiges s'entassent de deux, trois, et jusqu'à six pieds de hauteur; et elles obstrueraient le passage pendant des mois entiers, si une police souvent négligée ne les faisait déblayer par les villages voisins. Il résulte donc de cet état une division naturelle, sur laquelle les Italiens Génois et Pisans, ont, dès long-temps, calqué leur division administrative de *pays d'en-deçà*, et de *pays d'au-delà* les monts; ou encore de *bande* intérieure, et de *bande* extérieure. Mais comme ces dénominations, relatives au continent de l'Italie, cessent de convenir en changeant de lieux; qu'en Corse même elles sont équivoques, puisqu'elles sont réciproquement employées par les deux parties, je ne désignerai désormais les deux côtes opposées, que par les noms de côte d'est ou orientale, appliqué à celle qui regarde l'Italie ; et de côte d'ouest, ou occidentale, à celle qui regarde l'Espagne. Dans l'usage des Génois et des Corses, l'*en-deçà* comprenait aussi la côte du nord, c'est-à-dire le Nebbio et la Balagne à raison de la facilité des communications et de l'unité de régime : et alors l'*au-delà* ne formait qu'un tiers de la totalité de l'île, puisqu'il ne comptait que vingt et un cantons ou pièves contre quarante-cinq. Mais si l'on voulait établir une division raisonnée, il faudrait faire de cette côte du nord une troisième région, puisqu'elle a d'ailleurs, ainsi que les deux autres, des caractères distinctifs et particuliers. Ceux de la côte d'est, sont une plage en général basse, marécageuse et dépourvue de ports ; un air pesant et humide ; un sol moins élevé et plus gras : ceux de la côte d'ouest, au contraire, ont un air vif et ventilé ; un terrain sablonneux et très-élevé, une plage sèche taillée à pic et pleine de golfes et de ports : et ceux de la côte du nord, un air plus salubre, plus tempéré ; un ordre de saison plus égal. Mais ce qui établit la différence la plus remarquable entre ces régions, est la nature même du sol, qui, dans la bande d'est depuis le cap Corse jusqu'au Tavignano, c'est-à-dire dans toute la chaîne inférieure, est généralement calcaire, tandis que dans la bande d'ouest et dans celle du nord, c'est-à-dire dans toute la haute chaîne, il est purement graniteux, à l'exception de trois ou quatre points calcaires, tels que Bonifacio, Saint-Florent, et un des sommets de *Venaco*, d'où l'on a tiré la chaux des deux forts de la gorge de Vivario. Ce serait l'occasion sans doute, de faire sur cette singularité des recherches et des réflexions physiques; mais cette partie étant étrangère à mon objet, le lecteur me permettra de le renvoyer à deux mémoires de M. Barral, ingénieur des ponts et chaussées en Corse, qui l'a spécialement traitée, et qui a donné une nomenclature détaillée de toutes les espèces de granits, marbres, jaspes et autres pierres dont la Corse est malheureusement trop riche.

Un article qui se lie mieux à mon sujet par son utilité est celui des eaux thermales et des mines. Quoique l'on ait parlé des mines d'argent près de Caccia, de plomb et de cuivre en d'autres endroits, il paraît que la Corse n'en possède que de ferrugineuses dans le Nebbio à Nonza près de Fossa d'Arco; et la rareté du bois, la cherté des transports, et le voisinage de la riche mine d'Elbe, ne leur laisse que bien peu de mérite. Les eaux minérales et thermales ont infiniment plus de prix; l'on en compte plusieurs sources de diverses espèces : l'une des plus célèbres est celle de Pietra-Pola, ou *Fium'Orbo*; côté d'est, sur le torrent *d'Abatesco*, canton de Castello, district de *Cervione*. Ses eaux sont thermales sulfureuses, et portent leur chaleur dans le puits principal, jusqu'au 45° degré de Réaumur. Des expériences multipliées ont constaté leur efficacité dans les maladies de la peau, dans les obstructions des viscères, dans les rhumatismes les plus invétérés, et même dans la goutte et les maladies vénériennes ; mais on y change ces maladies contre la fièvre de marais, parce que le lieu étant désert et sauvage, l'on y manque de toutes les commodités nécessaires ; l'on est obligé de s'y faire des cabanes de feuillages, dans lesquelles le vent saisit les malades et répercute la transpiration de la manière la plus dangereuse ; d'ailleurs le lieu est malsain, parce qu'étant situé au fond d'un vallon, toutes les vapeurs des marais de la plage, qui en est remplie, viennent s'y engouffrer. Il paraît que jadis les Romains se servaient de ces bains, car l'on y trouve des traces de bâtiment, des débris de canaux enfoncés, des gradins, et quelques restes d'une salle qui fut revêtue intérieurement de pouzzolane ; le tout d'une telle épaisseur et d'une telle solidité, que l'on y reconnaît sensiblement la main des maîtres de l'Italie. Au reste, il paraîtra quelque jour, sur cette source, un mémoire analytique fait par des gens de l'art, et dont on m'a communiqué le manuscrit. Une autre source non moins célèbre sur la côte d'ouest, est celle de *Guagno* à deux lieues de Vico ; l'on n'en a pas fait l'analyse, mais ses effets sont absolument les mêmes. Ses inconvenients aussi sont égaux, car l'on n'y trouve pas plus de secours, ni de commodités. Il n'y a de toute construction que les murs ruinés de deux petites chambres sans toit, et un bassin rond en pouzzolane de huit pieds de diamètre, et de trois de profondeur avec ses bancs ou gradins. Le robinet donne environ un pouce cube d'eau qui marque 42 degrés de chaleur. Si l'on formait, soit là, soit au *Fium'Orbo*, un établissement commode et bien dirigé, il procurerait les secours les plus précieux, non-seulement à la Corse, mais encore à l'Italie et à tout le midi de la France. L'article seul des soldats français indemniserait de toute dépense; car on estime qu'il en coûte plus de vingt mille livres par an pour envoyer les malades aux eaux du continent, sans compter la perte du temps, et la circonscription que l'on donne à la liste des malades.

Il y a encore des eaux thermales à *Guitéra*, canton de Talavo; mais l'on n'y trouve pas même de bassin, et il faut s'y baigner dans la boue.

En eaux minérales froides, les plus justement vantées, sont celles d'Orezza, côte d'est, district de la Porta, près des sources de *Fium'Alto*. Elles sont acidules et gazeuses à tel point, qu'elles brisent les bouteilles, et piquent le nez, comme le vin de Champagne; elles contiennent du fer et du sel marin; elles sont souverainement efficaces dans les cas d'obstructions, d'hydropisie, de maux d'estomacs invétérés avec vomissement, de migraines, de coliques, de marasme, de suppression ou de pertes dans les femmes, etc. On compte dans tout le pays voisin huit ou dix de ces sources, mais la meilleure est celle de *Stazzona*, au lieu que j'ai indiqué; elle a d'autant plus de prix, qu'elle est la seule avec celle de *Vals* qui existe dans le midi de la France, et qu'à leur défaut on est obligé d'aller jusqu'en Lorraine.

L'historien Filippini rapporte qu'un savant et charitable évêque de Nebbio avait fait des recherches sur toutes les eaux minérales de Corse; mais les lumières d'alors ne suffisaient pas pour cette partie, difficile encore aujourd'hui; et ces recherches ne nous procurent que les noms des sources de *Carozzica*, *Pantone di Cacci*, de *Maranzana* près de Mariana; de Nebbio et Campo Cardetto, qui veulent être prises chaudes; et d'*Attalla*, sur la route de Sarteno.

Il semblait que ces eaux minérales et thermales dussent tenir à des volcans; mais l'on n'en aperçoit aucune trace en Corse, malgré le voisinage de l'Italie. L'on n'y connaît pas davantage les tremblements de terre, et du moins la nature, en refusant à cette île les richesses de Naples et de Messine, lui a accordé pour dédommagement la sécurité.

L'on ne peut pas non plus accuser la nature de l'avoir maltraitée pour le climat; j'y en ai trouvé, comme dans la Syrie, trois bien distincts, mesurés par les degrés d'élévation du terrain: le premier qui est celui de toute la plage maritime embrasse la région inférieure de l'atmosphère depuis le niveau de la mer, jusque vers 300 toises perpendiculaires d'élévation, et celui-là porte le caractère qui convient à la latitude de l'île, c'est-à-dire qu'il est chaud comme les côtes parallèles d'Italie et d'Espagne.

Le second est celui de la région moyenne, qui s'étend depuis 300 toises jusque vers 900 toises, et même vers 1000 toises; et il ressemble à notre climat de France, particulièrement à celui de la Bourgogne, du Morvan et de la Bretagne.

Le troisième est celui de la région supérieure, ou cime des montagnes, et ce dernier est froid et tempétueux comme la Norwège.

Dans le premier climat, c'est-à-dire, sur toute la côte de la mer, il n'y a, à proprement parler, que deux saisons : le printemps et l'été; rarement le thermomètre y descend au-dessous d'un ou deux degrés sous zéro, et il ne s'y maintient que peu d'heures. Sur toutes les plages, le soleil, même en janvier, se montre chaud, si le vent ne le tempère; mais les nuits et l'ombre y sont froides, et le sont en toutes saisons. Si le ciel s'y voile, ce n'est que par intervalles; le seul vent de sud-est, le lourd scirocco, apporte les brumes tenaces que le violent sud-ouest se plait à chasser, S'il fait mauvais, c'est par tempêtes; s'il pleut, c'est par ondées : la nature n'y marche que par extrêmes.

A peine les froids modérés de janvier sont-ils ramollis, qu'un soleil caniculaire leur succède pour huit mois, et la température passe de huit degrés à dix-huit, et jusqu'à vingt-six à l'ombre. Malheur à la végétation, s'il ne pleut dans les mois de mars ou avril ; et ce malheur est fréquent : aussi dans toute la Corse, les arbres et arbustes sont-ils généralement des espèces à feuilles dures et coriaces qui résistent à la sécheresse, tels que le laurier-cerise, le myrte, le cyste, le lentisque, l'olivier sauvage dont la verdure vivace tapisse en tout temps les pentes, et contraste d'une manière pittoresque avec les blocs gris et roux de granit et de marbre. Dans ce climat inférieur sont situés les ports et villes principales de l'île, tels que Bastia, Porto-Vecchio, Bonifacio, Ajaccio, Calvi, l'Ile-Rousse, Saint-Florent : là, comme à Hyères, l'on peut cultiver en plein sol, des orangers, des citronniers, et toutes les plantes des pays chauds ; le jardin de la famille *Arena* à l'Ile-Rousse, et deux ou trois vergers près d'Ajaccio en offrent d'heureux exemples, puisque l'on y cueille des oranges et des citrons de la plus grande beauté ; mais dans ces jardins, il faut se garder de l'attrait des ombrages et de la fraîcheur des eaux si recherchées dans le nord de la France. En Corse, comme dans tous les climats chauds, les vallons, les eaux, les ombrages, sont presque pestilentiels ; l'on ne s'y promène point le soir sans y recueillir des fièvres longues et cruelles, qui, à moins de changer absolument d'air, se terminent par l'hydropisie et la mort. Nous en avons fait de cruelles épreuves dans nos colonies de Galeria, de *Chiavari*, de Paterno, au camp des Lorrains, puisque de tous les sujets envoyés, il n'en survivait au bout de trois ans *qu'un très-petit nombre.*

Dans le second climat, c'est-à-dire, dans les montagnes, depuis le niveau de 300, jusqu'à 900 et même 1000 toises, les chaleurs sont plus modérées, les froids sont plus longs, plus vifs; la nature est moins extrême, sans être moins variable. Du jour à la nuit, du matin à midi, de l'ombre au soleil, du vent à l'abri, les passages de température sont fréquents et brusques : la neige et la gelée, qui se montrent dès novembre, persistent quelquefois pendant quinze ou vingt jours. Il est remarquable qu'elles ne tuent point les oliviers jusqu'à la hauteur d'environ 600 toises; que même la neige les rend plus féconds. Le châtaignier qui les accompagne depuis 300 toises, semble être l'arbre spécial de ce climat, puisqu'il finit vers mille toises, et cède la place aux chênes verts, aux sapins, aux hêtres, aux buis, aux genévriers plus robustes contre la violence des hivers. C'est aussi dans ce climat qu'habite la majeure partie de la population Corse, dispersée dans des hameaux et villages situés la plupart généralement sur des pointes, et aux endroits ventilés. Une telle position est pour eux une condition nécessaire de salubrité ; car dans cette région comme dans l'inférieure, les bas-fonds, vallons, et conques, sont avec raison décriés pour leur mauvais air, soit à raison de son humidité; soit à raison de ses excès de température opposée ; car dans tous les vallons et conques, où l'air est stagnant, le moindre soleil produit une chaleur qui prive la respiration de son aliment. C'est ce que l'on éprouve en partie à Corté, qui, quoique au niveau de près de 700 toises, éprouve en été des ardeurs plus violentes et plus opiniâtres que la plage, puisqu'elles ne se calment même pas pendant la nuit.

En juillet 92, l'on y a vu le thermomètre à 30 degrés à l'ombre, pendant plusieurs jours, tandis qu'en décembre 88, il était tombé jusqu'à 4 degrés sous zéro. Dans un même jour, le 4 février 92, je l'ai vu à midi marquer à l'ombre et au vent du nord, 3 degrés au-dessus de zéro; et présenté au soleil au revers du même mur, il marquait peu de minutes après 20 degrés; en sorte que là, comme au Méxique, on peut dire avec l'Espagnol, que l'hiver et l'été ne sont séparés que par une cloison ; ce qui provient surtout de la disposition du local en conque dont les parois composées de rocs nus, reflètent en été l'ardeur qui les brûle, et en hiver la bise piquante des neiges dont elles se trouvent tapissées.

Le troisième climat, celui de la haute cime des

monts est le siége des frimas et des ouragans pendant 8 mois de l'année, et d'un air parfaitement pur ou semé de nuages légers pendant la saison d'été. Les seuls lieux habités dans cette région, sont le Niolo, et les deux forts de Vivario et Bogognano, ou plus proprement de *Vizzavona*, situés aux deux extrémités de la gorge ou canal de ce nom.

Les quinze à vingt Suisses qui vivent en garnison dans chacun, se louent de la douceur du climat depuis mai jusque vers septembre, et de l'excellence de l'air en toute saison. Il n'est point de fièvre contractée à la plage, qui ne s'y guérisse en quinze jours. Mais pendant l'hiver, ces forts battus d'ouragans furieux, et souvent clos par six à dix pieds de neige, sont une vraie prison où l'on vit de provisions salées comme dans un vaisseau. Il y a entre eux deux cette différence que dans celui de Vivario, situé du côté de l'est, l'air est sec, et que ni le pain ni le bois ne s'y moisissent, tandis que dans celui de *Vizzavona*, situé à 4000 toises seulement, du côté de l'ouest, les murs sont sans cesse humides, et les planchers déja pourris. Au-dessus de ces forts, l'œil n'aperçoit plus de végétaux que quelques sapins suspendus à des rochers grisâtres : séjour sauvage, il est vrai, des oiseaux de proie et des bêtes fauves : mais, qui, tout affreux qu'il paraît, offre un puissant sujet d'intérêt au contemplateur de la nature, puisque c'est là qu'elle établit par les amas de neiges et de glace, les provisions d'eau, des sources et des rivières pour toute l'année. Jadis ces cimes étant plus hautes encore et plus couvertes d'arbres, il n'est pas douteux que les neiges n'y fussent plus abondantes, plus durables, et que même il n'y eût des glaciers, puisqu'il en reste encore un petit sur un revers du Monte-Rotondo. Mais à mesure que les rocs s'écroulent et se dépouillent, ces utiles provisions diminuent; et ce qui ajoute à l'importance de l'observation que j'ai faite sur la conservation des bois, c'est qu'en même temps que le pays est moins abreuvé, il est moins salubre, puisque l'intempérie commence et finit précisément avec la disparition et le retour des neiges.

Il résulte de ce tableau que la Corse peut se considérer comme une masse pyramidale divisée en trois tranches d'air horizontales, dont l'inférieure est chaude et humide, la supérieure froide et sèche, et la moyenne participant de ces qualités. Or, si l'on observe que ces couches d'air sont par leur nature mobiles et flottantes, et de plus que la couche inférieure, dilatée par la chaleur, fait sans cesse effort contre la supérieure que le froid condense, l'on concevra qu'il doit arriver de fréquents dérangements dans leur équilibre, ou plutôt que sans cesse elles se mélangent et se confondent; et ceci explique tous les phénomènes physiques de ce climat, et entre autres un problème de végétation remarquable : on s'est souvent étonné que la végétation en Corse, étant à peine suspendue pendant l'hiver, et se ranimant dès la fin de janvier, fût cependant aussi lente dans ses résultats que dans le milieu de la France; que, par exemple, le froment semé en novembre et végétant sans gelée à la plage, ne fût cependant mûr qu'à la fin de juillet; que la vigne qui fleurit en mars, ne fût propre à la vendange qu'à la fin de septembre et même en octobre, comme sur les coteaux de la Loire; mais l'étonnement cesse quand on réfléchit que le degré de chaleur nécessaire à la fructification, est sans cesse interrompu par le froid piquant des nuits, et de toutes les bises neigeuses. Et cette alternative de chaud et de froid a un effet de diastole et de systole, qui sans doute contribue à la vigueur et à l'énergie que présente la végétation des arbres; car ils ont ceci de remarquable, que leur développement et leur force de sève surpassent tout ce que nous voyons dans notre continent. Du sein des rocs les plus secs, partent des troncs d'oliviers qui loin d'être rabougris comme ceux de Provence, s'élèvent droits et lisses à la hauteur de 25 à 40 pieds. J'ai vu un sumac et un peuplier, qui, plantés en février, n'ayant pas alors plus de dix-huit pouces de hauteur, avaient au 25 août surpassé celle de six pieds. A la pépinière de l'Arena en Casinca, les branches de citronniers et d'orangers taillées en août, et sur-le-champ replantées, donnent des fruits l'année suivante. Les émondes des poiriers et des pêchers, employées à ramer des légumes, après être restées sur terre pendant dix et douze jours, ont repris racine : en sorte que l'ingénieur français qui rendait compte de ce pays au ministre Choiseul, avait presque raison de dire que si l'on y plantait un bâton il prendrait racine.

Mais pour revenir aux effets des diverses couches d'air, ils expliquent très-bien pourquoi la température en Corse éprouve les vicissitudes rapides dont j'ai parlé; pourquoi en été le vent qui tombe des montagnes est brûlant comme leurs roches, tandis qu'en hiver ce même vent est glacial comme la neige qui les couvre; pourquoi dans un même lieu, et quelquefois dans un même instant, l'on éprouve tour à tour des courants d'air chaud et d'air frais qui passent comme des nuages. Et ceci m'amène naturellement à parler du système des vents dans cette île.

Je ne répéterai point ce que j'ai déja dit de leur mécanisme dans mon voyage de Syrie (t. 2), et quoique j'aie étudié de nouveau cette matière sans avoir égard à mes opinions antérieures, il m'a paru que mes nouvelles observations ne faisaient qu'ajouter à la solidité des causes que je leur ai développées. En Corse, comme en Syrie, j'ai retrouvé le vent de terre avec toutes ses circonstances; tombant le soir des hautes montagnes, à mesure que l'air refroidi se condense et s'appesantit ; remontant de la mer le matin, précisément lorsque le soleil échauffe la terre, et que l'air dilaté grimpe le long des roches, et décèle sa marche par les flocons nébuleux qu'il entraîne; plus régulier, plus sensible l'été où les contrastes extrêmes sont plus prononcés ; plus faible, plus interrompu l'hiver où l'atmosphère se ressemble davantage, et où les grands vents en occupent l'empire. Ce vent de terre est surtout remarquable sur la côte d'ouest, et dans le golfe d'Ajacio, où il imite parfaitement les brises des Antilles, sans doute par la raison que dans cette partie la pente des montagnes plus rapide, essuie en outre la plus forte chaleur du jour; et lorsque je considère que le prolongement du golfe d'Ajaccio dans l'intérieur des terres, est une vallée droite et profonde, où le vent de mer remonte comme dans un tuyau, il me paraît évident que c'est lui qui gorge d'humidité, et fait au fort de *Vizzavona* le dépôt dont j'ai parlé, et qui devient d'autant plus nécessaire, que là, il rencontre une forêt de sapins, et habituellement un vent contraire qui le force de déposer.

En général, il n'existe jamais pour la Corse un même vent, un même courant d'air ; alors même que toute l'atmosphère de la Méditerranée s'ébranle dans une même direction, ce grand fleuve d'air produit pour la Corse des tournoiements, des contre-reflux, des déviations absolument semblables à ceux que l'on remarque dans les fleuves d'eau, aux piles des ponts, aux grèves aux rochers; dans tous les obstacles de cette espèce, l'on peut observer qu'il se fait aux pointes d'avant, mais surtout à celles d'arrière, c'est-à-dire au bas du courant, des mouvements de tourbillon, d'engouffrement, de déviation, très-compliqués, et cependant soumis à des lois fixes de frottement et de rapidité, de la part des lames d'eau qui se heurtent ou qui glissent les unes contre les autres. A la différence près de légèreté, ces effets sont les mêmes dans les courans d'air, et les deux pointes de la Corse en offrent des preuves palpables ; car il arrive tous les jours qu'un vaisseau vogue par un vent d'ouest vers le Cap-Corse ou Bonifacio, et qu'à peine il a dépassé la pointe, il se voit pris par un vent debout, qui lui plie ses voiles, et le promène en lignes courbes et en circuit. Les marins savent qu'à ces deux pointes il règne habituellement des vents opposés et toujours violents, parce qu'ils y sont resserrés comme dans un détroit. Le canal ou bouche de Bonifacio est célèbre pour les vents terribles ; ceux du sud-ouest y sont si constants, que tous les arbres y sont inclinés dans le sens de leur souffle, et que les oliviers avec leurs branches jetées d'un seul côté, présentent l'aspect singulier de femmes échevelées dans les tempêtes de Vernet. La même chose arrive au Cap-Corse, et y rend impossible la culture des grains et de toutes plantes à tiges faibles : observez d'ailleurs, qu'un même vent change de direction selon les côtes qu'il rencontre, et que le vent qui est ouest sur la bande d'Ajaccio, devient sud-ouest à Calvi et au Cap-Corse. C'est ce sud-ouest qui règne habituellement sur ces parages, et qui, lorsqu'il franchit les montagnes de Saint-Florent, tombe avec tant de roideur sur Bastia, qui est au revers de la côte, à 500 toises de profondeur, qu'il enlève quelquefois les toits des maisons, et que l'on est jusqu'à 8 jours sans que l'on puisse sortir. Les vieillards du pays assurent qu'autrefois ce vent ne passait pas au delà du Bevinco, et maintenant il ravage au loin toute la plaine. Ce fait constaté trouverait très-bien sa solution dans le dépouillement du mont Penda, et des hauteurs adjacentes, jadis couvertes des sapins et des chênes de la forêt de Stella, aujourd'hui rasée.

L'on ne donne point assez d'attention à l'importance des bois sur les cimes des hauteurs, et il faudra que quelque jour un gouvernement éclairé dresse un code spécial sur cette partie de la richesse et de la santé publiques.

Par opposition aux vents d'ouest et sud-ouest, régnants sur la bande d'Ajaccio, les vents d'est et sud-ouest dominent sur celle de Bastia. D'après les observations des *ingénieurs du cadastre* du terrier, ils y occupent eux seuls les cinq sixièmes de l'année : leurs effets y sont diamétralement contraires à ceux de leurs antagonistes ; car tandis que l'ouest et sud-ouest dessèchent tout à Bonifacio, à Calvi, au Cap-Corse, l'est et surtout le sud-est engraissent et fomentent la végétation par leurs brouillards moites, et par leurs douces pluies, depuis Bastia jusqu'à *Porto-Vecchio* ; mais ils compensent chèrement ce bienfait à l'égard des animaux par le malaise et l'accablement dont ils les affectent. Le sud-est particulièrement rend la tête pesante, le corps fiévreux, l'estomac nauséabond ; c'est lui qui est si justement décrié en Italie sous le nom de *scirocco* ou vent *syrien*, et dans nos provinces du Midi, sous le nom de vent *marin*. Ses mauvaises qualités s'exaltent sur la côte orientale de Corse, par les nombreux marais dont elle est bordée ; il contribue même à leur formation, en imprimant à la mer un mouvement qui engorge de sable toutes les embouchures des rivières, et les ferme dans le sens de sa direction. Par ce mécanisme, les eaux débordent facilement, se répandent, stagnent, se corrompent ; et quand la chaleur vient, leurs exhalaisons poussées par l'est et le sud-est au pied des montagnes, y causent l'insalubrité dont on s'y plaint à des hauteurs et à des distances considérables ; elles remontent même dans l'intérieur du pays par les canaux des vallons, et on leur attribue entre autres ce qui se passe à l'auberge de Ponto-Nuovo sur le Golo, où l'air est tellement vicié, que l'on n'y couche pas deux nuits sans y prendre la fièvre. Cependant si, comme il est vrai, tout vallon en Corse est malsain, il faut admettre à ce phénomène une raison plus générale, et elle me paraît exister dans la stagnation de l'air, dans l'alternative du chaud et du froid, mais pardessus tout, dans l'humidité excessive du soir et de la nuit. Au reste, en Corse, comme dans tous les pays chauds, tout vent qui passe sur un marais, devient malsain à une distance proportionnée au volume des exhalaisons qu'il transporte. *Porto-Vecchio* offre en ce genre un fait vraiment lumineux. Là, ce même vent d'est et presque de sud-est, qui empeste les villages situés sous la direction des marais de *Biguglia* et d'*Aléria*, est le vent agréable et sain, parce qu'il vient immédiatement de la mer; tandis que le vent d'ouest et sud-ouest, si sain à Bonifacio, est pestiféré à *Porto-Vecchio*, parce qu'il y pousse toute la vapeur du marais qui est à une demi-lieue dans le sud-ouest. Il y a plus, ce même vent d'est, salubre à *Porto-Vecchio*, devient en été pénible et malsain, jusque sur les hauteurs de Quenza; et, lorsque de là il retombe sur Sarténé et Ajaccio, il égale le kamsin d'Egypte, parce qu'il arrive chargé de tout le feu des roches pelées, la Rocca. Cet exemple seul développe la théorie des vents; quant à leurs qualités, il suffit d'inspecter la carte géographique pour savoir quel vent est humide, et quel vent est sec dans un pays. Si l'ouest et le sud-ouest sont si secs en Corse, on sent que c'est parce qu'ils arrivent du vaste continent de l'Espagne, où ils ont déposé leur humidité, sans avoir eu le temps de la repomper sur le bras étroit de la Méditerranée qu'ils parcourent. Si l'est et sud-est, au contraire, sont les vents humides et pluvieux, c'est parce qu'ils ont parcouru cette mer dans toute sa longueur, en provoquant par leur chaleur son évaporation ; si le vent du nord est frais et sec sur la côte de Balagne, où il règne, c'est qu'il vient du continent de France et des Alpes ; et s'il est modéré, c'est qu'arrêté par la barrière des monts, et par le Cap-Corse, il est forcé de se tenir dans un état de stagnation et de remous.

D'après ces détails, il serait superflu de m'appesantir sur l'ordre des saisons. J'ai assez indiqué qu'il se rapproche de celui de France. De mai en septembre, des vents modérés d'ouest sur la côte d'Ajaccio, et d'est sur celle de Bastia, permettent une navigation commode en tous sens, mais plus du nord au midi, que du midi au nord. Pendant le reste de l'année, les vents sont variables et la mer très-capricieuse. L'équinoxe d'automne forme une époque très-remarquable, en ce qu'il arrive alors dans l'atmosphère une rupture d'équilibre qui amène sur la cime des monts, des ouragans et la première couche de neige. Cette première neige est le signal du retour de la salubrité dans toute l'île : l'air se rafraîchit, les eaux se purifient, les fièvres se calment ; cet état dure jusqu'à la fin de mai, c'est-à-dire, jusqu'à ce que ces mêmes neiges soient entièrement fondues. Alors l'intempérie de l'air et des eaux recommence, de manière qu'en Corse, la mauvaise saison est l'été. L'on a vu en certaines années jusqu'à huit mois s'écouler sans pluie ; cela n'empêche pas qu'il n'en tombe communément 22 à 23 pouces, c'est-à-dire, deux pouces de plus qu'à Paris. Mais l'inégale répartition de cette eau et son écoulement trop brusque, en diminuent beaucoup le bienfait ; les rosées y suppléent en partie ; la Corse leur doit cet aspect de verdure qui la rend plus agréable au coup d'œil que les pentes nues de la Syrie. En comparant ces deux pays sous d'autres rapports, je trouve qu'ils se ressemblent en plusieurs ; mais la balance des avantages me paraît être au dernier, même pour l'article important des sources qui y sont aussi bonnes et plus abondantes qu'en Corse. J'ai plongé le thermomètre dans les plus fraîches d'entre elles (aqua bottita et *Campotile*), et elles ont également marqué cinq degrés au-dessus de la glace, le 21 juillet et le 15 novembre, quoique dans un cas la neige couvrît de dix pouces la terre, et que dans l'autre, l'air fût à 18 degrés ; ce qui explique pourquoi elles semblent chaudes en hiver et froides en été.

Tandis que ces pluies, ces rosées, ces eaux donnent de l'aliment à la végétation, un soleil ardent et un air salin lui donnent une énergie de séve et une activité qui se manifestent dans tous les produits. Nos fleurs y ont une vivacité de parfum bien plus exaltée. Le 4 février, ayant cueilli à Corté une vingtaine de violettes, je fus obligé de les rejeter de ma chambre au bout de moins d'une heure, parce qu'elles m'entêtaient. Les fruits ont de même une saveur très-prononcée, et généralement excellente : le raisin, les figues y sont exquis ; mais les châtaignes ne valent pas nos marrons entés. Ce que les Français ont apporté de pommiers, pêchers, abricotiers, etc., donne des fruits supérieurs aux nôtres pour la qualité ; mais les Corses en négligent le soin ; ils n'ont pas encore su jusqu'à ce jour cueillir de bonnes grenades ni de bons melons ; et le jardin des Arena près de l'Ile-Rousse, est le seul qui produise d'assez bonnes oranges.

Le miel de *Caccia*, dur comme la cire, n'a point l'amertume dont se plaint Virgile, et peut le disputer au Mahon.

J'ai déja parlé des principaux arbres et arbustes de l'île : le chêne vert, le châtaignier, le sapin, l'ariccio, ou plutôt, le pin de lord Weimouth, font avec les liéges la base des forêts et des bois ; l'azerolier, le myrte, le lentisque, l'olivier sauvage, le cyste, l'alaterne, la grande bruyère, sont celle des broussailles ou *makiz*, selon l'expression du pays.

Ils y croissent depuis deux jusqu'à dix pieds de hauteur, selon la qualité du terrain. J'ai trouvé, dans les campagnes de Cervione, beaucoup de baguenaudiers, de faux ébènes, de genêts d'Espagne, et d'autres arbrisseaux rares chez nous; et je ne doute pas qu'un botaniste ne rencontrât dans l'étendue de l'île des objets utiles et très-curieux.

Le sparthe, ou jonc d'Espagne, objet de commerce important, croît naturellement dans plusieurs marais d'Ajaccio, et a fourni depuis cinq ans une bonne partie des cordages pour la pêche du corail. La soude abonde sur la plage d'Aléria, et remplit surtout les rivages, de même que l'herbe aux vers; l'orseil, précieux en teinture, croît sur la plupart des rochers.

Dans le règne animal, la Corse ne jouit pas de moins d'avantages; elle est exempte des loups et possède tout notre gibier. L'ours qui se trouvait dans les forêts du temps de Filippini, en a disparu depuis plus d'un siècle; il ne reste d'animal carnassier que le renard qui ose attaquer les moutons et les chèvres. Les oiseaux de proie, aigles et milans, sont rares; et l'on ne voit ni scorpions ni serpents dangereux que la vipère. Dans les marais, le gibier d'eau y est abondant, et aussi bon que son espèce le comporte. Sur terre, la perdrix rouge, la seule qui se trouve dans l'île, est grosse, mais elle est sèche. Le lièvre est meilleur. Le lapin n'a pu se multiplier que sur un petit rocher en mer, vis-à-vis de l'Ile-Rousse. Le ramier, la tourterelle, la caille et autres oiseaux de passage, sont excellents; mais rien n'égale le merle des cantons d'Ajaccio et de Cervione, qui, se nourrissant depuis décembre des baies de lentisque et de myrte, est un vrai bouquet parfumé; celui de Balagne, qui mange des olives, n'est qu'amer et maigre. La plaine d'Aleria, la plus riche en gibier, donne des cerfs et des sangliers de très-petite race, mais d'une chair bien supérieure aux nôtres, et quelques faisans. Le *muffoli*, qui ne se rencontre que dans les hautes montagnes, est une espèce de gazelle très-légère, très-hardie, qui ose se précipiter de 30 à 40 pieds en bas, sur ses cornes, sans jamais se blesser.

Dans les animaux domestiques, il est à remarquer que toutes les espèces sont extrêmement petites; les chevaux n'ont communément que quatre pieds à quatre pieds deux pouces; ceux qui dépassent cette taille viennent de Sardaigne. Les bœufs et vaches sont dans cette proportion. Le mouton ne pèse pas vivant plus de vingt-quatre à trente livres; il a cela de très-particulier, que sa laine est un vrai poil de chèvre, non frisé, et pendant à la longueur de près de quatre pouces. Les Corses n'en élèvent que de noirs, couleur cul de bouteille, parce qu'à ce moyen, ils sont dispensés de teintures. Les chèvres, qui sont le fléau de l'île, ne diffèrent en rien des nôtres. Tout ce bétail est maigre, vagabond, demi-sauvage. Quand on engraisse le mouton, le chevreau, le porc, leur chair est excellente; celle du porc surtout, qui n'a point ce vaveux indigeste qu'elle a en France et dans le continent. Il en est de même de la volaille; mais les Corses prennent rarement ces soins. Ils ne savent guère mieux profiter par la pêche, du bienfait de la mer qui fournit cependant d'assez bon poisson avec assez d'abondance : outre le rouget, la sole, le turbot, le saint-pierre, il passe chaque année quelques thons vers Saint-Florent, et des sardines autour de toute l'île. Près d'Aleria, l'étang de Diana fournit des huîtres très-grosses et très-estimées à Gênes, parce que l'on n'y connaît pas nos espèces qui sont certainement plus délicates. Quant aux poissons d'eau douce, ne trouvant ni asile, ni aliments dans les torrents pavés et encaissés de cailloux, il n'y a que la seule truite qui puisse y vivre parmi les cascades. Dans la plaine, des petites tortues et de petites anguilles essaient de se cacher dans le sable, et tout le reste de nos poissons est inconnu.

Résumons en peu de mots cet état physique de la Corse. Une charpente de rocs, qui du nord au sud, et de deux chaînes principales, jette à droite et à gauche des rameaux scabreux et coupés; des cimes dénudées et conformées souvent en cristallisations énormes qui semblent les flots congelés d'une mer agitée; une division verticale d'une bande calcaire à l'est, et d'une autre graniteuse à l'ouest. Une division horizontale de trois régions ou couches, l'une chaude et humide, l'autre froide et sèche, et la moyenne tempérée. Une côte basse et égale à l'orient, parce que la mer d'Italie, encaissée et stagnante, protége les attérissements; une côte dentelée et élevée à pic au couchant, parce que la mer d'Espagne et des vents violents, déploient une action rongeante; un sol généralement maigre, mais très-végétable; des vallons profonds, des pentes rapides, une verdure constante nuancée de bandes rousses ou brunâtres de terres et de blocs de pierres; un aspect vraiment pittoresque et paysagiste; un ciel vif, souvent semé de nuages; un air agité; un climat variable; une nature, non pas riche, mais propre à le devenir; non pas excellente, mais qui n'attend que la main de l'homme pour récompenser tous ses soins : telle est la Corse.

Tels sont les éléments physiques dont se compose la condition de ses habitants, soit par l'influence qu'ils en éprouvent, soit par l'usage et l'emploi qu'ils en font (1).

(1) C'est cette double question d'action et de réaction réciproque que l'auteur se proposait d'examiner dans les chapitres qui devaient suivre celui qu'on vient de lire; — la mort l'a surpris au milieu de son travail; et c'est d'autant plus à regretter, que nous sommes encore à attendre un bon ouvrage sur la Corse.

M. de Volney écrivait peu ; il se contentait de prendre quelques notes en forme d'argument et comme pour se prémunir contre les infidélités de sa mémoire. — Un ouvrage était tout entier dans sa tête avant qu'il en jetât les premières lignes sur le papier; et lorsqu'il commençait à écrire, il le faisait avec tant d'ordre et de suite, qu'on aurait cru qu'il copiait. — Il était rare qu'il changeât quelque chose à cette rédaction unique, qu'il se contentait de faire recopier par son secrétaire.

Nous sommes réduits à déplorer cette force de tête et cette facilité de rédaction, puisqu'elles nous privent de plusieurs ouvrages entièrement terminés, que M. de Volney se disposait *à écrire*, lorsqu'il fut enlevé, en peu de jours, à ses amis et à ses concitoyens. (*Note des éditeurs.*)

PRÉCIS

DE L'ÉTAT

DE LA CORSE.

(Extrait du Moniteur des 20 et 21 mars 1793.)

PRÉCIS

DE L'ÉTAT

DE LA CORSE.

Arrivé depuis peu de l'île de Corse, après y avoir résidé un an, je reçois de fréquentes questions sur l'état de ce département : déja j'ai satisfait à celles du conseil exécutif et du comité de défense générale sur ses moyens militaires et sur ses dispositions. Je me propose de présenter à la nation entière un tableau complet de cette portion d'elle-même, dont on l'occupe beaucoup et qu'elle connaît peu; mais ce travail exigeant du temps, et la notoriété de certains faits devenant de plus en plus urgente, je me suis déterminé à anticiper quelques résultats; je le dois d'autant plus, qu'appelé en Corse par une assemblée électorale pour régénérer le pays, je me trouve revêtu d'un caractère compétent; et qu'après avoir épuisé tous les moyens d'opérer le bien sans scandale, il ne me reste, pour demeurer digne de la confiance nationale dont j'ai été honoré, que de déchirer le voile de mensonge sous lequel un machiavélisme astucieux opprime la liberté du peuple corse, et dévore la fortune du peuple français. Je déclare donc, comme faits résultants d'une année d'observations :

1° Que la Corse, par sa constitution physique, par les mœurs et le caractère de ses habitants, diffère totalement du reste de la France, et que l'on n'en peut juger par la comparaison de tout autre département.

2° Que par la nature du gouvernement sous lequel ont vécu les Corses, ils ont contracté des habitudes vicieuses, participant de l'état sauvage et d'une civilisation commencée.

3° Que ne formant qu'une petite société de 150,000 ames, pauvre par le sol, divisée par haines de famille, agitée de passions d'autant plus violentes qu'elles circulent dans un cercle étroit; corrompue par le plus pervers des gouvernements; le gouvernement des Génois; asservie par le sceptre sévère des Français; la nation corse enfin, affranchie par la révolution, s'est trouvée, sans aucune instruction préalable, saisie du droit de se gouverner; et que, par ressentiment et par esprit national, ayant chassé tous les employés français, les pouvoirs sont tombés aux mains des chefs de famille qui, pauvres, avides et inexpérimentés, ont commis beaucoup d'erreurs et de fautes, et les ont tenues secrètes par crainte et par vanité.

4° Que depuis trois ans il existe un système de mystère par lequel les députations, de concert avec le directoire du département, nous ont caché l'état intérieur de l'île, de peur, m'ont-ils dit, que si les abus étaient divulgués, la Corse ne fût décriée, et que la France ne se dégoûtât de sa possession. Or, les effets de ce système ont été de concentrer les places et les traitements dans les mains de quelques chefs de leur parenté, et d'attirer du trésor français un argent immense et mal employé.

5° Que par suite de ce système, les dépenses du département de Corse se trouvent portées au décuple de sa contribution; c'est-à-dire, que la Corse coûte annuellement plus 5,000,000, savoir :

Pour le clergé séculier et pensionné..................... 1,298,423 fr.

Et ses biens ne valent pas 400,000 l. de capital.

Pour le directoire de département
et frais d'imprimerie................ 115,930

Et le conseil s'est alloué de son chef un traitement.

Pour neuf directoires de district.. 93,350
Pour neuf tribunaux............ 117,150

Total...... 1,624,853

De l'autre part. . . . . 1,624,853 fr.
Pour le tribunal criminel 41,560
Pour soixante-deux juges de paix
et greffiers. 49,600
Pour trente-cinq brigades de gen-
darmerie . . . .(1) 150,000
Pour enfants trouvés 107,000
Pour six députés à l'Assemblée
nationale, les frais de poste compris. 46,000
Pour quatre régiments de troupes
de ligne. . . . .(2) 2,200,000
Pour quatre bataillons de garde
nationale corse. . . . .(3) 900,000

Total. 5,119,013

Et je ne compte ni les postes, ni les bureaux de santé, ni 115,000 liv. de secours extraordinaires en 1791, ni 60,000 liv. pour le marais de Saint-Florent, ni 40,000 liv. pour ceux d'Aleria, ni les frais de quatre bataillons nouveaux que le député Salicetti vient de faire créer, ni les 24,000 livres avancées à la commission dont il est le promoteur et le guide.

Et cependant les contributions foncières et mobilières ne se montent qu'à 300,000 liv., et elles

---

(1) Je n'ai pu me procurer cet article que par approximation.
(2) *Id.*
(3) *Id.*

sont arriérées de trois ans, et le conseil corse, en 1790, les a dénaturées et diminuées d'un tiers; et les rôles pour 91 ne sont pas exécutés dans plus de seize municipalités; car le 19 janvier dernier, il n'y en avait qu'un seul dans le district d'Ajaccio, quoique l'état de situation du 23 novembre, envoyé par le procureur-général-syndic Pozzo di Borgo, en atteste quatorze; et il n'y a point eu de contribution patriotique; et de tous les biens nationaux vendus il n'est rien rentré au trésor; et 200,000 liv. sont empruntées à la caisse du clergé; les patentes sont nulles; les douanes sont presque anéanties, excepté ce qu'il en faut pour payer les employés parents et amis; et la plupart des administrateurs sont débiteurs du trésor, et ils se tolèrent de l'un à l'autre tous les abus, n'exercent ni répartition, ni recouvrements, par ménagement de voix électives, par esprit de parti et de parenté; et ils crient que la Corse est pauvre, et ne pourra payer, quoique sous le régime antérieur, sans être foulée, elle rendît en charges de toute espèce, à la vérité en denrées, pour plus de 1,300,000 liv.; et tous ces fonds passent en Italie par l'abandon des douanes que le conseil du département a diminuées de moitié, etc., etc.

6° Malgré tant de fonds versés, les routes et les chemins sont sans réparations : les travaux publics n'ont coûté, en 1791, que 384 liv.; les traitements et salaires des ecclésiastiques et des juges sont habituellement arriérés de six mois ; les assignats sont échangés à Toulon et à Marseille pour du numéraire, qui s'enfouit à Corté s'il ne s'y dissipe. La justice est sans activité ; une seule exécution a eu lieu, quoique, depuis trois ans, il ait été commis plus de cent trente assassinats de vengeance et de guet-apens. Nul compte de finance n'est publié, à moins que l'on ne donne ce nom à un chaos de chiffres sans résultat, que le directoire vient enfin de faire imprimer pour 1791. L'on y trouve entre autres deux procureurs-généraux payés en même-temps, dont l'un, député, recevait encore d'autres gages ; deux membres du directoire conservant leur traitements, quoique employés à une autre commission payée ; mais l'on y cherche en vain la solde des cinquante gardes de son excellence Paoli (1), et l'emploi de tous les fonds que le premier conseil partagea à ses membres, à titre de commissions, etc., etc.

7° Il n'existe en Corse aucune liberté politique et civile ; la citadelle de Corté est une Bastille où plus de 300 personnes ont été renfermées sans formalités ; il n'y a pas de feuille publique circulant dans le département, les journaux français sont entendus de peu de personnes ; il n'y a au-

---

(1) Oui, Paoli a encore en ce moment des gardes, et est généralement traité d'excellence.

Note de l'auteur. Mars 1793.

cun libraire vendant des livres; il n'y a qu'une imprimerie entièrement soumise au directoire, par qui elle subsiste; les relations avec le continent sont lentes et interrompues jusqu'à deux mois de suite; les lettres sont habituellemet interceptées par le directoire; nulle réclamation, nulle plainte ne peut parvenir par cette voie. Les élections se font toutes en armes, stylets, pistolets, souvent avec meurtre, toujours avec violence et schisme de la part de l'un des deux partis; le parti vainqueur accable et vexe l'autre dans la gestion de tous les pouvoirs dont il se saisit; les voix s'y mendient, s'y achètent, s'y calculent comme une denrée; elles s'y comptent par chefs de famille, parce que l'éducation, l'intérêt et le préjugé donnent aux Corses un dévouement si aveugle pour leurs chefs de parti et de parenté, qu'ils n'en sont dans les assemblées que les échos serviles. Ainsi j'ai vu deux assemblées générales de 400 personnes, dominées et mues par dix à douze chefs; ces chefs forment entre eux des ligues aristocratiques, au moyen desquelles ils se partagent, se disputent, se donnent les places et les traitements; ils se brouillent, se réconcilient avec une mobilité et une inconstance incroyable; mais la liberté de la multitude et l'argent du trésor français paient toujours les frais de leurs querelles. Dans l'assemblée qui a nommé à la convention, j'ai vu le parti des administrateurs l'emporter, en promettant aux électeurs de les payer en argent, et 80,000 liv. d'assignats furent converties, pour cet effet, en 45,000 liv. de numéraire. Jamais on ne tient compte des qualités requises par les décrets. Dans la dernière assemblée, plus de trente prêtres insermentés avaient voix; on y comptait plus de 150 ecclésiastiques, tous les électeurs militaires qui pouvaient contrarier Paoli ou plutôt ses moteurs; car depuis sa dernière maladie, il n'est plus que le prête-nom de quelques intrigants (1) : tous ces électeurs furent écartés, etc.

Les bornes de cette feuille m'arrêtent ici ; j'ajoute seulement qu'en Corse l'industrie est nulle; on n'y a pas même des allumettes ; tout vient du dehors, surtout de Gênes et de Livourne. L'agriculteur est misérable, quoique le sol soit très-fécond; la campagne est inhabitable, faute de sûreté habituelle; les paysans portent le fusil jusqu'en labourant ; les propriétés sont sans cesse ravagées par les bestiaux vagabonds, ce qui dégoûte de toute culture, etc., etc.

Quant aux dispositions du peuple envers nous, je les peindrai par ce que j'en ai moi-même entendu dans mes voyages multipliés, où, recevant

---

(1) Les sociétés populaires de Marseille et de Toulon, qui ont dénoncé Paoli, doivent bien remarquer cette circonstance, afin de ne pas prendre le change sur les auteurs des troubles de la Corse. (*Note de l'auteur. Mars* 1793.)

l'hospitalité la plus généreuse sous les toits des plus simples laboureurs et pasteurs, je recueillais leurs véritables sentimens. « La Corse est malheu-
« reuse, me disaient-ils, parce qu'elle est faible :
« Français, servez-nous d'appui, instruisez-nous ;
« car nous sentons que l'instruction nous manque,
« et nous la désirons ; et gouvernez-nous, car,
« avec notre esprit de parti, jamais un Corse ne
« rendra justice à un autre. » Le peuple a donc un vrai penchant pour la France ; et j'ai tout lieu de croire que si les Russes ou les Anglais se présentent, ils seront mal reçus ; s'ils prennent poste, ils ne le garderont pas, et ils dépenseront beaucoup d'argent. Mais par la raison que les Corses sont essentiellement divisés en deux partis, il suffira que l'un se dise français, pour que l'autre se montre opposant, surtout lorsque Paoli depuis deux ans, et maintenant les petits ambitieux qui veulent lui succéder, s'efforcent d'intéresser la vanité du peuple à être ce qu'ils appellent *peuple indépendant*. Et il faut avouer que les prétendus patriotes ont abusé et peut-être abuseront encore de l'autorité nationale, de manière à fomenter les mécontentemens. Les moyens de ramener l'ordre sont néanmoins encore faciles ; mais parce qu'ils doivent être employés en système complet, il ne m'est pas possible de les détailler.

Je sens que les vérités accumulées dans ce tableau vont soulever des passions irritables ; déja le moyen ordinaire des attaques secrètes a été employé auprès d'un ministre, et en m'attribuant des motifs d'humeur et d'ambition mécontente, on en appelle aux trois commissaires comme suprêmes régulateurs. Sans doute leur rapport sera d'un grand poids; cependant, pour calculer les moyens d'instruction des deux Français, il est bon d'observer que leur collègue et interprète corse (Salicetti) a été député en 1789 et en même temps procureur-général-syndic, puis député à la Convention, puis revêtu de la commission actuelle qu'il a provoquée, et pour laquelle il a su s'attirer à lui presque seul la nomination de toutes les places dans les quatre bataillons qu'il va lever.

Il est vrai qu'avec cette force il doit renverser Paoli; mais la personne de Paoli n'est plus qu'un fantôme, et l'on s'est peut-être donné des obstacles en lui présentant son rival. Au reste la marche des Corses est si incalculable, qu'il serait très-possible que tout s'arrangeât ou fût arrangé avec le procureur-général actuel, Pozzo di Borgo, moteur principal, et que nous en fussions quittes pour payer quatre nouveaux bataillons, qui, comme les quatres précédents, ne feront point de service, ne sortiront jamais de l'île, consommeront un million, sans être trois cents hommes, et cesseront d'être laboureurs sans devenir soldats. Quant à mon ambition mécontente, j'avoue que je regrette de n'avoir pu trouver en Corse la paix agricole que j'y cherchais, et de n'avoir pu conserver le domaine national où je comptais cultiver le coton, l'indigo, le café et le sucre, et ouvrir la carrière d'une industrie et d'un commerce nouveau sur cette mer Méditerranée, si mal connue, si négligée, et pourtant si riche, qu'elle seule pourrait nous dédommager de l'Amérique perdue; mais tout le peuple corse m'est témoin que depuis trois ans personne ne jouit chez lui du bonheur champêtre que j'ai désiré; et quant à l'admission au conseil du département, où l'intérêt national m'ordonnait d'arriver, l'on croira difficilement en France que j'aie de l'humeur d'avoir été repoussé d'un pays où les motifs publics de ma défaveur ont été de passer pour un *hérétique*, comme auteur des *Ruines*, et pour observateur dangereux, à titre de Français; ce qui néanmoins n'a point diminué mon désir d'être utile à un peuple que son heureuse organisation et son respect singulier pour la justice rendent capable de recevoir, mais non de se donner un bon gouvernement.

LETTRES

A M. LE Cⁿ LANJUINAIS,

SUR L'ANTIQUITÉ DE L'ALPHABET PHÉNICIEN.

PREMIÈRE LETTRE

A M. LE COMTE LANJUINAIS,

SUR L'ANTIQUITÉ DE L'ALPHABET PHÉNICIEN.

Mon cher collègue,

En composant mon livre de l'*Alphabet européen*, dont vous approuvez les principes ; en méditant sur la nature et les éléments de l'alphabet en général, je suis naturellement arrivé à me demander quels ont pu être les premiers motifs de cette invention vraiment singulière, quelle série d'idées a pu y conduire l'esprit du premier auteur; et de suite le nom de *Kadmus* s'est offert à ma pensée. Je n'ai pas eu besoin de beaucoup de réflexions pour me convaincre, malgré le dire des poëtes et des historiens, que jamais un tel personnage n'exista comme homme : il suffit d'avoir lu l'extravagante légende de ses actions, pour y reconnaître une de ces fables sacrées, de ces énigmes cabalistiques que les anciens astrologues se firent un devoir et un plaisir malin de composer, pour dérober au vulgaire profane les secrets de leur science, ainsi qu'ont fait depuis eux, et sur leurs traces, les *chercheurs d'or* par la science d'alchymie; mais le soupçon me vint que quelque date chronologique aurait pu se glisser dans ces fictions, et pourrait s'en extraire par analyse : j'ai donc relu la fable de *Kadmus* dans les anciens mythologues, et dans leur ingénieux interprète moderne (1). Par un cas bizarre, tandis que je cherche un objet qui m'échappe, un autre, que je ne cherche pas, s'offre à moi, et stimule ma curiosité : ce sont des auteurs grecs qui me parlent, et leurs récits sont mêlés de mots et de noms *barbares* qu'ils n'entendent pas ; j'analyse ces mots, et j'en trouve un nombre de pur langage phénicien, ayant un sens tout-à-fait convenable au sujet : ce cas n'est pas neuf, on l'a déja remarqué, vous le savez, dans plusieurs fables mythologiques ; mais ici, comme là, il donne lieu à des inductions qui me semblent neuves et dignes d'intéresser les amateurs de l'antiquité.

Avec eux, mon cher collègue, vous m'accorderez que l'idiome phénicien a été, comme l'hébreu, le chaldéen, le syrien, l'un des nombreux

---

(1) *Voyez* le livre de Dupuis, *table des matières*, au mot *Cadmus*, où sont les renvois appropriés à chacun des deux formats, l'in-4°. et l'in-8°.

dialectes de cet antique et vaste langage arabique qui, de temps immémorial, règne dans la région sud-ouest de l'Asie : par cette raison, l'on a déja dit : « *Kadm-os* signifie *orient, oriental*. » Il est vrai ; mais j'observe d'abord que pour la Grèce, un homme venu de Tyr et de Thèbes d'Égypte, eût été un *méridional* et non un *oriental*, surtout lorsque sa peau noire l'eût classé parmi les Africains, si différents des naturels de l'Asie mineure; ensuite, on ne peut me nier que ce même *Kadm-os* ne signifie tout ce qui *marche en tête*, qui *précède*, qui *annonce*, qui est *héraut*; tous sens spécialement appropriés à *Mercure*, *héraut des dieux*, chef de la grande procession égyptienne (décrite par Clément d'Alexandrie, etc.). Or, comme Mercure, sous ses noms d'Hermès, Thaut, etc., est chez les anciens, même dans Sanchoniaton, l'inventeur des lettres, il y a lieu de croire qu'ici *Kadmus* n'est que l'une de ses formes, l'un de ses équivalents. Toujours est-il vrai que le mot est phénicien ; et, en ce moment, cela suffit à mon but.

Kadm-os est fils d'*Agenor*, roi de Tyr. En grec, *Agenor* est *le fort*, qualité spéciale d'*Hercule* bien reconnu pour être le *soleil*, et aussi pour être le dieu qui régnait à Tyr. En phénicien, *nour* est la lumière; *ag* n'offre pas de sens connu; mais il a pu en avoir un qui s'y adaptait.

Kadm-os a pour sœur *Europe* : cette prétendue

femme est enlevée par un *taureau blanc* (comme la lumière), lequel est une métamorphose de *Jupiter-Soleil*, à l'équinoxe du printemps. Le taureau ravisseur traverse rapidement la Méditerranée, et porte sur son dos la princesse *Europe* aux contrées du couchant qui en prennent leur nom.

L'on est d'accord qu'*Europe* est la lune ; j'ajoute spécialement cette lune, qui, à l'époque où le *taureau* fut le signe équinoxial du printemps, formait avec lui une conjonction d'un caractère particulier. Dans la même année où le soleil au printemps s'était levé dans le signe du *taureau*, il se couchait à l'automne, dans celui de la *balance* : alors la lune du mois arrivait à son plein, se levait le soir dans le signe du taureau, placée comme sur son cou ou sur son dos : c'était une importante affaire pour les astrologues et pour le peuple astrolâtre. Toute la nuit on voyait la navigation aérienne de ce couple de dieux qui, arrivés à l'horizon du couchant, étaient censés aux confins de la Méditerranée. En *phœnico-hébreu*, m'*arab* est le *couchant*; le *radical* (*àrab*,) qui est ici en régime, a pu être substantif, et former précisément *oroub*. Nous allons voir un autre sens.

Ce *taureau équinoxial*, qui ouvrit l'année avant le belier *aries*, depuis l'an 4600 jusqu'à l'an 2428, a joué le plus grand rôle chez les anciens. Au Japon, son image subsiste, ouvrant l'*œuf* du monde avec ses cornes d'or. En Italie, les poëtes ont dit, à la vérité bien hors de date (1) : *Candidus au-ratis aperit cum cornibus annum.* Ce taureau fut le bœuf *osyr-is*, prononcé *osour* par les Grecs ; et en phénicien, *héfour* (2) est le *taureau*. Il fut aussi le bœuf *bacchus*, qui, en ce moment, est le nôtre. On n'a point expliqué ce nom (*bacchus*); Plutarque nous dit que les femmes grecques d'Élis chantant ses hymnes antiques, en terminaient les strophes par les mots répétés *digne taureau, digne taureau.* Ce *digne* est une épithète singulière : en phénico-hébreu, *digne* se dit *iâh* ; le grec, qui n'admet pas l'*h*, y substitue le *x*, qui est une autre aspiration plus forte, et dit ἴαχχος qui est le latin *iacchus* ; mais, si l'*u* et l'*i* latins se sont quelquefois échangés, comme dans *op-timus, maximus,* on aura pu prononcer *uacche*, υαχχὶ ; et, vu la fraternité de *ue* et de *be*, l'on voit éclore *bacchus.* N'est-il pas singulier que son féminin signifie la vache ; *bacca, vacca ?* De manière que ce mot, vieux latin, serait venu de l'étranger avec la religion même.

Une épithète constante de *Bacchus-Soleil* est pater, *père*, iaô-piter ; en phénicien, père se dit *abou*. Or, comme *b* devient *vé* aussi facilement que *a* devient *é*, le fameux nom d'*évóé* n'a pu

---

(1) Nos poètes ne célèbrent-ils pas encore le belier, qui est hors de signe depuis plus de 2,200 ans ?

(2) Le *f* représente la lettre *schin*.

être que *ebou-i*, mon père. — Et pourquoi toujours *liber* (pater) ? Je réfléchis, et je trouve que *libre* est synonyme de *dégagé de liens*, même *de vêtements*; or, en phénicien, un même mot radical (*natàr*) signifie à la fois *danser*, être *dégagé de vêtements*, être libre de ses membres : *solutus vestibus*; or, dans un pays chaud, la danse, en temps de vendange, même la nuit, a exigé des membres *libres* : *nunc est saltandum, nunc pede libero pulsanda tellus*. De ces idées et de ces expressions physiques est venu notre mot abstrait *dissolu* : solutus.

Mais pourquoi un *bœuf* symbole et dieu des vendanges ? Parce qu'à cette ancienne époque séculaire, lorsque le soleil du printemps s'était levé dans le *taureau* qu'il masquait, le soleil d'automne, couché dans la *balance* pendant trente jours, livrait le ciel nocturne à ce même taureau, dont les brillantes et nombreuses étoiles semblaient présider aux jeux d'un peuple qui se délassait de la chaleur du jour, par le repos ou la danse, à la fraîcheur de la nuit. En un tel climat, on sent que la lune d'un tel mois dut être une divinité *douce*, *gracieuse*, *propice*. Or, le mot phénicien *ăreb* ou *ŏrob*, d'où doit venir *Europe*, a ces divers sens, et de plus celui de *passer la soirée*. Ici se trouve le point de parenté de la princesse Europe avec la vache *ïo* enlevée aussi par le taureau de *iupiter*; car, ce mot ïo n'est que le phénicien iah signifiant *digne, convenable, beau* (la *belle lune conjointe* au taureau; donc sa femme, donc une vache).

Voilà donc sans cesse et de tous côtés des mots phéniciens. Ce n'est pas tout : *Kadmus*, courant (dans le ciel) après *Europe*, arrive à un autre, à une caverne, appelés *ărimé*, où l'impie Typhon a surpris et détient la foudre de *iu-piter* désarmé. Pour ravir à Typhon cette foudre, le dieu concerte avec Kadmus une *ruse* pour l'exécutiou de laquelle celui-ci se dépouille, se met *nu*, et prend d'autres vêtements. La ruse réussit : mais il en résulte un fracas terrible dans la nature. Or, en phénicien, le mot ărimé par aïn signifie *ruse, nudité* : si le grec en supprimé, selon sa coutume, un *h* initial (l'*h* dur), ce serait *harăm* ou *harim*, qui signifie lieu d'anathèmes, de destruction, de dévastation; cela convient également : le poète phénicien a pu jouer sur ces homonymes.

Après avoir établi l'ordre ou l'*harmonie*, dont on fait une déesse, Kadmus, qui l'épouse, veut immoler une vache (*devenue inutile : elle a fini le mois*); il a besoin d'eau pour le sacrifice (1) : il la cherche à la fontaine *Dirké*, laquelle est *défendue* ou gardée par le dragon du *pôle*. En grec, *dirké* signifie *fontaine* : pourquoi ce pléonasme,

---

(1) *Voyez* Dupuis, tome III, in-4°, page 40.

la fontaine *fontaine?* Ne serait-ce pas que *dirké* serait un mot propre conservé du poème original phénicien? Je trouve en phénicien le mot *irk*, qui, mis en régime génitif, prend le *d* syriaque et devient *dirké* : or, *irk* signifie à la fois *cuisse*, *fût* de colonne et de chandelier, *gond* de porte et de plus le *pôle;* car l'hiérophante Jérémie, parlant des Scythes venus du nord au temps de Josias et de Kyaxares, dit en propres termes : Un peuple est venu de *Safoun* (le nord); une grande nation est éclose des *cuisses* de la terre (1). Une telle figure semble bizarre dans nos mœurs; mais si l'on considère que la forme de la cuisse est celle d'un fût légèrement conique, en pain de sucre; que cette forme fut celle de l'essieu dans les chars anciens; que dans le ciel le point polaire a toujours été pris pour un *essieu* autour duquel tournent diverses constellations comme des *roues (septem triones,* char de David) : on reconnaîtra qu'ici, comme partout, l'expression et l'idée de l'hébreu sont tirées de la simple et grossière observation de la nature. Toujours est-il vrai que nous avons coïncidence absolue de mots et de choses. Et vous-même, mon cher collègue, n'allez-vous pas, à mon appui, observer que dans l'antique idiome du *sanskrit*, dans cette langue

---

(1) Ici, comme en tant d'autres passages, aucune traduction n'a été fidèle.

d'un peuple *scythe* que l'*Égyptien* même reconnut pour légitime rival d'antiquité (1), n'allez-vous pas observer que cette fameuse montagne *Mérou* n'est autre que la *cuisse* et le *pôle* du nord?

Ce n'est pas tout; nous avons ici la clef d'une autre énigme que personne n'a encore résolue. Selon les mythologues, iupiter cacha dans sa cuisse le jeune Bacchus, né avant terme (au début du 7e mois): supposons que parmi les douze maîtresses de iupiter, c'est-à-dire parmi les douze lunes que le *soleil* visite chaque année, celle du sosltice d'été ait conçu un *génie-solaire* destiné à quelque rôle astrologique; ce *génie*, arrivé au solstice d'hiver, n'a encore que six mois de gestation, et cependant, comme tout soleil, il est censé faire ici une naissance qui commence sa carrière annuelle. Le poète n'a-t-il pas pu feindre qu'étant alors comme *caché* dans le *pôle* (austral), il a été caché dans la *cuisse* du ciel (iou-piter), et cela pendant les trois mois qui lui restaient pour atteindre l'équinoxe du printemps où naît le *Bacchus* au *pied de bœuf*? Ce Bacchus est ici fils de *Sémélé*, fille de *Kadmus*; né près d'un *serpent*, il prend le nom de *Dio-nusios*. En phénicien, *nahf* et *nuhf* signifie *serpent* (dieu du serpent). Selon Dupuis, *Kadmus* n'est autre chose que la constellation du *serpentaire*, où est peint un génie te-

---

(1) *Voyez* Hérod., lib. II.

nant un long serpent, d'où lui vient en grec son nom *Ophiuchos*. Mais ceci vient de plus loin que du grec ; car, si *ophis*, en cette langue, signifie *serpent*, le phénicien *ăphă* et *ŏphè* a le même sens, et a dû l'avoir antérieurement.

Un autre nom du *serpent* en général est, en phénicien, *rmſ* ou *remeſ*. Si on lui joint l'article *he* (le), on a *hermeſ* (le serpent), qui est le nom de *Mercure*, en grec, où il n'a aucune racine, et Mercure-Hermès, qui tient un caducée formé de deux serpents, et qui est l'inventeur des lettres, se trouve encore identique à *Kadmus-Serpentaire*.

Celui-ci, continuant ses courses (célestes), arrive au sommet d'une haute montagne ; il y bâtit *Thèbes l'Égyptienne*, selon les uns ; la *Béotienne*, selon les autres ; ni l'un ni l'autre, selon le narrateur lui-même : car le poète *Nonnus*, copiste des anciens (1), indique clairement que cette ville est le *ciel* quand il dit que sa forme est ronde ; qu'elle a pour porte sept *stations* qui ont les noms des sept planètes; et pour distributions quatre grandes rues qui se terminent aux quatre points cardinaux, etc. Mais qu'est-ce que ce nom *Thèbes* qui, en grec, ne signifie rien ? J'observe qu'il est toujours au pluriel *Thèbai, Thèbæ*; jamais au singulier. Le *th* répond à plusieurs lettres phéniciennes,

---

(1) *Voyez* Dupuis, in-4°, tome 3, page 40.

entre autres au *tsade*, ou *sâd*, et au *schin*. Le mot phénicien *sabá* signifie tout ce qui *brille*, comme les *étoiles*, dans la nuit, comme les *armes*, dans le champ de bataille : les *Sabiens*, adorateurs des étoiles, en tirent leur nom; ce serait donc la ville des *Luminaires*, la ville des *étoiles*.

D'autre part, ſebă (par schin) et ſebăï signifie *sept*; et s'entend spécialement des sept planètes et sept sphères : ce serait donc la *ville* des *planètes* (la Céleste), nom essentiellement pluriel, et tout-à-fait dans les mœurs des anciens *astrolâtres*. Cette *Thèbes* du ciel aurait été le modèle des *Thèbes* terrestres distribuées à son imitation, comme le fut plus tard l'*idéale Jérusalem* des prophètes. Je me hâte d'achever.

Selon nos Phéniciens, *Kadmus* combat le dragon populaire, le tue, lui ôte les *dents* qu'il sème en des *sillons* (labourés par le bœuf) : ces dents deviennent des hommes armés qui d'abord l'accompagnent, puis s'entre-tuent, excepté *cinq* qui survivent. D'autres disent que « ces êtres, nés des « sillons, sont des serpents que lui-même mois- « sonne à mesure qu'ils naissent. » On sent bien que ces folies sont un logogriphe donné à deviner. La clef consiste en ce que les mots phéniciens ont habituellement plusieurs sens dont le poëte a fait des équivoques, de vrais calembours. Ainsi, *sen*, dent, signifie aussi année, *seneh* ; — *awnah*, sillon, au pluriel *awnaut*, est de la famille de *awn*, le temps; de *aïn*, tout ce qui est *rond*, *œil*, *fontaine*, *soleil*, *cercle*, d'où est venu le latin *ann-us*, *annulus*, anneau. Le sens précis n'est pas clair; mais l'on aperçoit que les *dents* du dragon sont les *jours* de *l'année*, qui s'entre-tuent ou qui sont tués à mesure qu'ils naissent, excepté *cinq* qui sont les *cinq* épagomènes, placés hors du nombre trois cent soixante dont se composa l'année ancienne. Si Kadmus *combat*, *vainc*, *tue* le dragon polaire, c'est que *vaincre* signifie *surmonter*, *être au-dessus*; que *tuer* c'est *mettre à sa fin*, *terminer*; choses qui arrivaient dans le cours de l'année de la part de l'une des constellations sur l'autre. L'essentiel pour mon but est que nous reconnaissions sans cesse des mots phéniciens; et l'on voit qu'ils abondent de toutes parts.

Fort bien, me dites-vous, mon cher collègue; mais quel est le rapport final de tout ceci à l'alphabet? Le voici.

S'il est prouvé que les fables et drames mytho-astrologiques, à nous transmis par les Grecs, sont remplis de mots appartenants au langage de *la Basse-Asie*, chaldéo-phénico-arabe; que ces mots donnent habituellement des sens explicatifs et appropriés au sujet; que les lieux et les personnages de ces drames appartiennent le plus souvent à ces mêmes contrées: n'a-t-on pas droit de conclure que primitivement les fables et drames ont été composés en langue phénico-arabe; 2° qu'ils y ont formé des poëmes plus ou moins réguliers du genre des *pouranas*, chez les Indiens ; 3° que les plus anciens Grecs connus, tels qu'*Orphée*, *Musée*, etc., n'ont été que des traducteurs ou compilateurs de ces poëmes, que les échos de ces compositions dont ils ont pu quelquefois ne pas bien saisir le sens ; 4° que de la part des Asiatiques, l'existence de ces poëmes phéniciens-syriens-chaldéens, en indiquant un degré de civilisation très-avancé, prouve en même temps, d'une manière positive, l'usage déjà ancien de l'alphabet, attendu que les *hiéroglyphes* sont incapables d'exprimer la pensée dans ces minutieux et pourtant indispensables détails grammaticaux ? — Maintenant, ajoutez que la contexture de ces récits poétiques suppose des observations et des notions astronomiques compliquées, lesquelles de leur côté supposent l'existence non interrompue d'une ou de plusieurs nations agricoles qui ont été conduites et presque forcées à ce genre d'études par le puissant motif de leurs besoins de subsistance et de richesse. — De ceci résulte pour nous un intéressant problème à résoudre : savoir, « à quelles époques ont pu « être composés ces récits poétiques, ces *pouranas* « chaldéo-phéniciens. » Il me semble que l'on pourrait arriver à cette connaissance par l'examen des positions respectives des astres et des planètes que décrivent avec détail les auteurs. Par exemple, dans ce poëme de Kadmus, il est clair que le taureau est placé signe équinoxial; ce qui déja porte la date au-delà de 2428 ans avant notre ère. Ensuite, si l'on suppose que la projection du taureau, dans les trente degrés de son signe, ait été jadis la même qu'aujourd'hui (ce dont je doute) (1), il en résultera que pour obtenir les conjonctions de la pleine lune sur son dos, telles qu'elles sont citées, il faut remonter dans le signe au moins dix degrés; ce qui produit environ 700 ans, et nous mène à 3100 ans pour le moins. — Je sais que l'on peut faire beaucoup d'objections à mon hypothèse; mais, si elles ne se fondaient elles-mêmes que sur d'autres hypothèses, la question serait renvoyée au tribunal du *bon sens*, qui la déciderait par le calcul des probabilités les plus naturelles. Je suis loin de penser, comme Pline, que les lettres *syriennes* ou *assyriennes* existent de toute éternité; mais je suis également loin de les croire aussi récentes que le prétend une école moderne. Si mes *rêveries* sur ces matières vous semblent dignes d'intérêt, je pourrai vous exposer, un autre jour, par quels motifs je suis porté à croire que l'alphabet phénicien a pu être; sinon inventé, du moins ré-

---

(1) Il a plu à nos modernes faiseurs de planisphères de placer le *taureau* et le *belier* tête contre tête. Le fait est précisément l'opposé chez les anciens qui placent ces deux figures dos à dos. Cependant, comme aucun de leurs atlas n'a été fait plus de 400 ans avant notre ère, j'ai des raisons de croire que jadis la tête du belier fut où ils ont placé sa queue.

digé en système, entre les quarante et quarante-cinquième siècles avant notre ère; qu'il a dû être répandu chez les Pélasges et chez les Grecs plus de dix-huit générations avant le siége de Troie, par conséquent bien avant le faux Kadmus, du quatorzième siècle; enfin qu'il a dû être précédé de systèmes d'écriture fondés sur des principes différents, tels que les hiéroglyphes et les caractères du genre chinois.

Paris, 15 juin 1819.

C.-F. Volney.

SECONDE LETTRE

A M. LE COMTE LANJUINAIS,

SUR L'ANTIQUITÉ DE L'ALPHABET PHÉNICIEN;

Contenant diverses questions historiques, proposées comme problèmes à résoudre.

Mon cher et honoré Collègue,

Dans ma précédente, j'ai dit qu'en étudiant l'histoire des alphabets, je trouve des raisons de croire que le phénicien, qui me semble leur souche commune, n'a pas dû être inventé plus tôt que le quarante ou le quarante-cinquième siècle avant notre ère. Je n'ai pas de preuves directes de mon *hypothèse* (notez, je vous prie, qu'en histoire je n'ai que des *hypothèses*): comment citerais-je des témoins? quand l'écriture alphabétique n'existait pas, quel moyen eût pu *noter* qu'elle venait de naître? Me dira-t-on que l'hiéroglyphique existait? Je le crois;

mais l'hiéroglyphe ne précise aucun fait, n'analyse aucune idée : ses tableaux complexes, pour s'expliquer, veulent la parole. — Me dira-t-on que l'écriture alphabétique naquit subitement? cela est contre nature; et de plus une telle invention si brusque eût été repoussée par des habitudes régnantes; n'est-ce pas le sort de toute nouveauté? n'est-ce pas la nature de l'homme? Le vieillard, las et paresseux, l'adulte, orgueilleux et passionné, changent-ils subitement leurs idées pour se rendre écoliers de doctrines nouvelles?

Quand j'examine l'histoire des innovations, je trouve qu'elles s'établissent dans le monde *flot à flot* de génération. Une opinion naît, la génération *mûre* la repousse : la génération *naissante*, non imbue de préjugés, l'examine et l'accueille; il y a fluctuation et combat dans ce premier degré : quand la génération mûre est éteinte, la nouvelle opinion règne jusqu'à ce qu'une suivante vienne l'attaquer. Quant à sa *formation*, c'est le besoin qui invente; c'est l'utilité ou l'usage qui consolide. Cette gradation a dû être celle de l'écriture alphabétique. Vouloir qu'un art si subtil en sa théorie, si compliqué, si lent en sa pratique, se soit établi en peu d'années, ne peut être qu'une hypothèse de *collège* : sans doute, pour concevoir l'idée élémentaire de représenter le *son* de la parole, par de petits traits fixés sur un corps solide, il n'a fallu qu'un instant, qu'une heureuse inspiration; mais, de cet élément à ses conséquences, quelle série d'opérations, et d'idées graduelles et successives! — Étudier chaque son en particulier, distinguer la voyelle de la consonne, classer l'aspiration, définir et constituer la syllabe!... Il faut s'être occupé soi-même de la chose pour en sentir toutes les difficultés, surtout alors qu'aucun maître antécédent ne servait de guide sur cette matière : combien de tâtonnements, avant d'avoir rien établi de fixe!

Supposons que l'inventeur se soit fait une première esquisse de système, un premier essai d'alphabet, que de temps pour s'en inculquer l'habitude! Voyez le temps qu'il faut à nos enfants, seulement pour l'apprendre! Lorsque cet homme a eu des disciples, que de temps encore pour les habituer! Oui, pour établir cet art, pour le divulguer, pour l'amener à une usuelle pratique, il a fallu un laps de temps capable de faire perdre de vue ses auteurs. Voyez ce qui est arrivé pour l'art de l'imprimerie, qui, comparativement, n'est qu'un mécanisme simple et grossier; combien de recherches n'a-t-il pas fallu, de nos jours, pour acquérir des notions claires ou approximatives sur son berceau!

C'est en calculant toutes ces données que je raisonne sur l'époque de l'apparition de l'alphabet et de l'art d'écrire; je me dis : « Si, avant l'écriture alphabétique, il n'a existé aucun moyen de fixer, de conserver la mémoire précise et détaillée d'aucun fait historique ou physique, ne s'ensuit-il pas que, remontant dans l'échelle de l'antiquité, là où nous cesserons de trouver aucun récit de ce caractère, nous aurons le droit de dire que l'écriture n'était pas encore usitée? Or, si nous trouvons que dans les récits astronomiques déguisés sous les formes de la mythologie, aucun récit précis et détaillé ne remonte au delà de l'époque où le *taureau* était signe équinoxial du printemps, n'avons nous pas le droit de dire que l'alphabet phénicien n'a pas été inventé avant cette époque, c'est-à-dire, plus tôt que le quarante ou quarante-cinquième siècle avant notre ère? »

Cette opinion aurait besoin, sans doute, de beaucoup de développements; il ne peuvent trouver ici leur place; mais ils sont devenus dans ma pensée le sujet d'un travail de longue haleine dont j'ai déja distribué les chapitres : et parce que ce premier aperçu de mes idées peut en faire naître d'autres encore plus justes chez les savants qui se livrent à ce genre d'étude, je prends cette occasion de les déposer ici en forme de *questions*, comme autant de sujets de dissertation :

1° Si, comme nous l'apprennent les anciens savants, par l'organe de *Strabon* (1), le langage de tous les peuples de la presqu'île *arabe* jusqu'aux

---

(1) *Geogr.*, lib. I, page 41 et 42; édition de Casaubon.

confins de la *Perse* et de l'*Arménie*, ne fut qu'un même langage (1), modifié en dialectes, « lequel de ces dialectes doit-on considérer comme le plus ancien, comme le plus voisin de la souche originelle ? » — (Cette identité posée par Strabon décide la question secondaire entre l'arabe, l'hébreu, le syriaque, le chaldaïque, le phénicien, etc.)

2° Sur ce terrain, grand comme les deux tiers de l'Europe, comment tant de peuplades diverses, les unes sédentaires, agricoles, les autres errantes, partie sauvages, partie pastorales, la plupart ennemies et souvent en guerre, comment ont-elles pu s'entendre à parler un même langage, construit sur les mêmes principes, composé des mêmes éléments ?

3° Si, comme il est vrai, cette identité indique un foyer primitif et unique de population, dont la surabondance aurait formé des colonies émigrantes, des essaims successivement conquérants, — où doit-on placer ce foyer primitif ?

4° Si, comme il est vrai, la formation et surtout le développement du langage ne peuvent avoir lieu que dans une société dont les membres sont en *contact particulier*, en communication habituelle d'idées et d'actions ; — un tel état de choses peut-il avoir eu lieu ailleurs que chez un

---

(1) Ce que les Allemands appellent langue *semitique*, quoique *Kanaan* et *Kush* en fassent partie.

peuple agricole, qui progressivement se compose un édifice de besoins, d'arts, de sciences, d'idées en tout genre, et par conséquent l'accompagne d'autant de signes parlés nécessaires à tout exprimer ?

5.º Peut-on admettre que des peuplades errantes d'hommes chasseurs ou pêcheurs, ou même pâtres, qui, par la nature de leurs habitudes, sont bornés à un cercle étroit d'actions, d'idées et de besoins, chez qui les divisions, les dispersions sont faciles à raison des guerres, et par conséquent les interruptions de lignées et de traditions; peut-on admettre que de telles peuplades aient eu la capacité, la possibilité d'inventer et de construire un système de langage, dont la construction nous présente un système d'idées à la fois étendu et régulier ?

6.º Admettant que de premiers et simples rudiments de langage aient été formés par une famille sauvage qui a prospéré, et qui, fixée sur un sol fécond, y est devenue une nation agricole, populeuse et puissante, en quelle contrée de l'Iemen, de la Syrie ou de la Chaldée, doit-on placer cette nation originelle, ce foyer premier ?

7.º Supposons que ce soit la presqu'île du Tigre et de l'Euphrate, cette contrée *babylonique* qu'Hérodote compare pour la fertilité et la population au Delta d'Égypte; alors qu'une société nombreuse et civilisée y eut un langage développé, même savant, n'éprouva-t-elle pas chaque jour le besoin d'un moyen quelconque de fixer ses souvenirs, de conserver, de transmettre ses idées? — quel a pu être ce moyen le plus simple, le plus naturellement présenté à l'esprit ? a-t-elle procédé par la méthode *hiéroglyphique* qui est la *représentation des idées par images et figures*, ou par la méthode *alphabétique* qui est la *représentation des sons par des traits* conventionnels, du genre algébrique?

8º Si, dans l'action de parler, chaque mot fait apparaître à l'esprit l'*image* d'un objet; si, pour deux hommes de langage différent et qui ne s'entendent point, le premier moyen est de déssiner l'un devant l'autre la figure des objets dont ils veulent parler, ne s'ensuit-il pas que l'écriture dite hiéroglyphique a été ce premier moyen naturel? Et lorsqu'on la trouve employée également chez les Égyptiens, les Mexicains, les Chinois et divers sauvages, ce fait général n'est-il pas une preuve et une confirmation de cette opinion ?

9º En quelle circonstance a pu naître l'écriture alphabétique, si différente de l'hiéroglyphique, puisqu'au lieu des idées elle peint les sons? Si les inventions compliquées et abstraites ne sont le produit que des besoins habituels chaque jour plus sentis, par quelle classe d'hommes a été plus senti le besoin de peindre la parole, de fixer le son qui retrace les idées?

10° Supposons une classe d'hommes livrée au négoce, obligée de traiter avec des peuplades diverses, dont, au premier abord, elle n'entend point le langage; cette classe d'hommes marchands n'aura-t-elle pas le besoin journalier et pressant de retenir plus ou moins de mots de ces langues, pour s'en faire expliquer le sens, quelquefois très-important à sa sûreté, et pour s'en servir elle-même à l'occasion? — Or, comme pour ces *marchands voyageurs*, les sons étrangers, les mots barbares ne portent avec eux d'abord aucune valeur, n'expriment aucune idée, leur attention ne sera-t-elle pas spécialement fixée sur le matériel de la parole, sur le mécanisme du son et de la prononciation? L'écriture alphabétique aura donc été inventée par des marchands voyageurs?

11° Cela posé, le témoignage de l'histoire ne vient-il pas se joindre à la logique du raisonnement pour attribuer l'invention de l'écriture alphabétique aux *Phéniciens*, essentiellement marchands et négociants, par navigation et par caravane, et cela de temps immémorial?

12° Étant admis que l'invention de l'écriture alphabétique appartienne aux *Phéniciens*, alors que le langage de ces Phéniciens dérive de la grande souche arabico-chaldéo-syrienne, l'adoption et la propagation de l'*alphabet* chez tous les peuples parents, n'est-elle pas devenue une conséquence naturelle de son invention? et alors cette race d'hommes, cette masse de peuples n'a-t-elle pas acquis un moyen spécial de faire des progrès dans les sciences et la civilisation?

13º. Étant donné un premier *voyageur* ingénieux, qui conçut l'*idée-mère* d'attribuer des signes matériels aux sons élémentaires de la parole, comment procéda-t-il pour établir la forme des lettres? Par exemple, pour peindre le son A, n'a-t-il pas dû prendre un mot de sa langue où ce son fût employé, et dire: *La figure que voici représente le son* A, tel qu'il est prononcé dans tel mot, par exemple, dans Alef?

14º. Maintenant, si le nom de chaque lettre de l'alphabet phénicien commence par la lettre qui sert à l'épeler; par exemple *Alef* pour A, *Beit* pour B, *Dalet* pour D, *Mim* pour M, *Ras* pour R, etc., n'est-il pas apparent que l'auteur s'en est fait une règle générale qui réellement est naturelle et commode?

15º. Si les vingt-deux mots appellatifs des vingt-deux lettres de l'alphabet phénicien désignent chacun un objet physique déterminé et palpable, tel que *bœuf, maison ou tente, porte, chameau, tête*, etc., ne peut-on pas soupçonner que la figure primitive de chaque lettre a été celle de l'objet désigné, réduite à ses lignes principales? Et si ce soupçon trouve son appui dans la figure de plusieurs lettres, telles que celle de *Aïn*, qui est un *rond*, trait principal de l'*œil*, dans celle de *Alef* qui paraît avoir été une tête de *taureau*, dans celle de *Dalet* qui est la porte triangulaire d'une tente, dans celle de *Mim* qui peint l'ondulation des *flots*, ne peut-on pas croire que les autres figures ont été altérées par le laps du temps, de même que les lettres phéniciennes à nous connues se sont altérées en devenant lettres grecques et latines dans l'Occident, lettres chaldéennes, palmyréniennes, syriennes carrées ou estranguelo, et enfin arabes actuelles ?

16° Si, d'une part, l'alphabet phénicien a été construit sur un principe *syllabique*, c'est-à-dire, que la consonne peinte *seule*, exprime pourtant la *voyelle* nécessaire à sa prononciation ; — et si, d'autre part, la différence entre les dialectes parlés de la souche commune, consiste en cette *voyelle* qui varie selon chacun d'eux, cette corrélation de principes entre la langue et sa peinture ne devient-elle pas un indice de l'origine phénicienne, attribuée à l'alphabet que l'on nous donne sous ce nom ?

17° Si, dans l'Inde moderne, les dix-huit ou vingt alphabets actuels, dérivés de l'antique sanskrit, sont tous, comme leur modèle, construits sur le principe *syllabique*, ne serait-ce pas un motif de croire que primitivement l'alphabet sanskrit a eu un type phénicien, et cela surtout si la langue sanskrite n'est pas elle-même consstruite syllabiquement, d'une manière aussi positive que l'arabico-phénicienne ?

18° Dans l'alphabet phénicien, s'il n'existe aucun ordre régulier de voyelles, de consonnes, d'aspirations; si tous ces éléments y sont pêle-mêle, n'est-ce pas une raison suffisante de penser que ceux qui l'ont dressé n'ont point fait une étude, n'ont point eu une connaissance approfondie de la chose, mais qu'ils ont agi mécaniquement, d'après une routine que dicta le besoin? Quand nous voyons la lettre et voyelle A placée sans aucun motif apparent en tête des autres lettres, et quand le nom de cette voyelle (Alef) signifie *taureau* ; si sa figure est ou a été une tête de *taureau* en croquis, du genre de ces autres croquis qui peignent les signes astronomiques, ne pourrait-on pas soupçonner qu'à l'époque où furent rangées les vingt-deux lettres, le *taureau* occupait *la tête* des douzes signes du zodiaque, et qu'un motif astrologique, si général chez les anciens, est entré pour peu ou beaucoup dans le placement de cette lettre ?

Alors l'établissement de l'alphabet ne serait-il pas indiqué à l'époque où le *taureau* était le signe du printemps, c'est-à-dire, vers le 40 ou 45° siècle avant notre ère ?

19° Parmi les monuments d'écriture que fournissent les découvertes récentes en Égypte, laissant à part les hiéroglyphes, en existe-t-il quelqu'un qui précède cette date ?. et si l'on prouve qu'il en existe, pourra-t-on en induire quelque objection contre ce que j'ai dit, tant qu'il ne sera pas prouvé que ces écritures égyptiennes sont réellement alphabétiques, comme la phénicienne, et non pas un abrégé d'hiéroglyphes, comme la chinoise ?

20° Si les premiers Chinois n'ont inventé leur écriture que vers le 28ᵉ ou le 29ᵉ siècle avant notre ère, ne peut-on pas dire que, dans l'état d'isolement et de séparation où vivaient alors tous les peuples, l'alphabet phénicien n'avait pas eu le temps et l'occasion de leur parvenir, et que, s'ils l'eussent connu, ils n'auraient point pris la peine extrême de construire leur système si compliqué, si défectueux ?

Telles sont, mon cher collègue, mes *rêveries* sur l'antiquité : à mes yeux, cette *antiquité* ressemble à une haute montagne dont les basses pentes, rapprochées de nous, offrent à notre vue des objets assez distincts, assez clairs; mais, à mesure que ces pentes montent et s'éloignent, les objets deviennent embrouillés, confus, jusqu'à ce qu'enfin les hautes cimes, perdues dans une région de nuages, ne laissent plus de prise qu'à notre imagination. La foule spectatrice, curieuse surtout de ce qui est *obscur*, demande *Qu'est-ce qu'il y a là-haut ?* Les *empressés*, comme il y en a partout, lui promettent, pour se rendre importants, de lui en rapporter des nouvelles; mais, jusqu'à ce jour, ces prétendus explorateurs, semblables à certains voyageurs anciens et même *modernes* (qui ont fait leurs relations dans leur cabinet avant de voir les lieux), ne nous ont donné que des récits vagues, des ouï-dire bizarres et discords. Pour visiter les *hautes régions* historiques, il faudrait des voyageurs de la trempe des Humboldt et des Saussure ; tout se ferait alors, tout se dirait d'après inspection et par *analyse*. Pour ma part, il ne m'a été accordé d'approcher que des *régions moyennes*, et mes excursions m'ont seulement procuré l'avantage de reconnaître les *fausses routes*, et de découvrir des *sentiers secrets*, des *escaliers dérobés*, dont les *marches* solides peuvent conduire à des points élevés. Je me suis aperçu que les grands chemins battus n'étaient tous que des *culs-de-sac*, au fond desquels on trouve de hautes murailles et des fossés, gardés par des gens d'un costume singulier, qui vous crient en latin, en grec, en hébreu, etc. : *On ne passe pas*. Quant aux *sentiers secrets* ou *escaliers dérobés*, j'en ai compté cinq principaux, à l'entrée desquels j'ai déchiffré quelques notes instructives, laissées sans doute par des voyageurs qui m'ont précédé. L'une de ces notes dit : « *Sentier des monuments astronomiques* anciens, encombrés de *frustes* mythologiques et hiéroglyphiques : vous trouverez à droite les fouilles entreprises par

Bailly, et sur la gauche le cul-de-sac de D*** ».

Une autre note dit : « *Sentier des mesures longues, carrées, cubiques*, comparées de peuple à peuple, d'époque à époque ; suivez les fouilles entreprises par Gosselin, Jomard, Girard, etc. »

Une troisième : « *Sentier des monnaies, des médailles*, comparées et analysées, ainsi que de divers arts industrieux des anciens ; suivez les fouilles de Garnier (pair), de Mongez, etc. »

Une quatrième : « *Sentier des alphabets*, considérés dans leurs rapports, leurs différences, leurs généalogies. *Branche occidentale*, phénico-pélasgue, latine, grecque, etc. *Branche orientale*, phénico-syro-chaldaïque, palmyrénienne, estranguelo-arabe ; cherchez l'origine de l'éthiopien, du sanskrit.... ».

Enfin une cinquième : « *Sentier des langues*, analysées et comparées dans leurs systèmes grammaticaux, dans leurs éléments de prononciation, dans leurs mots usuels et scientifiques, dans les onomatopées de leurs mots de premiers besoins, etc. Analyse des opérations de l'entendement dans la formation du langage, etc., etc. »

Voilà de quoi occuper la génération qui nous suit : je conçois que, chez celles qui nous ont précédés, l'on ait quelquefois entendu des littérateurs et des docteurs se plaindre que *tout fût dit*, comme je conçois que dans St-Pierre de Rome, aux jours de grande fête, des sourds se plaignent qu'on ne fait plus de musique, quand des accords célestes remplissent les voûtes. Ah! dans les études de la nature et de la vérité, ce ne sont pas les objets qui manquent, ce sont les sens de l'homme affecté de maladies physico-morales, qui lui font voir dans son cerveau ce qui n'existe que là. Je puis en avoir ma part comme un autre ; mais, en ma qualité d'observateur et de médecin, je suis sur mes gardes ; et je me préserve surtout du *tétanos* de l'intolérance.

C.-F. VOLNEY.

LETTRE

sur

UNE NOUVELLE TRADUCTION

D'HÉRODOTE.

LETTRE

A M. LE DIRECTEUR DE LA REVUE,

SUR UNE NOUVELLE TRADUCTION D'HÉRODOTE.

Paris, 10 août 1819.

Il y a quelques années, Monsieur, il me fut intenté une querelle, dans laquelle, selon les règles de l'art militaire, je passai de la défense à l'attaque, pour faire *taire le feu de l'ennemi*. Le fond n'était pas de grande importance : un académicien de l'ancien style m'accusait d'avoir *pris de travers* quelques passages *grecs de son Hérodote*; il concluait à ce que je fusse déclaré *ignare* en la langue : l'arrêt m'inquiétait peu; jamais je n'ai prétendu savoir le grec; mais, parce que la forme et l'intention du réquisitoire furent par trop hostiles, je pris cette occasion de donner à mon tour des leçons de logique et de politesse, même de langues française et grecque à un censeur qui faisait métier de gourmander tout le monde : maintenant, il ne s'agit plus des personnes, je n'en veux qu'aux *choses*. Or, ces choses sont que, malgré tout ce qu'en a dit l'esprit de coterie, cette fameuse *traduction française* d'Hérodote en sept et en neuf volumes, est un ouvrage radicalement vicieux de fond et de forme, en ce qu'elle fourmille d'altérations du texte, même de contresens et de *faux matériels*, introduits par la préférence que l'auteur donne toujours à ses propres idées et opinions ; sans compter que, par défaut de tact et de goût, sous prétexte de franciser le grec, il décolore totalement son original. J'ai démontré la vérité de ces assertions, dans un premier écrit publié en 1808 et retouché en 1809 (1) ; j'y ai joint de nouvelles preuves dans un travail complet qui a paru en 1814 (2). A cette époque, je formai le vœu qu'une traduction nouvelle plus consciencieuse vînt nous faire mieux connaître le plus *consciencieux* des voyageurs anciens. Eh bien !

---

(1) Voyez *Supplément à l'Hérodote* de Larcher; 80 pages. in-8°, 1808. *Chronologie d'Hérodote*. 1 vol. in-8°, 1809.
(2) Voyez *Recherches nouvelles sur l'Histoire ancienne*; 2 vol. in-8°. Le second volume se compose de ce qui avait déjà paru en 1808 et 1809, sous le titre ci-dessus. Seulement, j'ai écarté quelques personnalités.

Monsieur, voilà que mon souhait s'accomplit : voilà que l'on m'annonce une telle traduction, faite, non par un lettré de profession, mais par un amateur qui, comme moi, se délasse des affaires du présent par l'étude du passé. Un cas singulier veut que cet auteur nouveau, mais nullement novice, en désirant de n'être pas nommé, désire encore que ce soit moi qui mette au jour sa production. Il a fait déposer en mes mains, à titre d'échantillon, le second des neuf livres d'Hérodote, afin que je juge s'il a bien rempli les conditions que j'ai indiquées comme bases de l'art de traduire. J'ai à cœur de répondre à sa confiance et à celle que le public français accorde au successeur d'Hérodote en Égypte : la langue grecque ne m'est point assez connue pour prononcer sur une traduction ; je vois bien, en lisant celle-ci, que la coupe des phrases diffère beaucoup de celle de Larcher, et qu'elle se rapproche plutôt du latin de Wesseling et de Schweighauser, dont la fidélité est connue. Je trouve à ce nouvel Hérodote une physionomie plus antique, une narration plus naïve, et un genre de style tel, qu'il me semble lire du grec à travers du français ; je me dis que ce style pourrait avoir des tours plus élégants, une distribution de périodes plus conforme à nos habitudes ; je sens que l'auteur s'efforce d'approcher du littéral, et d'observer ce grand principe, que l'histoire surtout veut la précision d'un procès-verbal. Cette manière a moins d'éclat ; mais le caractère de l'auteur, la marche de ses idées, sont bien mieux sentis. Dans une traduction, comme dans un portrait, le premier de tous les mérites est la ressemblance : que serait Cicéron traduit en phrases de Tacite ! Par ce motif, je soutiens que l'Homère de madame Dacier est bien préférable à tous ces Homères en style grandiose et fleuri, où la simplicité, la *grossièreté* antique disparaît sous de menteurs ornements : autant vaudrait un buste de Socrate, avec le menton rasé et les cheveux à la Louis XIV. En résultat, c'est au public de juger par lui-même : pour cet effet, je ne vois qu'un moyen efficace, qui est de lui soumettre des échantillons. Par eux, nos savants hellénistes pourront apprécier tout l'ouvrage : sur leur prononcé, des libraires connaisseurs dresseront leur spéculation ; elle ne sera pas périlleuse, car l'auteur n'entend pas gonfler les deux volumes que comporte le texte, de six ou sept volumes d'appendices étrangers. Son goût lui donnera la mesure des notes nécessaires, et nous aurons en trois petits volumes, au plus, un véritable Hérodote. Je répondrai aux questions préparatoires jusqu'à ce que l'auteur trouve convenable de conclure lui-même. Je profite donc, Monsieur, de la place que vous m'accordez dans votre estimable *Revue*, pour publier quelques pages de la traduction nouvelle, en regard avec les mêmes de Larcher. Je prie le lecteur de faire une comparaison attentive en lisant phrase à phrase; de bien peser les différences de tableaux et de coloris, qui se rendent plus sensibles à mesure qu'on les scrute.

Traduction de Larcher.

CAMBYSES, fils de Cyrus et de Cassandane, fille de Pharnaspes, monta sur le trône après la mort de son père. Cassandane étant morte avant Cyrus, ce prince avait été tellement affligé de sa perte, qu'il avait ordonné à tous ses sujets d'en porter le deuil.

Cambyses regardait les Ioniens et les Éoliens comme esclaves de son père; *mais* il marcha contre les Égyptiens avec une armée qu'il leva parmi les Grecs de ses états et parmi ses autres sujets....

Les Égyptiens se croyaient, avant le règne de Psammitichus, le plus ancien peuple de la terre. Ce prince ayant voulu savoir, à son avénement à la couronne, quelle nation avait le plus de droit à ce titre, ils pensent depuis ce temps-là que les Phrygiens sont plus anciens qu'eux, mais qu'ils le sont plus que toutes les autres nations.

Psammitichus, n'ayant pu découvrir par ses recherches quels étaient les premiers hommes, imagina ce moyen : il prit deux enfants de basse extraction, nouveau-nés, les remit à un berger pour les élever parmi ses troupeaux, lui ordonna d'em-

Traduction nouvelle.

Après la mort de Cyrus, Cambyse, son fils, qu'il avait eu de Cassandane, fille de Pharaspe, succéda à l'empire. Cassandane était morte avant Cyrus; et à sa mort, non-seulement Cyrus avait montré la plus profonde affliction et porté le deuil long-temps, mais il avait encore prescrit à ses sujets de le prendre. Cambyse, dès qu'il fut monté sur le trône, considérant les Ioniens et les Éoliens comme des sujets que son père lui avait légués, pensa à porter ses armes en Égypte, et composa l'armée qu'il mena dans cette expédition des troupes que ses anciens états lui fournirent, et de celles qu'il tira des Grecs nouvellement soumis....

Les Égyptiens, avant le règne de Psammétique, se regardaient comme le premier de tous les peuples par l'antiquité; mais, depuis Psammétique, qui voulut approfondir quelle était réellement la race d'hommes la plus ancienne, les Phrygiens furent reconnus pour l'être, et les Égyptiens ne vinrent plus qu'après eux. Voici comment ce roi, peu satisfait des recherches qu'il avait faites sur cette question, et qui ne lui avaient rien fourni de positif, parvint à la résoudre. Il fit remettre deux enfants nouveau-nés, pris au hasard, entre les mains d'un berger chargé de les élever au

pêcher qui que ce fut de prononcer un seul mot en leur présence ; de les tenir enfermés dans une cabane dont l'entrée fût interdite à tout le monde ; de leur amener à des temps fixes des chèvres pour les nourrir ; et, lorsqu'ils auraient pris leur repas, de vaquer à ses autres occupations. En donnant ces ordres, ce prince voulait savoir quel serait le premier mot que prononceraient ces enfants, quand ils auraient cessé de rendre des sons inarticulés. Ce moyen lui réussit. Deux ans après que le berger eut commencé à en prendre soin, comme il ouvrait la porte, et qu'il entrait dans la cabane, ces deux enfans, se traînant vers lui, se mirent à crier *becos*, en lui tendant les mains. La première fois que le berger les entendit prononcer cette parole, il resta tranquille ; mais ayant remarqué que, lorsqu'il entrait pour en prendre soin, ils répétaient souvent le même mot, il en avertit le roi, qui lui ordonna de les lui amener.

Psammitichus les ayant entendus parler lui-même, et s'étant informé chez quels peuples on se servait du mot *becos*, et ce qu'il signifiait, il apprit que les Phrygiens appelaient ainsi le pain. Les Égyptiens, après de mûres réflexions, cédèrent aux Phrygiens l'antériorité, et les reconnurent pour plus anciens qu'eux.

Les prêtres de Vulcain m'apprirent à Memphis,

milieu de ses troupeaux royaux, avec l'injonction de ne jamais proférer devant eux une seule parole, et de les laisser constamment seuls dans une habitation séparée. Il devaient leur amener des chèvres à de certains intervalles, les faire téter, et ne plus s'en occuper ensuite. Psammétique, en prescrivant ces diverses précautions, se proposait de connaître, lorsque le temps des vagissements du premier âge serait passé, dans quel langage ces enfants commenceraient à s'exprimer. Les choses s'étant exécutées comme il l'avait ordonné, il arriva qu'après deux ans écoulés, au moment où le berger, qui s'était conformé aux instructions qu'il avait reçues, ouvrait la porte et se préparait à entrer, les deux enfants, tendant les mains vers lui, se mirent à crier ensemble, *bekos*. Le berger n'y fit d'abord pas beaucoup d'attention; mais, en réitérant ses visites et ses observations, il remarqua que les enfants répétaient toujours le même mot; et il en instruisit le roi, qui ordonna de les amener en sa présence. Psammétique ayant ouï de leur bouche le mot *bekos*, fit rechercher si cette expression avait un sens dans la langue de quelque peuple, et apprit que les Phrygiens s'en servaient pour dire *du pain*. Les Égyptiens, après avoir pesé les conséquences de cette expérience, consentirent depuis à regarder les Phrygiens comme d'une race plus ancienne qu'eux.

C'est de cette manière que le fait m'a été rap-

que ce fait arriva de cette manière ; mais les Grecs mêlent à ce récit un grand nombre de circonstances frivoles, et entre autres, que Psammitichus fit nourrir et élever ces enfants par des femmes à qui il avait fait couper la langue. Voilà ce qu'ils me dirent sur la manière dont ces enfants furent nourris.

Pendant mon séjour à Memphis, j'appris encore d'autres choses dans les entretiens que j'eus avec les prêtres de Vulcain ; mais, comme les habitants d'Héliopolis passent pour les plus habiles de tous les Égyptiens, je me rendis ensuite en cette ville, ainsi qu'à Thèbes, pour voir si leurs discours s'accorderaient avec ceux des prêtres de Memphis. De tout ce qu'ils m'ont raconté concernant les choses divines, je ne rapporterai que les noms des dieux, étant persuadé que tous les hommes en ont une égale connaissance ; et si je dis quelque chose sur la religion, ce ne sera qu'autant que je m'y verrai forcé par la suite de mon discours.....

porté par les prêtres de Vulcain à Memphis. Les Grecs racontent sur le même sujet beaucoup d'absurdités : entre autres que Psammétique avait donné les enfants à nourrir à des femmes, auxquelles il avait fait couper la langue. Du reste, je n'ai rien su de plus sur ce qui les concerne; mais, dans les entretiens que j'ai eus à Memphis avec les mêmes prêtres de Vulcain, j'ai appris beaucoup d'autres particularités; ensuite je suis allé jusqu'à Thèbes et à Héliopolis, pour vérifier si les rapports que je recueillerais dans ces deux villes s'accorderaient avec ceux qui m'avaient été faits à Memphis. Les habitants d'Héliopolis passent pour les plus instruits de tous les Égyptiens. Mon intention n'est pas cependant de publier tout ce que j'ai appris d'eux sur la religion des Égyptiens, mais seulement de donner les noms de leurs divinités, parce que je pense qu'ils sont connus généralement de tous. Au surplus, je ne parlerai de ces divinités et de la religion que lorsque l'ordre de la narration m'y obligera nécessairement.

Volney.

QUESTIONS

DE STATISTIQUE

A L'USAGE

DES VOYAGEURS.

QUESTIONS

DE STATISTIQUE

A L'USAGE

DES VOYAGEURS.

L'art de questionner est l'art de s'instruire; mais pour bien questionner, il faut avoir déja une idée des objets vers lesquels tendent les questions : les enfants sont grands questionneurs; et parce qu'ils sont ignorants, leurs questions sont mal assises ou mal dirigées. Dans la société, un homme donne souvent sa mesure par une question bien ou mal faite; dans le monde savant, une classe essentiellement questionneuse est celle des voyageurs; par cette raison leur tâche devient difficile à mesure qu'ils s'élèvent à des connaissances moins vulgaires et plus étendues. Pour avoir éprouvé ces difficultés, quelques-uns d'entre eux se sont créé des méthodes de recherches propres à soulager leur esprit;

ils ont composé même des livres de questions sur chaque matière. Le mérite de cette invention semble appartenir à nos voisins du Nord : l'ouvrage de ce genre le plus considérable, est celui du comte Léopold Berschtold, noble de Bohême, l'un des philanthropes les plus recommandables de l'Allemagne, qui en compte beaucoup. L'intention du livre est digne d'estime, mais sa forme a l'inconvénient de fatiguer la mémoire par la multitude des questions et par la répétition des mêmes idées. En méditant ce volume, un ami, un admirateur du comte Berschtold, crut concourir à ses vues d'utilité publique, s'il réduisait ses questions à des éléments plus simples, à un système plus concis. De ce travail est né le tableau resserré que nous présentons ici, qui n'est pas une production nouvelle : il y a bientôt 20 ans qu'il fut dressé par ordre du Gouvernement français, et spécialement du ministère des relations extérieures ; à cette époque (1795) où le goût de l'instruction se ranima, des chefs éclairés sentirent d'autant plus le besoin de diriger leurs agents qui résidaient en pays étrangers, que beaucoup de ces agents exerçaient pour la première fois leurs fonctions. L'administration les considéra comme des voyageurs diplomatiques et commerciaux, au moyen desquels elle devait se procurer des informations plus complètes, plus étendues qu'auparavant. Pour diriger leurs recherches, elle sentit la nécessité d'avoir un système de questions bien ordonné. L'opinion publique désignait un livre récent dans lequel se faisait remarquer ce genre de mérite. Le ministre appela l'auteur et le chargea de la rédaction du travail qu'il avait en vue. Les questions suivantes furent composées et bientôt imprimées en un petit format, dont les exemplaires furent bornés à un assez petit nombre. Déja le temps et les événements les ont rendus rares, et parce que quelques personnes en place en ont connu d'heureux résultats, et ont désiré de voir ce modèle plus répandu, l'on s'est déterminé à le réimprimer en un format susceptible d'être joint à la plupart des livres de voyages. On ne doit point répéter ici l'instruction officielle qui servit de préliminaire : néanmoins comme elle contient plusieurs idées qui coucourent au développement du sujet, l'on a cru convenable d'en conserver la substance.

« L'administration, y est-il dit, pense que les
« loisirs, souvent assez longs, dont jouissent ses
« agents dans les pays étrangers, leur laisseront le
« temps de vaquer aux recherches qu'indiquent
« ces questions; elle espère même que ce travail ne
« sera pas sans attrait pour eux; puisqu'il répandra
« sur tous les objets qui les environnent un intérêt
« de curiosité, qui bientôt se changeant en instruc-
« tion, les attachera de jour en jour davantage :
« quelquefois par leur position, privés de société,
« ils en trouveront une aussi utile qu'amusante

« dans leurs rapports et leurs entretiens avec les
« artistes et les hommes expérimentés de tout genre
« qu'ils devront consulter; et plus souvent encore
« privés de livres, ces questions leur en fourniront
« un presque fait, puisqu'elles sont une table de
« chapitres qu'il ne s'agit que de remplir : qui,
« pour être remplie, ne demande que de fixer leurs
« regards sur le modèle de tous les livres, sur le
« spectacle de la nature et sur celui des faits sans
« cesse présents à leurs yeux; en sorte qu'en les
« recueillant, ils se procureront un livre d'autant
« plus piquant, qu'eux-mêmes en seront les auteurs.

« L'administration a donc lieu de penser que ses
« agents concourront avec zèle à atteindre le but
« d'utilité qu'elle a en vue, et qu'elle aime à leur
« communiquer. Persuadé que toute vérité, sur-
« tout en gouvernement, n'est que le résultat d'une
« longue expérience, c'est-à-dire, de beaucoup de
« faits bien vus et judicieusement comparés; que ce
« qu'on nomme *principes de gouvernement* ne sont
« que des faits sommaires, que des résumés de faits
« particuliers; qu'enfin toute bonne théorie n'est
« que l'exposition d'une bonne pratique, le minis-
« tère a désiré de rassembler, sur la science si im-
« portante de l'économie publique, un assez grand
« nombre de faits pour retirer de leur comparaison
« mûrement méditée; soit des vérités neuves, soit
« la confirmation des vérités connues; soit enfin la
« réfutation d'erreurs adoptées; et ces faits seront

« d'autant plus instructifs, qu'ils procéderont de
« lieux plus divers, qu'ils seront observés par plus
« de spectateurs, et qu'ils présenteront plus de rap-
« ports ou même de contrastes dans le climat, le
« sol, les produits naturels et toutes les circon-
« stances physiques et morales.

« C'est dans cette intention qu'ont été dressées
« les questions ci-jointes. Plus on les analysera,
« plus on se convaincra qu'elles ne sont pas le fruit
« d'une vaine curiosité ou d'une perquisition in-
« quiétante; mais que toutes tendent vers des fins
« d'utilité publique et sociale. Les agents reconnaî-
« tront ce caractère même dans les questions qui
« d'abord y sembleraient étrangères; par exemple,
« celles sur les vents, qu'on croirait n'appartenir
« qu'à une science de physique abstraite, touchent
« cependant de près l'administration et le com-
« merce; car si, comme on a droit de l'espérer, l'on
« parvenait à connaître le système général des cou-
« rants de l'air; si l'on s'assurait que, lorsque le
« vent règne sur une plage, il est le produit ou le
« correspondant de tel autre vent sur telle autre
« plage; qu'un même vent pluvieux et fécond sur
« telle côte de France ou d'Espagne, est sec et stérile
« sur telle côte opposée d'Amérique et d'Afrique,
« il naîtrait de ces connaissances une théorie aussi
« hardie que certaine pour des spéculations d'ap-
« provisionnements, de commerce, d'expéditions
« maritimes. Il en est ainsi des questions sur l'état

« physique d'un pays, sur la nature de ses produc-
« tions; sur les aliments de son peuple et sur ses
« occupations. Dès long-temps des observateurs
« profonds ont cru reconnaître que tous ces objets
« avaient une influence puissante sur les habitudes,
« les mœurs, le caractère des nations, et par suite
« sur la nature des gouvernements et le genre des
« lois. Il serait infiniment important d'asseoir sur
« de telles questions un jugement déterminé dans
« un sens quelconque; et ce jugement ne peut se
« prononcer que d'après un examen suffisant des
« faits. Le résultat, atteignant aux bases fondamen-
« tales de toute législation, intéresse toute l'hu-
« manité : la nation française aurait bien mérité du
« genre humain en constatant des vérités d'un ordre
« si élevé.

« Le ministère en adressant ces questions à ses
« agents, n'a point entendu les astreindre à donner
« la solution de toutes par eux-mêmes. Il sent trop
« bien que plusieurs d'entre elles exigent des ex-
« périences et des travaux pour lesquels ils n'ont
« pas un temps suffisant; il est naturel, et même
« nécessaire, qu'ils consultent les habitués du pays
« où ils résident. Mais le ministère désire qu'ils
« portent une circonspection scrupuleuse à s'adres-
« ser aux plus instruits qui, en même temps, joi-
« gnent à l'exactitude l'amour de la vérité. Il leur
« recommande cette exactitude dans la spécifica-
« tion des poids, des mesures, des quantités. Le

« principal mérite des expériences consiste dans la
« précision; et si l'estime attachée à un travail est
« un premier encouragement à l'exécuter, ils doi-
« vent être persuadés que le gouvernement attache
« un grand prix à celui dont ils sont chargés; qu'il
« en connaît les obstacles, les difficultés, et qu'il
« sait d'avance que telle réponse de deux lignes
« leur aura coûté souvent un mois de recherches;
« mais ces deux lignes seront une vérité, et une
« vérité est un don éternel à l'humanité.

« Le ministère ne les borne pas non plus stricte-
« ment aux chefs des questions qui sont proposées;
« ils peuvent en joindre du même genre. Seulement
« il les invite à ne pas trop les multiplier. Ce n'est
« pas la quantité qui fait le mérite des observa-
« tions, c'est la justesse, et la justesse veut beau-
« coup de temps. Par cette raison, ce ne sont point
« des mémoires rédigés qu'il leur demande, ce sont
« des notes; et pour plus de précision et de clarté,
« il les engage à les accoler en face des questions. »

QUESTIONS
DE STATISTIQUE.

PREMIÈRE SECTION.

ÉTAT PHYSIQUE DU PAYS.

ARTICLE PREMIER.

Situation géographique.

1. Quelle est la latitude du pays?
2. Quelle est sa longitude?
3. Quelles sont ses limites de toutes parts?
4. Combien de lieues carrées contient sa surface?

ART. II.

Climat, c'est-à-dire état du ciel.

5. Quel degré marque le thermomètre de Réaumur en chaque mois?

6. Quelle différence marque le thermomètre en un même jour du matin à midi?
7. Quelle est la hauteur du baromètre en chaque mois?
8. Quelles sont ses plus grandes variations?
9. Quels sont les vents régnants en chaque mois?
10. Sont-ils généraux et communs à tout le pays, ou divers selon les cantons?
11. Ont-ils des périodes fixes de durée et de retour?
12. Y a-t-il des vents journaliers de mer et de terre; quelle est leur marche?
13. Par où commence chaque vent à se faire sentir, est-ce du côté où il vient, ou du côté où il va?
14. Quelles sont les qualités de chaque vent, c'est-à-dire, quel vent est sec ou pluvieux, chaud ou froid, violent ou modéré?
15. En quel mois pleut-il davantage?
16. Combien de pouces d'eau tombe-t-il par an?
17. Y a-t-il des brouillards; en quelle saison?
18. Y a-t-il des rosées; en quel lieu, en quel temps sont-elles plus fortes?
19. Les pluies tombent-elles doucement ou par ondées?
20. Y a-t-il des neiges; combien durent-elles?
21. Y a-t-il des grêles; en quelle saison?
22. Quels vents amènent les neiges et les grêles?
23. Y a-t-il des tonnerres; en quel temps et par quel vent?

24. De quel côté se dissipent-ils ordinairement?
25. Y a-t-il des ouragans; par quel vent?
26. Y a-t-il des tremblements de terre; en quelle saison; quels sont leurs présages; viennent-ils après les pluies?
27. Y a-t-il des marées; quelles sont leurs hauteurs; quels vents les accompagnent?
28. Y a-t-il des phénomènes particuliers au pays?
29. Le climat a-t-il subi des changements connus: quels sont ces changements?
30. La mer a-t-elle haussé ou baissé sur les rivages; de combien sa hausse ou sa baisse, et depuis quel temps?

ART. III.

État du sol.

31. Le terrain consiste-t-il en plaines ou en montagnes; quelle est leur élévation au-dessus du niveau de la mer?
32. Le terrain est-il couvert d'arbres et de forêts, ou est-il nu et découvert?
33. Quels sont les marais, les lacs, les rivières?
34. Peut-on calculer combien il y a de lieues carrées en plaines, en montagnes, en marais, en lacs et rivières?
35. Y a-t-il des volcans allumés ou éteints?
36. Y a-t-il des mines de charbon?

ART. IV.

Produits naturels.

37. QUELLE est la qualité du terrain; est-il argileux, calcaire, pierreux, sablonneux, etc.?
38. Quels sont les métaux et leurs mines?
39. Quels sont les sels et les salines?
40. Quelle est la disposition et l'inclinaison des diverses couches de terre considérées dans les puits et dans les cavernes?
41. Quels sont les végétaux les plus répandus, arbres, arbustes, plantes, grains, etc.?
42. Quels sont les animaux les plus communs en quadrupèdes, en volatiles, en poissons, en insectes et reptiles?
43. Quels sont ceux particuliers au pays?
44. Quels sont les poids et grandeurs de ces animaux comparés aux nôtres?

DEUXIÈME SECTION.

ÉTAT POLITIQUE.

ARTICLE PREMIER.

Population.

45. QUELLE est la constitution physique des habitants du pays; quelle est leur taille ordinaire; sont-ils maigres ou corpulents?

46. Quelle est la couleur de leur peau et de leurs cheveux?
47. Quelle est leur nourriture; quelle est sa quantité dans un jour?
48. De quelle boisson usent-ils; s'enivrent-ils?
49. Quelles sont leurs occupations; sont-ils laboureurs, ou vignerons, ou pasteurs, ou marins, ou habitants des villes?
50. Quelles sont leurs maladies habituelles ou accidentelles?
51. Quelles sont leurs qualités morales les plus frappantes; sont-ils vifs ou lents, spirituels ou obtus; silencieux ou parleurs?
52. Quelle est la masse totale de la population?
53. Quelle est celle des villes comparée à celle des campagnes?
54. Les habitants des campagnes vivent-ils en villages, ou dispersés en fermes isolées?
55. Quel est l'état des chemins et routes en été et en hiver?

ART. II.

Agriculture.

N. B. Les méthodes d'agriculture étant diverses suivant les cantons, la manière de les bien connaître est d'analyser à fond deux ou trois villages d'espèce diverse; par exemple, un village en plaine, un autre en montagne, un village vigneron et un autre laboureur, et dans chaque village, d'analyser complètement une ferme.

56. Dans un village donné quel est le nombre des habitants, hommes, femmes, vieillards, enfants?
57. Quelles sont leurs occupations respectives?
58. Quelle est la quantité de terrain cultivé par le village?
59. Quelles sont les mesures de longueur et de capacité comparées aux nôtres?
60. Quel est le prix des comestibles comparé à celui de la main-d'œuvre?
   Les laboureurs sont-ils propriétaires ou fermiers; paient-ils en argent ou en denrées?
62. Quelle est la durée des baux; quelles sont leurs clauses principales?
63. Combien y a-t-il de corps de ferme ou d'héritages dépendants du village?
64. Combien de terrain contiennent-ils du fort au faible?
65. Quels sont les mieux cultivés des grands ou petits corps de ferme?
66. Les terres d'une même ferme sont-elles réunies ou éparses?
67. Les terrains sont-ils enclos; comment le sont-ils?
68. Y a-t-il des terrains vagues et communs; que rendent-ils?

69. Y a-t-il droit de parcours sur les propriétés particulières ?

(Étant proposée une ferme pour être détaillée.)

70. Quels sont les logements, le nombre de ses habitants, la quantité de ses terres et de ses animaux ?
71. Quelle est la distribution des terres pour les ensemencements ?
72. Combien d'années consécutives ensemence-t-on ou laisse-t-on reposer un terrain ?
73. Quels grains y sème-t-on chaque année, et quelle quantité par arpent ?
74. En quel temps sème-t-on et moissonne-t-on ?
75. Quels sont tous les frais et toutes les façons de culture d'un arpent, comparés à son produit en nature ?
76. Quelle est la quantité des pâturages naturels ou artificiels ?
77. Quelle quantité de terrain faut-il pour nourrir un animal de chaque espèce, bœuf, mulet, cheval, chameau, vache ou mouton ; que consomment-ils dans un seul jour ?
78. Avec quels animaux laboure-t-on ; comment sont-ils attelés ?
79. Quels sont les instruments de labourage ?
80. Quel est le prix de ferme comparé au prix de vente ou d'estimation de fonds ?
81. A quel intérêt se prête l'argent ?

82. Quelle est la nourriture de la famille cultivante; à combien peut-on l'évaluer par an? quel est son mobilier?
83. Quel est le poids de la toison d'un mouton et celui de sa chair?
84. Quel bénéfice estime-t-on retirer d'un mouton ainsi que d'une vache?
85. Quels sont les engrais dont on use?
86. Quel est l'emploi du temps de la famille dans les veillées; quelle est son industrie?
87. Quelle différence remarquable observe-t-on entre les mœurs et le tempérament d'un village vigneron ou d'un village cultivateur; d'un village de plaine ou d'un montagnard?
88. Quelle est la culture de la vigne?
89. Quelles sont les façons du vin; comment le conserve-t-on; quelle est sa qualité; quelle est l'espèce de raisin; quel est le produit d'un arpent de vigne; quel est le prix d'une mesure déterminée de vin?
90. Quels sont les arbres que l'on cultive, oliviers, mûriers, châtaigniers, etc.; quelles sont les méthodes particulières de ces cultures; quel est le produit moyen de chaque arbre; quel serait le produit d'un arpent planté de cet arbre?
91. Quelles sont les autres cultures du pays, soit en coton, indigo, café, sucre, tabac, etc.; quelles en sont les méthodes?

92. Quelles cultures nouvelles et utiles pourrait-on introduire ?

ART. III.

Industrie.

93. Quels sont les arts les plus pratiqués dans le pays ?
94. Quels sont les plus lucratifs ?
95. Quelles sont les méthodes remarquables dans chaque art par leur économie et par leurs bons effets ?
96. Quelles sont les fabriques et les manufactures le plus en vigueur ?
97. Quelles sont celles que l'on pourrait introduire ?
98. Y a-t-il des mines ; de quelle espèce sont-elles ; comment exploite-t-on surtout celles de fer ?

ART. IV.

Commerce.

99. Quels sont les objets d'importation, et quels sont ceux d'exportation ?
100. Quelle est leur balance respective ?
101. Comment se font les transports de terre ; a-t-on des chariots ; comment sont-ils faits ; combien portent-ils ?

102. Quel poids porte un cheval, un chameau, un mulet, un âne, etc.?
103. Quel est le prix des transports?
104. Quelle est la navigation intérieure ou extérieure?
105. Quelles sont les rivières navigables; y a-t-il des canaux; pourrait-on en faire?
106. Quel est l'état de la côte en général; est-elle haute ou basse; la mer la ronge-t-elle ou la quitte-t-elle?
107. Quels sont les ports, les havres et les anses?
108. La sortie des grains est-elle permise, est-elle désirée?
109. Quel est l'intérêt commercial de l'argent?

ART. V.

Gouvernement et Administration.

110. Quelle est la forme du gouvernement?
111. Quelle est la distribution des pouvoirs administratif, civil et judiciaire?
112. Quels sont les impôts?
113. Comment s'asseyent-ils, se répartissent-ils, se perçoivent-ils?
114. Quels sont les frais de perception?
115. En quelles proportions sont-ils établis relativement au revenu des contribuables?
116. Quelle est la somme des impôts d'un village, comparée à celle de son revenu?

117. Y a-t-il un code de lois civiles clair et précis, ou seulement des coutumes et des usages?
118. Y a-t-il beaucoup de procès?
119. Pour quel genre de contestation y en a-t-il davantage, soit dans les villes, soit dans les campagnes?
120. Comment les propriétés sont-elles constatées; les titres sont-ils en langue vulgaire et bien lisibles?
121. Y a-t-il beaucoup de gens de loi?
122. Les parties plaident-elles en personne?
123. Par qui les juges sont-ils nommés et payés; sont-ils à vie?
124. Quel est l'ordre des successions et des héritages?
125. Y a-t-il des droits d'aînesse, des substitutions, des testaments?
126. Les enfants partagent-ils par égalité, n'importe quel bien; qu'en résulte-t-il pour les biens de campagne?
127. Y a-t-il des biens de main-morte, des legs à l'église, des fondations?
128. Quelle est l'autorité des parents sur leurs enfants, des époux sur leurs femmes?
129. Les femmes ont-elles beaucoup de luxe; en quoi consiste-t-il?
130. Quelle est l'éducation des enfants; quels livres enseigne-t-on?

131. Y a-t-il des imprimeries, des papiers-nouvelles, des bibliothèques?

132. Les citoyens se rassemblent-ils pour des conversations et des lectures?

133. Y a-t-il une grande circulation de personnes et de choses dans le pays?

134. Y a-t-il des établissements de postes aux chevaux et aux lettres?

135. Quels sont, en un mot, les établissements, de n'importe quel genre, particuliers au pays, qui par leur utilité, soient dignes de l'observation?

FIN.

TABLE DES MATIÈRES

CONTENUES DANS CE VOLUME.

LEÇONS D'HISTOIRE.

Avertissement de l'auteur............... pag.   III
Première séance (1er pluviôse). — Programme. — Objet, plan et distribution de l'étude de l'histoire.   I
Seconde séance. — Le sens littéral du mot *histoire* est *recherche, enquête* (de faits). — Modestie des historiens anciens. — Témérité des historiens modernes. — L'*historien* qui écrit sur témoignages, prend le rôle de juge, et reste témoin intermédiaire pour ses lecteurs. — Extrême difficulté de constater l'état précis d'un fait ; de la part du spectateur, difficulté de le bien voir ; de la part du narrateur, difficulté de le bien peindre. — Nombreuses causes d'erreur provenant d'illusion, de préoccupation, de négligence, d'oubli, de partialité, etc.......   6
Troisième séance. — Continuation du même sujet. — Quatre classes principales d'historiens avec des degrés d'autorité divers : 1° historiens acteurs; 2° historiens témoins; 3° historiens auditeurs de témoins; 4° historiens sur ouï-dire ou traditions. — Altération inévitable des récits passés de bouche en bouche. — Absurdité des traditions des temps

reculés, commune à tous les peuples. — Elle prend sa source dans la nature de l'entendement humain. — Caractère de l'histoire toujours relatif au degré d'ignorance ou de civilisation d'un peuple. — Caractère de l'histoire chez les anciens et chez les peuples sans imprimerie. — Effets de l'imprimerie sur l'histoire. — Changement qu'elle a produit dans les historiens modernes. — Disposition d'esprit la plus convenable à bien lire l'histoire. — Ridicule de douter de tout, moins dangereux que de ne douter de rien. — Être sobre de croyance............ 18

Quatrième séance. — Résumé du sujet précédent. — Quelle utilité peut-on retirer de l'histoire? — Division de cette utilité en trois genres : 1° utilité des bons exemples, trop compensée par les mauvais; 2° transmission des objets d'arts et de sciences; 3° résultats politiques des effets des lois, et de la nature des gouvernements sur le sort des peuples....... — L'histoire ne convient qu'à très-peu de personnes sous ce dernier rapport; elle ne convient à la jeunesse, et à la plupart des classes de la société, que sous le premier. — Les romans bien faits sont préférables.................. 43

Cinquième séance. — De l'art de lire l'histoire; cet art n'est point à la portée des enfants : l'histoire, sans enseignement, leur est plus dangereuse qu'utile. — De l'art d'enseigner l'histoire. — Vues de l'auteur sur un cours d'études de l'histoire. — De l'art d'écrire l'histoire. — Examen des préceptes de Lucien et de Mably........................ 66

Sixième séance. — Continuation du même sujet. — Distinction de quatre méthodes de composer l'histoire : 1° par ordre de temps (les annales et chroniques); 2° par ordre dramatique ou systématique; 3° par ordre de matières; 4° par ordre analytique ou philosophique. — Développement de ces diverses méthodes; supériorité de la dernière : ses rapports avec la politique et la législation. — Elle n'admet que des faits constatés, et ne peut convenir qu'aux temps modernes. — Les temps anciens ne seront jamais que probables : nécessité d'en refaire l'histoire sous ce rapport. — Plan d'une société littéraire pour recueillir dans toute l'Europe les monuments anciens. — Combien de préjugés seraient détruits, si l'on connaissait leur origine — Influence des livres historiques sur la conduite des gouvernements, sur le sort des peuples. — Effet des livres juifs sur l'Europe. — Effet des livres grecs et romains introduits dans l'éducation. — Conclusion.................................. 93

HISTOIRE DE SAMUEL,

INVENTEUR DU SACRE DES ROIS.

Préface de l'éditeur........................ 139
§ 1ᵉʳ. Préliminaires du voyageur. — Motifs accidentels de cette dissertation................. 141
§ II. Histoire de Samuel, calculée sur les mœurs du temps et sur les probabilités naturelles. — Dispositions morales et politiques des Hébreux au temps de Samuel............................ 152
§ III. Enfance de Samuel. — Circonstances de son éducation. — Son caractère en devient le résultat................................... 158
§ IV. Caractère essentiel du prêtre en tout pays; origine et motifs des corporations sacerdotales chez toute nation......................... 163
§ V. Manœuvres secrètes en faveur de Samuel. — Quel a pu en être l'auteur?................. 167
§ VI. Nouvelle servitude des Hébreux. — Samuel dans sa retraite prépare leur insurrection et devient suffète ou juge. — Superstition du temps.. 175
§ VII. Le peuple rejette les enfants de Samuel et

le force de nommer un roi. — Samuel exerce la profession de devin........................... 183

§ VIII. Qu'était-ce que les prophètes et la confrérie des prophètes chez les anciens Juifs?...... 192

§ IX. Suite de la conduite astucieuse de Samuel. — Première installation de Saül à Maspha. — Sa victoire à Iabès. — Deuxième installation. — Motifs de Samuel.............................. 201

§ X. Brouillerie et rupture de Samuel avec Saül. — Ses motifs probables........................ 214

§ XI. Destitution du roi Saül par le prêtre Samuel. 221

§ XII. Samuel, de sa seule autorité, et sans aucune participation du peuple, oint le berger David et le sacre roi en exclusion de Saül........ 228

§ XIII. Origine de l'onction (à l'huile ou à la graisse).................................. 237

CONCLUSIONS DE L'ÉDITEUR. — Questions de droit public sur la cérémonie de l'onction royale........ 248

NOTES.. 256

Nouveaux éclaircissements sur les prophètes mentionnés au § VIII, page 192..................... 270

ÉTAT PHYSIQUE DE LA CORSE..................... 281

PRÉCIS DE L'ÉTAT DE LA CORSE.................. 315

PREMIÈRE LETTRE A M. LE COMTE LANJUINAIS, sur l'antiquité de l'alphabet phénicien............ 329

SECONDE LETTRE A M. LE COMTE LANJUINAIS, sur l'antiquité de l'alphabet phénicien; contenant diverses questions historiques, proposées comme problèmes à résoudre............................ 345

LETTRE A M. LE DIRECTEUR DE la REVUE, sur une nouvelle traduction d'Hérodote................ 363

QUESTIONS DE STATISTIQUE, à l'usage des voyageurs.. 377

Idem. ——————— PREMIÈRE SECTION. — État physique du pays.............................. 385

—— DEUXIÈME SECTION. — État politique........ 388

FIN DE LA TABLE.

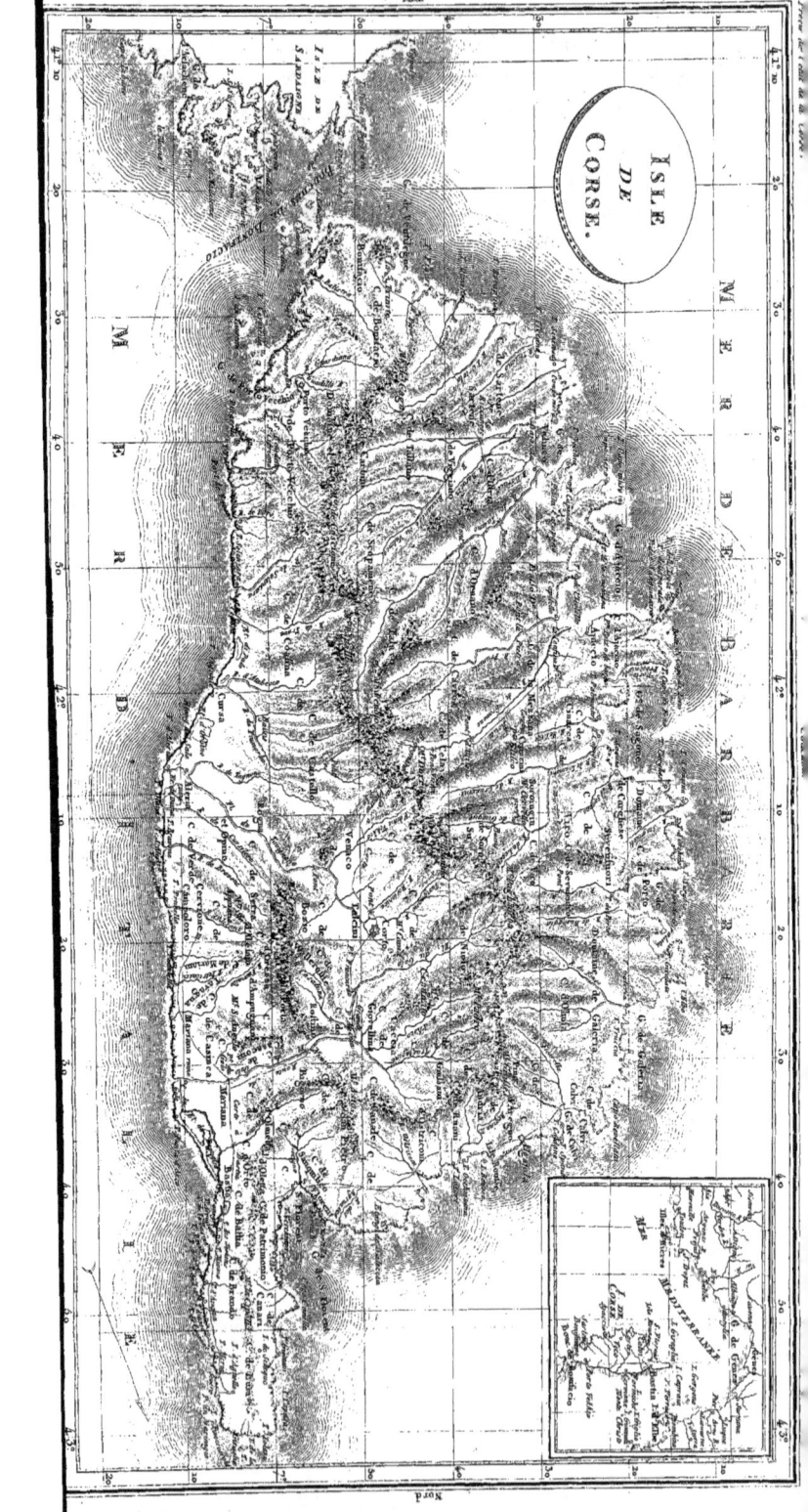

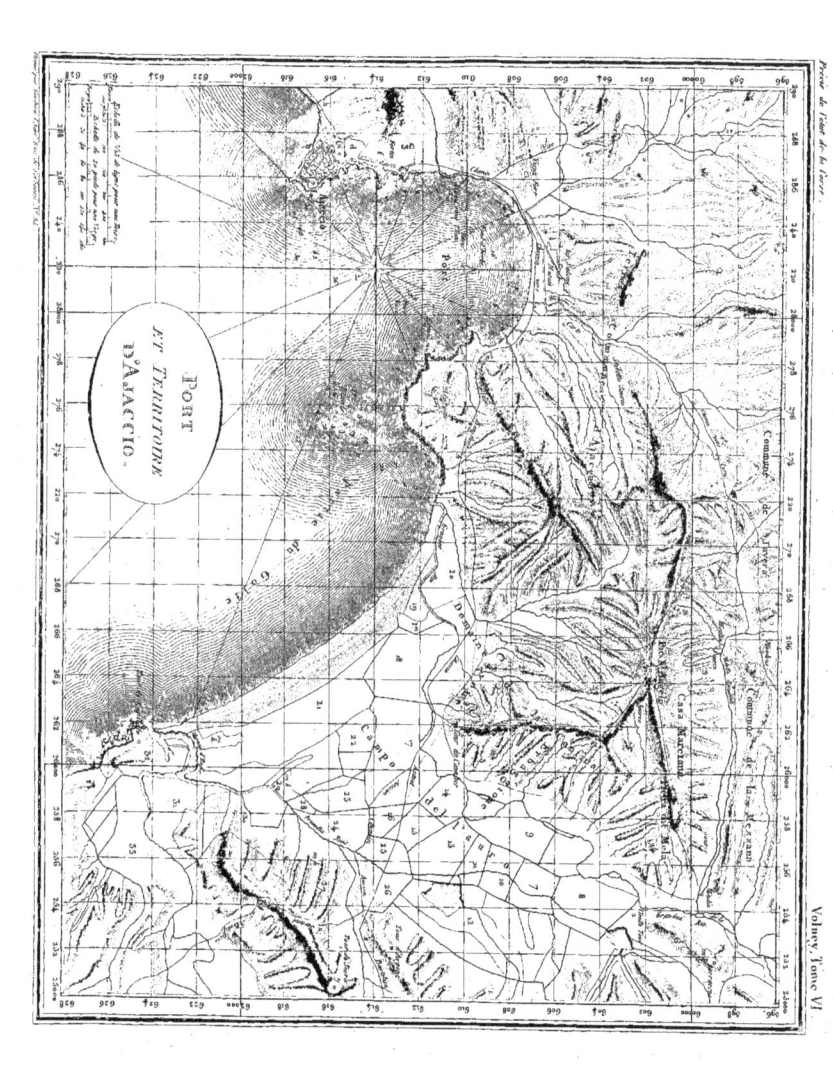

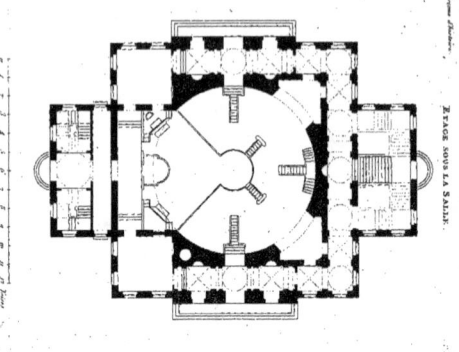

Étage sous la Salle.

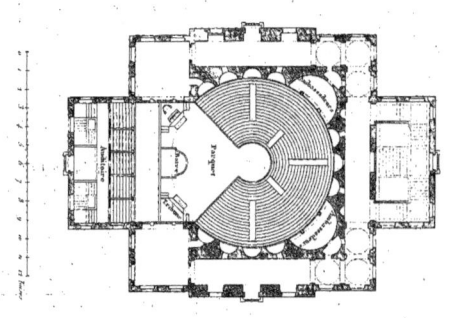

Plan de la Salle.

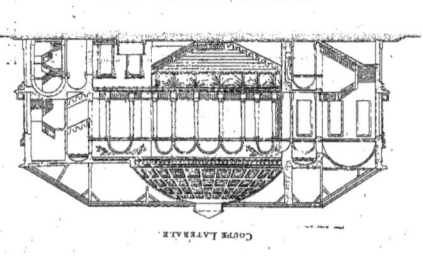

Coupe latérale.

www.ingramcontent.com/pod-product-compliance
Lightning Source LLC
Chambersburg PA
CBHW052127230426
43671CB00009B/1152